suhrkamp taschenbuch
wissenschaft 1309

Dieser Band ist aus dem 4. Internationalen Selbstpsychologie-Symposion hervorgegangen, das im Juni 1995 in Dreieich stattfand.
»Der rege Zuspruch und das gestiegene Interesse dokumentieren auch in Deutschland augenfällig, daß die psychoanalytische Selbstpsychologie inzwischen zu einer der einflußreichsten zeitgenössischen psychoanalytischen Theorieströmungen avancieren konnte. [...] Besonders dankenswert ist das Unterfangen einzustufen, die altersspezifische Dynamik der selbstregulatorischen Prozesse unter dem »life-span-developmental«-Aspekt zu umfassen und eine Serie von Vorträgen über fast alle großen Lebensabschnitte anzubieten.« (Erwin Lemche im *Forum der Psychoanalyse*)
Im Suhrkamp Verlag sind außerdem folgende Bände erschienen: Christel Schöttler und Peter Kutter (Hg.), *Sexualität und Aggression aus der Sicht der Selbstpsychologie* (1992, stw 1049); Peter Kutter, János Paál, Christel Schöttler, Hans-Peter Hartmann, Wolfgang Milch (Hg.), *Der therapeutische Prozeß. Psychoanalytische Theorie und Methode in der Sicht der Selbstpsychologie* (1995, stw 1164); Peter Kutter (Hg.), *Psychoanalyse interdisziplinär* (1997, stw 1284); Ernest S. Wolf, *Theorie und Praxis der psychoanalytischen Selbstpsychologie* (1996).

Das Selbst im Lebenszyklus

Herausgegeben von
Hans-Peter Hartmann, Wolfgang E. Milch,
Peter Kutter und János Paál

Suhrkamp

Die Beiträge von Anna Ornstein, Joseph D. Lichtenberg, Paul H. Ornstein, Ernest S. Wolf sowie das Interview von Virginia Hunter mit Ernest S. Wolf wurden übersetzt von Elisabeth Vorspohl

Die Deutsche Bibliothek – CIP-Einheitsaufnahme
Das Selbst im Lebenszyklus /
hrsg. von Hans-Peter Hartmann ... –
1. Aufl. – Frankfurt am Main : Suhrkamp, 1998
(Suhrkamp-Taschenbuch Wissenschaft ; 1309)
ISBN 3-518-28909-8
NE: Milch, Wolfgang E.; Kutter, Peter;
Paál, János

suhrkamp taschenbuch wissenschaft 1309
Erste Auflage 1998

Druck: Wagner GmbH, Nördlingen
Printed in Germany
Umschlag nach Entwürfen von
Willy Fleckhaus und Rolf Staudt

1 2 3 4 5 6 – 03 02 01 00 99 98

Inhalt

Vorwort

Zum Gedenken an Christel Schöttler

Mit diesem Band überreichen die Herausgeber die Beiträge des 4. Internationalen Selbstpsychologie-Symposions, das in der Zeit vom 15. bis 18. Juni 1995 in Dreieich stattfand. Dieses Buch ist das vierte einer losen Sammlung von Bänden, die die früheren Arbeiten enthalten (siehe Literatur). Damit ist aus der »eher informellen Natur früherer Veranstaltungen ... eine professionelle Organisationsstruktur« geworden – ein Hinweis dafür, daß »die psychoanalytische Selbstpsychologie inzwischen zu einer der einflußreichsten zeitgenössischen psychoanalytischen Theorieströmungen avancieren konnte« (Lemche 1995).

Zu der Frage, *wie* diese Entwicklung erfolgte, wenden wir uns mit einem kurzen Rückblick an die »große Lehrmeisterin des Lebens«, die *Geschichte*.

Die Rezeption der Selbstpsychologie in Deutschland wurde von Heinz Kohut selbst initiiert. Zwei Jahre vor dem Erscheinen der deutschen Übersetzung seines Buches *Narzißmus* (Originaltitel: *The Analysis of the Self*) fand 1971 ein Treffen der Schweizerischen Psychoanalytischen Gesellschaft mit Kohut in Chur statt. 1972 stellte er sein Konzept in Frankfurt am Main, sowohl im Sigmund-Freud-Institut als auch vor niedergelassenen Psychoanalytikern, vor. Die Originalität seiner Ideen, die bewundernswerte Klarheit seiner Formulierungen und die emotionale Wärme, die seine Persönlichkeit ausstrahlte, faszinierte alle Zuhörer. Trotzdem vergingen einige Jahre der Distanz, vielleicht wegen der eigenständigen Terminologie (Milch und Hartmann 1996). Erst nach der ersten Selbstpsychologie-Konferenz in Chicago organisierte Lotte Köhler 1978 eine »Selbstpsychologie-Tour« in mehreren europäischen Städten (persönliche Mitteilung). 1983 folgte ein Selbstpsychologie-Seminar, organisiert von Heinz Walter in Langenrain. 1984 lud Lotte Köhler zu einer Arbeitstagung, an der die Hauptvorträge der Selbstpsychologie-Konferenz von Berkeley auf hohem wissenschaftlichem Niveau diskutiert wurden, ein.

An die zentrale Stellung dieser Erinnerungen gehört ein Name, den die Leser diesmal vergeblich unter den Herausgebern suchen:

Christel Schöttler. Wir begegneten uns bereits in Langenrain 1983, und ich bewunderte ihr intensives Engagement, ihre Vitalität und ihre originellen Beiträge bei den Veranstaltungen und in vielen Gesprächen. Es war ihre Idee, ein internationales Symposion auf breiter Basis zu organisieren und so das Konzept der psychoanalytischen Selbstpsychologie »von der Basis an« in Deutschland bekannt zu machen. Es war auch klar, daß wir für diese Arbeit auf die Hilfe von Kollegen aus dem engsten Mitarbeiterkreis von Heinz Kohut angewiesen waren. Die Vermittlung von Kollegen aus den USA war das Verdienst von Christel Schöttler. Sie hielt schon 1984 Vorträge in verschiedenen psychoanalytischen Instituten, fand in der Gruppe der Selbstpsychologen ihre eigene Arbeit bestätigt und auch ihre geistige Heimat. Sie wurde der Motor unserer kleinen Organisationsgruppe, zu der auch Peter Kutter gehörte. Ihren bewundernswerten Optimismus bewahrte sie bis zu ihrem Tod am 15.9.1994. Wir wollen unserer Dankbarkeit Ausdruck geben, wenn wir diesen Band ihrem Gedenken widmen.
Unter den vielen wertvollen Wesenszügen Christel Schöttlers seien hier noch zwei erwähnt: zum einen ihre Bescheidenheit, ihre Neigung, eher im stillen, im Hintergrund die Funktion des Motors wahrzunehmen; damit hängt wohl zusammen, daß sie unserem Vorschlag, selbst einen Vortrag zu halten, immer auswich. Zum anderen ist ihre Weitsicht bemerkenswert.
Das Rahmenthema dieses Bandes, *Das Selbst im Lebenszyklus*, bedeutet metaphorisch auch, daß die Sonne mit der Morgenröte aufgeht und abends in vielen Farben untergeht, eine Generation von der nächsten abgelöst wird. Es ist auch Christel Schöttler zu danken, daß sie – bereits ehe ihr ihre schwere Krankheit bewußt wurde – nach jungen Kollegen Ausschau hielt, die eines Tages die Arbeit übernehmen können. Sie fand sie in Hans-Peter Hartmann und Wolfgang Milch, die schon bei der Vorbereitung des letzten Symposions den Löwenanteil der Aufgaben übernommen hatten.
Eine kritische Würdigung der einzelnen Vorträge wird im Nachwort Peter Kutter vornehmen. Neben den Vortragstexten wurde dieser Band noch durch zwei weitere Beiträge bereichert: durch den Vortrag von Michael Franz Basch, »Psychoanalyse und Entwicklung«, gehalten anläßlich der von der René-Spitz-Gesellschaft veranstalteten Tagung »Infant Research and Psychoanalysis« in Köln am 30.9.1994, in dem er den von Kohut gebahnten Weg »zu

einer Verbindung der Psychoanalyse mit ihren Nachbarwissenschaften« aufzeigt, und ein von Virginia Hunter im Jahr 1990 mit Ernest Wolf geführtes Interview über seine Lebensgeschichte und seinen Weg zur Selbstpsychologie. Es gibt einen wertvollen Einblick in die selbstpsychologische Werkstatt in Chicago um Heinz Kohut.

Janos Paál

Literatur

Kohut, H. (1976), *Narzißmus*, Frankfurt am Main: Suhrkamp.

Kutter, P. u. a. (Hg.) (1995), *Der therapeutische Prozeß*, Frankfurt am Main: Suhrkamp.

Lemche, E. (1995), »Entwicklung über die gesamte Lebensspanne (Bericht über d. 4. Selbstpsychologie-Symposion)«, in: *Forum der Psychoanalyse* 11.

Milch, W. E. und H. P. Hartmann (1996), »Zum gegenwärtigen Stand der psychoanalytischen Selbstpsychologie«, in: *Psychotherapeut* 41, S. 1-12.

Schöttler, Ch. und P. Kutter (Hg.) (1995), *Sexualität und Aggression*, Frankfurt am Main: Suhrkamp.

Wolf, E. S. u. a. (1989), *Selbstpsychologie*, München: Verlag Internationale Psychoanalyse.

Michael F. Basch
Psychoanalyse und Entwicklung[1]

Wir stehen heute einem merkwürdigen Paradoxon gegenüber. Immer wieder wird der Tod der Psychoanalyse von ihren Kritikern verkündet. Zugleich aber erscheint keine Ausgabe einer Zeitschrift oder Zeitung von überregionaler Bedeutung, in der nicht an einer oder mehreren Stellen auf Freud und seine Arbeit Bezug genommen wird. In der Regel geht es sowohl den Autoren, die Freuds Bedeutung anerkennen, wie den anderen, die seine Wichtigkeit herabsetzen, um die Frage, ob die Psychoanalyse eine geeignete Heilmethode für seelische Störungen ist oder nicht. Natürlich ist die psychoanalytische Behandlung für uns als praktizierende Analytiker wie auch für unsere Patienten etwas sehr Nützliches. Dennoch glaube ich, daß ein falscher Akzent gesetzt wird, wenn man die Bedeutung der Psychoanalyse allein auf ihre Wirksamkeit als Heilmethode beschränkt und dabei Freuds Beitrag zu Wissenschaft und Kultur außer acht läßt.

In den Vereinigten Staaten tragen heute viele Autos einen Aufkleber, der fragt: »Hast du heute schon dein Kind umarmt?« Viele Menschen halten es demnach für wichtig, daß Tag für Tag Zärtlichkeiten und Zuneigung zwischen Eltern und Kind ausgetauscht werden. Aber nur den wenigsten dürfte klar sein, daß sie dafür Sigmund Freud dankbar sein müssen.

Die Erforschung des Unbewußten durch Freud und seine Erfindung der psychoanalytischen Methode sind wohlbekannt. Ebenso wichtig war eine weitere, zu Freuds Zeiten bahnbrechende Einsicht, auch wenn sie meistens nicht so betont wird. Aus seinen analytischen Rekonstruktionen des Ödipuskomplexes leitete er nämlich ab, daß Kinder ernstzunehmende Geschöpfe sind, in deren Seelenleben das, was sie erleben, lang anhaltende psychologische Wirkungen hat. Insofern stand von Anfang an bis

1 Vortrag anläßlich der Tagung »Infant Research and Psychoanalysis« in Köln am 30. 9. 1994, veranstaltet von der René-Spitz-Gesellschaft zur Förderung der Psychoanalyse (Abteilung der Köhler-Stiftung) und dem Institut für Psychosomatik und Psychotherapie der Universität zu Köln. Der Autor dankt der Köhler-Stiftung für die Unterstützung bei der Vorbereitung dieses Beitrags.

auf den heutigen Tag die Entwicklung des Kindes zum Erwachsenen im Zentrum der Psychoanalyse.

Nach relativ kurzer Zeit führte die intensive Beschäftigung der Analytiker mit dem, was ihre erwachsenen Patienten als Kinder dachten und fühlten, dazu, sich auf die Kinder selbst und auf ihre Pathologie zu konzentrieren. Man überlegte, auf welche Weise die üblichen Erziehungspraktiken durch psychoanalytische Einsicht verbessert werden könnten, um die Entwicklung emotionaler Störungen zu verhindern. Obwohl vieles von dem, was damals im Namen der Psychoanalyse empfohlen wurde, uns heute unklug oder schädlich vorkommt, war doch die Wichtigkeit, die dem Seelenleben eines Kindes beigemessen wurde, ein enormer Fortschritt gegenüber den damaligen Erziehungspraktiken. Diese rieten nämlich davon ab, Kinder zu respektieren und liebevoll mit ihnen umzugehen, um auf diese Weise einer »Verwöhnung« vorzubeugen. Zu den besonderen Wohltaten der von Freud in Gang gesetzten Entwicklung gehört die Begründung der Säuglingsforschung. Die in den letzten 50 Jahren gewonnenen Einsichten über Lernvorgänge und Charakterbildung in den ersten Lebensjahren sind beachtlich. Nun hätte man denken sollen, daß dieser neue Sproß in der Familie der Wissenschaften, nämlich die Säuglingspsychologie, von seinen psychoanalytischen Großeltern herzlich willkommen geheißen worden wäre und zur Formulierung einer einheitlichen Theorie von Reifung und Verhalten geführt hätte. Man fragt sich, warum das nicht der Fall war. Hier wäre als besonders krasses Beispiel der Psychoanalytiker John Bowlby anzuführen. Als er nämlich versuchte, die psychoanalytische Entwicklungstheorie zu modifizieren und auf den neuesten Stand zu bringen, indem er Forschungsergebnisse aus der direkten Beobachtung der ersten Lebensjahre einbrachte, begegnete man ihm nicht mit wissenschaftlicher Neugierde und Interesse, sondern mit Verdammung und persönlichen Unterstellungen, die seine Glaubwürdigkeit unterminieren sollten. Warum also fühlte und fühlt sich die organisierte Psychoanalyse noch heute von scheinbar harmlosen »Babywatchern« bedroht?

Ich habe in meinem Unterricht oft das Experiment gemacht, die psychoanalytischen Ausbildungskandidaten zu bitten, etwas über die psychischen Bereitschaften und Fähigkeiten des menschlichen Kleinkindes zu sagen. Da sie die psychoanalytische Literatur gelesen haben, beschreiben sie das von Freud und seinen Zeitgenossen erfundene Neugeborene als ein Bündel ungezähmter, asozialer, unkoordinierter Triebe mit unbefriedigten Leidenschaften. Dieser Auffassung entsprechend will das Kind eigentlich nur allein gelassen werden, weil es schlafen möchte. Aber der Triebdruck, wie Hunger und Durst, zwingt es dazu, mittels primitiver Reflexe Kontakt mit der Außenwelt zu suchen (Freud 1895 a). Kognitiv wäre das Baby demnach ein unbeschriebenes Blatt, eine *tabula rasa*, auf das die Gesellschaft mühsam und gegen Widerstand ihre bittere Botschaft schreibt: Gehorche oder gehe zugrunde, zu deutsch: Friß oder stirb! Als Hebelarm bei dieser Abrichtung dient das Bedürfnis des Kindes nach Triebbefriedigung. Seine Hilflosigkeit garantiert üblicherweise, daß – zumindest nach außen hin – die Welt den Kampf gewinnt, aber für den Rest seines Lebens eine Wut über die Notwendigkeit der Anpassung bestehenbleibt. Im günstigsten Fall wird der Konflikt schließlich sublimiert; die Wut und Enttäuschung, die ihre Entstehung dem Zwang zur Unterdrückung eigener Impulse verdanken, werden in Nächstenliebe, Eintreten für abstrakte Ziele und Arbeitseifer überführt. Öfter jedoch ist der Kompromiß nur oberflächlich befriedigend. Der Kampf zwischen dem Trieb und der Notwendigkeit der Anpassung führt zu neurotischer Pathologie unterschiedlichen Ausmaßes.

Wenn ich dann frage, ob jemand von den Kandidaten oder Kandidatinnen gerade selbst ein Kind oder Kinder hat und, wenn ja, uns dann doch über ihre persönliche Erfahrung mit dem Baby zu berichten, hören wir etwas über die kleine Elisabeth oder Baby John als menschliche Wesen mit unterschiedlichen Persönlichkeiten, mit einer breiten Skala von Emotionen und eifrigem Verlangen nach Stimulation und Gemeinsamkeit. Sie sind keineswegs nur passive Empfänger von sensorischen Eindrücken. Im Gegenteil: Sie suchen neue Eindrücke, begegnen ihnen neugierig und lernen schnell. Diese Babys sind keine wütenden, unglücklichen Klumpen unwilligen Protoplasmas, sondern Individuen, die auf ihre eigene Weise ausgiebig und glücklich mit ihrer Mutter Unterhaltungen pflegen, die unterschiedliche Persönlichkeiten haben und denen es nicht einfällt, sich so zu verhalten, wie die psychoanalytische Theorie es vorhersagt.

Wir haben mittlerweile viele Beweise dafür, daß problemlösendes Denken nicht ausschließlich von verbalen Fähigkeiten abhängt (Freedman u. a. 1971; Freedman 1992). Geistreiche Experimente haben demonstriert, daß Kinder mit Wahrnehmungsfähigkeiten auf die Welt kommen, die nicht nur sophistiziert, sondern auch selektiv sind. Fähigkeiten, von denen man zuvor dachte, sie würden erst durch Lernen erworben, erweisen sich nun als angeborene Möglichkeiten, mit denen das Kind seiner Umgebung begegnet. Ich erwähne als Beispiele neben vielen anderen nur die Fähigkeit der Lokalisierung von Signalen, der Tiefenwahrnehmung, der Bevorzugung von Struktur gegenüber Desorganisation und der Unterscheidung von Farben (Stern 1985). Wir wissen, daß das Ziel eines Kindes nicht der Rückzug ins Nirwana ist, in einen Zustand gesättigter Apathie, sondern im Gegenteil, daß es von Geburt an reizhungrig ist, daß es Neuigkeit bevorzugt (Carpenter 1974; Bower 1971), und weiterhin, daß es selektiv programmiert ist, auf Interaktionen mit Menschen einzugehen oder sie hervorzurufen (Condon und Sander 1974, Carpenter 1974). Das heißt: Das normale Kind zieht, wenn es die Wahl hat, unbekannte Reize bekannten vor.

Ebenso wichtig für das Verständnis des mentalen Lebens des Kleinkindes ist die Tatsache, daß das Neugeborene vom ersten Tag an aus Erfahrung lernt, genauso wie ältere Kinder und Erwachsene. Erwartungsmuster werden aufgezeichnet und reaktiviert, wenn relevante Reize wiederholt werden und das passende erlernte Verhalten hervorrufen. Weiterhin ist das menschliche Kleinkind, genau wie andere Tiere, darauf vorbereitet, auf den für seine Spezies wichtigen Input zu reagieren. Von Geburt an gibt es der menschlichen Stimme, dem menschlichen Gesicht und Lächeln Vorzug vor anderen Reizen.

Die Tatsachen sprechen deutlich für die Beobachtungen der Eltern und nicht für die psychoanalytische Spekulation: Das Kind ist ein Organismus, der in idealer Weise ausgestattet ist, Mitglied der menschlichen Gesellschaft zu werden.

Warum ist nun die analytische Theorie nicht geändert und durch Zusätze erweitert worden angesichts der täglichen Erfahrungen, die uns durch unsere Kinder zuteil werden? Sie werden durch die Säuglingsforschung bestätigt, widersprechen aber Freuds Hypothese über die Funktionsabläufe bei Kindern. Einer Versöhnung zwischen Psychoanalyse und Säuglingsforschung steht die Triebtheorie Freuds im Wege, der gemäß das gesamte menschliche Verhalten mit dem Bedürfnis nach Triebabfuhr erklärt werden kann. Wie kam es zu dieser Theorie?

Während der Jahre, in denen Freud sich mit Hypnotherapie beschäftigte und in denen die meisten seiner grundlegenden Theorien über geistige Prozesse entstanden, wurden auch die Hormone entdeckt. Man fand, daß das Gehirn chemische Stoffe sezernierte, die über die Blutbahn andere Organe beeinflußten. Das war eine einleuchtende, revolutionäre physiologische Erklärung, die viele Fragen beantwortete. Freud glaubte, dieser Prozeß könnte auch in umgekehrter Richtung ablaufen. Das würde bedeuten, daß Körperorgane das Gehirn beeinflussen könnten. Und das gab ihm eine Vorstellung, auf Grund deren er die Ursache neurotischer Erkrankungen erklären konnte.

Als Freud seine hysterischen Patienten in Hypnose aufforderte, sich in frührere Jahre zurückzuversetzen, machte er die Entdekkung, daß sexuelle Erlebnisse und/oder Phantasien der Kindheit für die späteren neurotischen Symptome verantwortlich zu machen waren. Die Macht dieser neurotischen Ideen faszinierte ihn. Sie konnten den gesunden Menschenverstand überwältigen und eine sonst vollkommen gesunde Person buchstäblich lähmen. Woher aber nahmen sie ihre Macht? 1895 veröffentlichte er eine Arbeit mit dem Titel »Über die Berechtigung, von der Neurasthenie einen bestimmten Symptomkomplex als ›Angstneurose‹ abzutrennen«. Darin schlug er als Erklärung folgende Hypothese vor: Der im Hoden aufgehäufte Samen reizt durch Dehnung des umgebenden Bindegewebes die dort befindlichen Nervenendungen und führt damit zu einer Erregung des Zentralnervensystems und dann des Gehirns. Dort werden durch die ursprünglich testiculäre Spannung sexuelle Ideen hervorgerufen und mit Triebenergie geladen. Freud konnte die Mechanik dieser Transformation nicht erklären. Er sprach von dem »geheimnisvollen Sprung« zwischen Soma und Psyche. Auf jeden Fall bewirkte nach Freuds Vermutung die somatische sexuelle Sekretion eine Umwandlung in sexuelle Energie. Diese stellte die Motivationskraft, die psychische Energie, für das gesamte Verhalten zur Verfügung. Wo die weibliche psychische Energie herkommen könnte, war eine Frage, die Freud niemals anging. Neurotische Gedanken waren nach Freuds Auffassung so stark, weil sie immer mehr Energie an sich rissen als andere Ideen und Motive, und deswegen dominierten sie das Seelenleben (Freud 1895 b).

Auch wenn man es kaum glauben mag: Diese höchst primitive, rein spekulative und seit langem als falsch erwiesene Vorstellung vom Ursprung sexueller Erregung und der Funktion des Gehirns ist die Grundlage für Freuds Triebtheorie und die Ansicht, daß die somatischen Sexualspannungen mit ihrer Kraft die gesamte psychologische Motivation speisen.

Es verdient hervorgehoben zu werden, daß die Sexualtheorie der Motivationen strenggenommen kein Teil der klinisch abgeleiteten psychoanalytischen Theorie ist, obwohl sie als solche bekannt wurde. Sie wurde formuliert, *bevor* Freud die Bedeutung der Träume, der psychischen Realität und der Übertragung entdeckte und bevor er den Code des frühen symbolischen Denkens, von ihm als Primärprozeß bezeichnet, entzifferte. Weil Freuds frühe Schriften teilweise erst nach seinem Tod publiziert wurden und jene, die publiziert worden waren, kaum bekannt waren, nahmen die Analytiker an, daß die Schlußfolgerungen bezüglich der Sexualinstinkttheorie der Motivationen irgendwie durch psychoanalytische Erforschung erzielt worden waren. Diese Vermutung wurde ihnen durch Freuds spätere Schriften nahegelegt. Freud selbst stellte aber ausdrücklich klar, daß seine Trieb- und Instinkttheorien *biologische Spekulationen* waren, die er zur Erklärung seiner klinischen Befunde heranzog. Er sagte, daß diese Ideen zwar von der Psychoanalyse angewandt würden, aber nicht aus klinischer Beobachtung abgeleitet seien (Freud 1915, S. 210-212). Er gab zu, daß diese Hypothesen bestenfalls vage und unbefriedigend seien, und er sprach von der Triebtheorie als »einer Art von Mythologie« der Psychoanalyse (Freud 1933, S. 22). Freud erwartete, daß seine Libidotheorie und seine Auffassung von der Natur der Instinkte eine saubere organische Grundlage finden würden. Solange keine endgültige Triebtheorie vorlag, fühlte er sich jedoch gerechtfertigt, auf Grund seiner psychologischen Befunde über das biologische Substrat der Triebe zu spekulieren (Freud 1914, S. 144).[2] Nun müssen wir bei Freuds Argumentationsweise folgendes berücksichtigen: Wenn solche extra-analytischen Spekulationen sich als nützlich erwiesen, tendierte er dazu, ihren provisorischen Charakter zu vergessen. Er verfuhr so, als ob wiederholte Anwendung ein Beweis für die

2 »... will ich an dieser Stelle ausdrücklich zugestehen, daß die Annahme gesonderter Ich- und Sexualtriebe, also die Libidotheorie, zum wenigsten auf psychologischem Grunde ruht, wesentlich biologisch gestützt ist.«

Richtigkeit dieser Hypothesen wäre (Basch 1976). So lief es auch bei den Theorien von Instinkt und Trieb.

Wie kommt es, könnte man auch fragen, daß trotz aller Tatsachen, die Freuds Hypothesen über die Sexualtriebtheorie der Motivation widersprechen, dieses Konzept nicht als das angesehen wurde, was es ist, nämlich als eine Pseudo-Erklärung? Warum wurde es nicht begraben? Die Antwort liegt in Freuds Überzeugung, daß seine mit klinischen Methoden erfolgte Entdeckung der infantilen Sexualität und des Ödipuskomplexes und seine die Triebe betreffenden Spekulationen zwei Seiten derselben Medaille waren und daß die beiden zusammen uns den Schlüssel für das Verständnis der psychischen Entwicklung aller Menschen gäben.

In der Folge wurden, begonnen mit Ferenczi, all jene als Abweichler gebrandmarkt, die die Ausschließlichkeit und/oder den Vorrang der sexuellen Motivation hinterfragten. Man warf ihnen vor, Freuds Entdeckung der infantilen Sexualität abzulehnen und die psychoanalytische Theorie zu zerstören. Das führte dazu, daß die Analytiker sich täglich die Wirksamkeit der psychoanalytischen Methode zur Behandlung neurotischer Symptome demonstrierten. Sie folgerten daraus, daß ihre klinischen Ergebnisse ein Beweis für die Richtigkeit von Freuds biologischen Spekulationen seien, unbeschadet aller widersprechenden Befunde aus anderen Forschungsbereichen. Der Tatsache, daß dies ein non sequitur, eine irrige Folgerung ist, wurde mit der Erwiderung begegnet, daß, solange keine bessere Erklärung für menschliche Motivation existiere, die Sexualität uns immerhin einen Ankerplatz und Ausgangspunkt gebe, was immer auch ihre Mängel sein mögen. Ganz abgesehen davon, daß dies ein Trugschluß ist, ist es heute nicht mehr wahr.

Heute können wir eine wissenschaftlich gesunde und klinisch nützliche Theorie aufstellen, die das, was wir über die normale Entwicklung gelernt haben, mit den grundlegenden Entdeckungen Freuds und den in der Psychoanalyse gemachten Fortschritten vereint.

Es sind mehrere Faktoren zusammengekommen, die uns gestatten, eine andere sogenannte Metapsychologie oder erklärende Theorie zu formulieren, die sowohl eine Anleitung für die Klinik ist und auch das Potential der Psychoanalyse für andere Wissenschaftszweige ausschöpft: Aus der klinischen Psychoanalyse stammt Heinz Kohuts Formulierung einer Motivationstheorie der Selbstobjekt-Bedürfnisse. Außerdem sind drei wichtige Entwicklungen außerhalb der Psychoanalyse zu nennen: (1) die Erkenntnis, daß das Gehirn ein informationsverarbeitendes Organ und nicht ein Triebentladungsorgan ist; (2) die Arbeiten, die zeigten, daß Verhalten durch Affekt und nicht durch Instinkt motiviert wird; (3) und schließlich das Verständnis der Entwicklung des Selbst, das uns durch die Säuglingsforschung vermittelt wird. Ich möchte diese Faktoren kurz im einzelnen diskutieren.

Wir können heute andere Auffassungen vom Gehirn entwickeln, als dies Freud und seinen Zeitgenossen möglich war. Erst seit dem Zweiten Weltkrieg steht die Kybernetik und die Theorie der Regulation zur Verfügung. Diese beruhen auf dem Konzept, daß Information eine quantifizierbare Form von Kraft oder Intensität darstellt. Erst aufgrund dieser Theorien sind wir in der Lage, das Gehirn als Organ anzusehen, das Informationen erschafft und verarbeitet und das nicht, wie Freud es auffaßte, ein Organ ist, das der Energieabfuhr dient (Basch 1988). Das Gehirn ist das Organ, das ordnet und Signale, die es empfängt, in Botschaften oder Information mit Bedeutungsgehalt übersetzt. Diese Übersetzung von Signalen in bedeutungstragende Botschaften wird durch einen Vergleich des Inputs mit vorhandenen Organisationsmustern erreicht. Es wird geprüft, ob der Input mit den Erwartungen übereinstimmt, auf die das Gehirn programmiert ist, um, falls die Übereinstimmung nicht genau genug ist, neue Erwartungsmuster aufzubauen. Durch diesen Prozeß des Ordnens paßt sich ein Baby seiner Umgebung an. Die Ergebnisse dieses Ordnungsprozesses werden von den Säuglingsforschern beobachtet und erfaßt. Was wir Analytiker von unseren Patienten später zu hören kriegen, ist letztlich das Ergebnis eines Ordnungsprozesses, der nicht zu einer gesunden Anpassung führte.

Sowohl Psychoanalyse wie Säuglingsforschung befassen sich letztlich mit dem Ordnungsprozeß des Gehirns. Eine produktive Vereinigung der beiden Forschungsansätze wurde durch die Arbeit Heinz Kohuts ermöglicht. Sie ist unter dem Namen »Psychoanalytische Selbstpsychologie« bekannt. Freud hatte gesagt, daß für die menschliche Entwicklung zwei biologische Fakten von grundlegender Bedeutung seien: nämlich der biphasische Beginn der Sexualität und die Hilflosigkeit des Säuglings. Freud erklärte die Wichigkeit und das Schicksal der infantilen Sexualität. Die Wichtigkeit und das weitere Schicksal der Hilflosigkeit des menschlichen Säuglings wurde von Kohut als erstem systematisch und psychoanalytisch angegangen.

Kohut erforschte und wendete klinisch systematisch das an, was uns heute im Rückblick offen auf der Hand zu liegen scheint: Wenn nämlich eine Unfähigkeit, unsere Probleme zu lösen und zu bewältigen, unsere seelische Integrität bedroht, benötigen wir Unterstützung. Dies gilt das ganze Leben hindurch. Wir brauchen in solchen Fällen Hilfe, um weiter funktionsfähig bleiben zu können. Kohut prägte den Begriff der Selbstobjektbeziehung oder der Selbstobjekterfahrung, um auf folgendes hinzuweisen: Wenn das Selbst bedroht ist, geht das Individuum mit anderen so um, als seien sie keine Individuen mit eigenen Rechten; das heißt, sie werden nicht als Objekte behandelt, auf die man Triebe richtet, sondern so, als seien sie Verlängerungen des eigenen gefährdeten Selbst. Kohut unterschied aufgrund der dem gefährdeten Selbst geleisteten Unterstützung drei Formen der Selbstobjekterfahrungen: Spiegelung, Idealisierung und Alterego- oder Zwillingserfahrung. Das Spiegelungsbedürfnis taucht auf, wenn das gefährdete Selbst eine Stärkung dergestalt sucht, daß ihm die Kompetenz einer Handlung bestätigt wird oder ihm eine verständnisvolle Reaktion zu Teil wird, wenn es die schmerzliche Erfahrung von Mißerfolg oder Verletzung machen mußte. Das Bedürfnis nach einem idealisierten Selbstobjekt bedeutet, daß das Selbst eine Stärkung erfahren soll, indem es in Zuständen der Beanspruchung oder Spannung beschützt und unterstützt wird. Das gilt besonders für Zustände, die die Fähigkeit des Kindes zur eigenen befriedigenden Bewältigung übersteigen. Das Alter-ego- oder Zwillings-Selbstobjektbedürfnis drückt aus, daß das Selbst eine Bestätigung in dem Sinne benötigt, daß es vom eigenen Clan als Mitmensch anerkannt und von der Gruppe als ein vollgültiges Mitglied angenommen wird. Wenn diese Bedürfnisse in großem Ausmaß nicht befriedigt oder mißverstanden werden, werden sie schließlich auf den Therapeuten in der therapeutischen Beziehung übertragen.

Es sollte betont werden, daß Kohut die klinischen Befunde Freuds, soweit sie die frühkindliche Sexualität oder den Ödipuskomplex betreffen, nicht verwarf. Er sagte, daß wir alle eine ödipale Phase haben und daß dies Teil der normalen Entwicklung ist. Dies bedeute aber nicht, daß wir alle einen Ödipuskonflikt hätten. Der ödipale Konflikt, der von Freud als Ursache späterer Psychoneurosen entdeckt wurde, ist nach Kohuts Auffassung das dramatische und lehrreiche Beispiel eines spezifischen Selbstobjektversagens. Dadurch wird eine normale Reifungsphase in eine Sackgasse verwandelt, aus der sich der Patient nicht herausziehen kann. Erst wenn der Analytiker als empathisches Selbstobjekt ihn den Konflikt in der Übertragung wiederholen läßt und ihm dann durch Deutungen hilft, eine bessere Lösung für den zuvor verdrängten Konflikt zu finden, kann die Entwicklung dort weitergeführt werden, wo sie zuvor steckengeblieben war. Der Ödipuskonflikt ist jedoch nur *ein* Beispiel für ein Versagen des Selbstobjekts und kann somit nicht als Bezugsrahmen für alles, was wir in unserer Praxis sehen, dienen.

Anders ausgedrückt: Freud zeigte uns, wie man mit der negativen Übertragung umgeht, der Übertragung des ödipalen Konflikts des Patienten auf den Analytiker. Beim neurotischen Patienten wird als gegeben unterstellt, daß auch eine tieferliegende positive Übertragung und eine gesunde Bindung an den Analytiker vorhanden sind. Kohut aber befaßte sich mit Patienten, nämlich solchen mit narzißtischen Persönlichkeitsstörungen, für die gerade die Bindung ein Problem darstellte. Bei diesen Patienten standen die Hindernisse, die der Ausbildung einer positiven Übertragung entgegenstanden, im Mittelpunkt. Wir haben es heute zumeist nicht mit psychoneurotischen Problemen, sondern mit Bindungsproblemen zu tun. Diese können, wie Kohut darlegte, nicht in Begriffen von Triebspannung erklärt werden. Er zeigte auf, daß diese Patienten Behandlungsverfahren benötigen, die ihren besonderen Entwicklungsdefiziten gerecht werden.

Üblicherweise war das Verhalten des Analytikers und seine Art, mit dem Patienten umzugehen, von der Vorstellung bestimmt, daß der Patient alles ihm nur Mögliche tun werde, um den Analytiker als Objekt für eine verborgene Befriedigung seiner verbotenen Triebwünsche zu benutzen. Um dies zu vermeiden, solle sich der Analytiker so unverfügbar wie nur möglich halten. Daraufhin werde die Angst des Patienten ansteigen, und die zugrundeliegenden Wünsche kämen Schritt für Schritt in verhüllter Form in die Übertragung und würden die Deutung und genetische Rekonstruktion ermöglichen. Kohut zeigte, daß bei Patienten mit Bindungsstörungen die Angst schon so hoch ist und der

Analytiker infolgedessen aktiv auf die Entwicklungsprobleme des Patienten eingehen muß, anstatt sich distanziert zu verhalten. Der Analytiker muß zeigen, daß er die Selbstobjektbedürfnisse, die der Patient ihm aufbürdet, versteht und keine Angst vor ihnen hat. Kohut bezeichnete diesen Prozeß als »empathisches Eintauchen«. Nur wenn dieser oft lange Initialteil der Analyse erfolgreich abgeschlossen und eine positive Übertragung fest etabliert ist, können Deutung und genetische Rekonstruktion folgen. Wie bei psychoneurotischen Patienten wird auch bei Patienten mit Bindungsstörungen die Heilung in der analytischen Behandlung durch Deutung und Lösung der Übertragung ermöglicht.

Aber wegen der unterschiedlichen Entwicklung bei diesen beiden Patientengruppen muß die analytische Vorgehensweise geändert werden, wie auch die Definition dessen, was analytische Neutralität und Abstinenz ausmachen.

Kohut ermöglichte die Übertragungsanalyse von Patienten, deren Pathologie sich nicht um den ödipalen Konflikt drehte. Kohuts Konzept der Entwicklung von Bindungen durch Vermittlung des Selbstobjekts steht in Übereinstimmung mit der Beschreibung der Entwicklung, die von Säuglingsforschern gegeben wird. Indem er uns von der Triebtheorie befreite und dem psychosexuellen Reduktionismus ein Ende setzte, machte Kohut den Weg zu einer Vereinigung der Psychoanalyse mit ihren Nachbarwissenschaften möglich.

Kohut öffnete zwar die Tür, aber er durchschritt sie nicht. Er unternahm den fälligen Schritt nicht, das, was heute als normale Entwicklung bekannt ist, mit dem zu vereinigen, was er bei der Analyse erwachsener Patienten über deren Bindungsprobleme gelernt hatte. Er forderte Empathie für die Selbstobjektbedürfnisse eines Patienten. Aber die Möglichkeit der Einfühlung in die Verläufe und Nuancen dieser Bedürfnisse bei jedem Patienten hängt von der Kenntnis ab, die der Analytiker bezüglich der normalen Entwicklung hat. In anderen Worten: Wenn man nicht weiß, was in jeder spezifischen Entwicklungsphase erwartet wird, wie soll man dann wissen, was fehlt? Solange wir als Analytiker nicht beherrschen, was die Säuglingsforschung uns zu lehren hat, wie können wir da »empathisch« sein? Das heißt, wie können wir uns in die frühen Entwicklungsprobleme, die der Patient in verhüllter Form entweder in der Übertragung oder im

Widerstand gegen die Übertragung wiederholt, einfühlen? Wir sind nämlich auch »babywatchers«, auch wenn unsere Patienten die Wiege schon längst verlassen haben.

Je besser wir die Entwicklung von Bindung und Autonomie verstehen, um so besser können wir das Kind im Erwachsenen verstehen und die beiden wieder vereinigen. Aus diesem Grunde ist es so wichtig, daß die Psychoanalyse all das, was über Frühentwicklung bereits bekannt ist und noch bekannt werden wird, integriert. Das ist aber nicht leicht zu bewerkstelligen. Für Freud war der Sexualtrieb allgegenwärtig. Er war die stets vorhandene Motivationsquelle, auf die das gesamte Verhalten zurückzuführen war. Der Sexualtrieb war das Bindeglied zwischen dem erwachsenen Patienten und dem Kind, das er einmal war. Worin können wir heute diese Verbindung finden? In anderen Worten: Wenn wir nicht vom Instinkt getrieben werden, was motiviert uns dann?

Die Säuglingsbeobachtung zeigt uns, wie Babys lernen und was sie tun, aber sie sagt uns nicht, warum sich Babys so verhalten, wie sie sich verhalten. Kohuts Beobachtung bezüglich der Selbstobjektbedürfnisse während des ganzen Lebens unterstreicht die Tatsache, daß der Ordnungsprozess und die Anpassung selbst im Erwachsenenalter nicht immer der Kontrolle des Individuums unterliegen. Für die frühe Kindheit gilt das erst recht. Doch gerade in den ersten zwei Lebensjahren werden die Grundmuster, die das Selbst und seine Beziehungen formen, niedergelegt. Ganz klar sind deswegen während dieser ersten zwei Jahre die Selbstobjekterfahrungen des Kindes von großer Bedeutung.

Wenn wir also die frühe Kindheit und ihre Entwicklung studieren, studieren wir niemals das Kleinkind allein, sondern wir studieren immer ein System, das aus Baby und Pflegeperson besteht. Die Natur des Austausches von Signalen innerhalb dieses Systems bestimmt sehr vieles von dem, was sich im späteren Leben ereignen wird. Obwohl, wie bereits erwähnt wurde, das Kind mit vielen Fähigkeiten zur Welt kommt, wird das Potential erst durch die Vermittlung des empathischen Partners aktualisiert.

In ihrer außerordentlich wichtigen Forschung hat Beatrice Beebe den Austausch zwischen Müttern und ihren Babys in Intervallen von Sekundenbruchteilen gemessen. Sie hat gezeigt, daß Mutter und Säugling ein System bilden, in dem jeder über den anderen Kontrolle ausübt, und daß in diesem Prozeß das Selbst des Babys gebildet wird.

Wie findet dieser Austausch, in dem jede Sekunde mit Information geladen ist, statt? Auch wenn das Kind noch nicht sprechen kann und ihm die Fähigkeit sprachlicher Symbolisierung fehlt, bedeutet dies nicht, daß das Kind nicht wirkungsvoll kommunizieren könnte.

Das ererbte Programm, das letztlich unser Verhalten beherrscht und das die Anziehung oder Rückzug unmittelbar motiviert, ist das des Affekts. Der gemeinsame Nenner, der uns zu Menschen macht und uns vereint, besteht darin, daß wir mit einem beweglichen Gesicht und einem informationsgenerierenden Programm ausgestattet sind, das uns zu affektiver Reaktion und affektiver Kommunikation befähigt (Tomkins 1962/1963, 1981, 1987; Basch 1977; Nathanson 1987, 1992). Wie der Affektforscher Tomkins darlegte, beruht die affektive Erfahrung des Kindes anfänglich auf einer reflektorischen Reaktion auf die Intensität und Gestalt der Stimuluswellen, die dauernd auf sein Gehirn eindringen. Das erklärt, warum das Kleinkind, das der Konzeptualisierung oder des diskursiven Denkens noch nicht so wie ein Erwachsener fähig ist, es doch bewerkstelligt, seine Bedürfnisse dem Betrachter gegenüber klar auszudrücken. Umgekehrt kann es seinerseits die emotionale Intention und Intensität der Person, mit der es gerade zusammen ist, »lesen«. Der Affekt verschafft auch den Zugang zur Aktion. Wie immer auch die Triebdisposition beschaffen sein mag, so kann sie doch nur, wenn sie mit einem positiven Affekt gekoppelt ist, ein Verhalten zustande bringen. Und umgekehrt: Mag ein Individuum noch so hungrig sein, wird ein Affekt wie Ekel oder Furcht es davon abhalten, diesem Triebdruck durch eine Handlung nachzugeben. Sowohl die affektive wie die kognitive Reifung besteht darin, fähig zu werden, die affektiven Reaktionen in immer ausgewogenerer Weise auszudrücken, so daß die Alles-oder-nichts-Reaktion der frühen Kindheit durch einen viel ökonomischeren Einsatz unserer Anstrengungen ersetzt wird, zum Beispiel, wenn wir ein Interesse verfolgen, unser Wohlgefühl maximieren und den Streß von Unter- oder Überstimulierung vermeiden möchten(Basch 1988).

Bekanntlich können die bloßen 26 Buchstaben unseres Alphabets kombiniert werden, um die ganze Fülle und Nuancierung unserer Sprache hervorzubringen. Viel reicher noch sind aber die Variationsmöglichkeiten, die durch Stärke und Mischung der Grundaffekte zustande kommen können. Dabei kommen nicht nur Gesicht und Körper, sondern auch die Variationen der Stimme ins Spiel, um unsere Gefühle zu jeder gegebenen Zeit mitzuteilen. Affekt ist eine nonverbale Sprache, die manchmal das gesprochene Wort begleitet, so wie die alten griechischen Dichter den Chor einsetzten, um die Aussagen der Hauptdarsteller zu unterstreichen. Noch öfter ist, wie Freud uns lehrte, der Affekt das Indiz, das dem aufmerksamen Beobachter die hinter dem gesprochenen Wort bewußt oder unbewußt verborgene Wahrheit enthüllt. Der für die Kommunikation so wichtige Affekt stützt aber auch die organisierende Funktion des sich entwikkelnden Gehirns. In letzter Analyse steht das Ordnen des Gehirns im Interesse des Affektmanagements und der Vermeidung von Unter- und Überstimulierung. Die von Kohut beschriebene Selbstobjektfunktion der Mutter gegenüber ihrem Kind besteht unter anderem darin, daß sie dem Kind hilft, eine potentielle Affektüberladung zu managen oder zu vermeiden.

An jeder Erfahrung klebt ein affektives Etikett. Der Affekt wirkt als universeller Moderator. Er hat die Wirkung, die Freud dem Trieb zuschrieb. Die Nervennetze, die mit positivem Affekt getönt sind, suchen Wiederholung und Erweiterung, die mit negativem Affekt beladenen suchen Vermeidung. Es wird Ihnen nicht schwerfallen, Freuds Lust-Unlust-Prinzip in dieser Formulierung wiederzuerkennen. Aber nun muß das Prinzip nicht durch Rückgriff auf eine nicht verstandene somatische Kraft erklärt werden, die irgendwie in eine psychische Überladung transformiert wird. Vielmehr sind Lust und Unlust Indikatoren von erfolgreichem oder erfolglosem Affektmanagement.

Freud schaute weit über den wissenschaftlichen Horizont seiner Tage hinaus. Es gab weder Konzepte noch Worte, die auszudrücken vermochten, was er bereits verstanden hatte. Meine Absicht war es, zu zeigen, wie die Fortschritte in unserem eigenen und in anderen Fachgebieten viele Fragen beantworten, die Freud aufwarf, als er zum erstenmal die Bedeutung der kindlichen Entwicklung für den späteren Erwachsenen erkannte.

Literatur

Basch, M. F. (1973), »Psychoanalysis and theory formation«, in: *The Annual of Psychoanalysis* 1, S. 39-52, New York: Quadrangle/The New York Times Book Co.

– (1976), »Theory formation in Chapter VII: A critique«, in: *Journal of the American Psychoanalytic Association* 24, S. 61-100.

– (1987), »Developmental psychology and explanatory theory in Psychoanalysis«, in: *American Psychoanalyst* 5, S. 229-263.

– (1988), *Understanding Psychotherapy: The Science Behind the Art*, New York: Basic Books. Deutsch: *Die Kunst der Psychotherapie*, übersetzt von Lotte Köhler, München: Pfeiffer 1992.

Beebe, B., und D. Stern (1977), »Engagment-disengagement and early object experiences«, in: N. Freedman und S. Grand (Hg.), *Communicative Structures and Psychic Structures*, New York: Plenum Press, S. 35-55.

– und P. Sloate (1982), »Assessment and Treatment of difficulties in mother-infant attunement in the first three years of life: A case history«, in: *Psychoanalytic Inquiry* 1, S. 601-623.

– und F. M. Lachmann (1988), »Mother-infant mutual influence and precursors of psychic structure«, in: A. Goldberg (Hg.), *Progress in Self Psychology*, Bd. 3: *Frontiers in Self-Psychology*, Hillsdale, NJ, und London: The Analytic Press, S. 3-25.

Bower, T. G. R. (1971), »The object in the world of the infant«, in: *Scientific American* 225, S. 30-38.

Carpenter, G. (1974), »Mothers's face and the newborn«, in: *New Scientist*, 21. März 1974, S. 742-744.

Condon, W. S., und L. W. Sander (1974), »Neonate movement as synchronized with adult speech: Interactional participation and language acquisition«, in: *Science* 183, 11. Januar 1974, S. 99-101.

Darwin, C. (1872), *The Expression of the Emotions in Man und Animals*, Chicago University of Chicago Press 1965.

Freedman, D. A. (1972), »Relation of language development to problem solving activity«, in: *Bulletin of the Menninger Clinic* 36, S. 583-595.

–, C. Cannaday und J. S. Robinson (1971), »Speech and psychic structure: A reconsideration of their relation«, in: *Journal of the American Psychoanalytic Association* 19, S. 765-779.

Freud, S. (1895 a), »Entwurf einer Psychologie«, in: *G.W.*, Nachtragsband, S. 373-486.

– (1895 b), »Über die Berechtigung, von der Neurasthenie einen bestimmten Symptomenkomplex als ›Angstneurose‹ abzutrennen«, in: *G.W.*, Bd. 1, S. 313-342.

– (1914), »Zur Einführung des Narzißmus«, in: *G.W.*, Bd. 10, S. 137 bis 170.

– (1915), »Triebe und Triebschicksale«, in: *G.W.*, Bd. 10, S. 209-232.
– (1933), *Neue Folge der Vorlesungen zur Einführung in die Psychoanalyse*, in: *G.W.*, Bd. 15.
Karen, R. (1994), *Becoming Attached*, New York: Warner Books.
Kohut, H. (1971), *The Analysis of the Self*, New York: International Universities Press. Deutsch: *Narzißmus*, übersetzt von L. Rosenkötter, Frankfurt am Main: Suhrkamp 1976.
– (1977), *The Restoration of the Self*, New York: International Universities Press. Deutsch: *Die Heilung des Selbst*, übersetzt von E. vom Scheidt, Frankfurt am Main: Suhrkamp 1979.
– (1984), *How Does Analysis Cure?*, Chicago and London: The University of Chicago Press). Deutsch: *Wie heilt die Psychoanalyse?*, übersetzt von E. vom Scheidt, Frankfurt am Main: Suhrkamp 1987.
Nathanson, D. L. (1987), »Shame«, in: ders. (Hg.), *The Many Faces of Shame*, New York/London: The Guilford Press, S. 133-161.
– (1992), *Shame and Pride: Affect, Sex and the Birth of the Self*, New York: Norton.
Stern, D. N. (1985), *The Interpersonal World of the Infant*, New York: Basic Books. Deutsch: *Die Lebenserfahrung des Säuglings*, übersetzt von E. Vorspohl, Stuttgart: Klett 1992.
Tomkins, S. S. (1962/1963), *Affect, Imagery, Consciousness*, 2 Bde., New York: Springer.
– (1970), »Affects as the primary motivational system«, in: M. B. Arnold (Hg.), *Feelings and Emotions*, New York: Academic Press, S. 101-110.
– (1981), »The quest for primary motives: Biography and Autobiography of an idea«, in: *Journal of Person and Social Psychology* 41, S. 306 bis 329.

Lotte Köhler
Das Selbst im Säuglings- und Kleinkindalter

Einleitung

Die Selbstpsychologie hat in Deutschland keinen leichten Stand. Zwar fand Kohut zunächst begeisterten Zuspruch. Dies änderte sich grundlegend, als er in seinem zweiten Buch, der *Heilung des Selbst*, die Triebtheorie aufgab. Dieser vermeintliche Verrat an Grundüberzeugungen der Psychoanalyse konnte in Deutschland, dem Land, das noch mit den Abfallbewegungen der während des Dritten Reiches in Deutschland verbliebenen Psychoanalyse zu kämpfen hatte, nur als ein Abweichen vom rechten Weg und nicht als Fortschritt angesehen werden.

In den angelsächsischen Ländern ist das anders. In den USA haben Kohut und die Selbstpsychologie viele Psychoanalytiker und Psychotherapeuten angezogen. Auch wenn maßgebliche Analytiker die Selbstpsychologie bekämpften, so kamen sie doch zu den Kongressen der Selbstpsychologen, um sich mit ihnen auseinanderzusetzen, wie umgekehrt den Selbstpsychologen die Panels der American Psychoanalytic Association nicht verschlossen blieben. In England beginnen selbstpsychologische Denkweisen Einzug zu halten, wie das folgende Zitat von Peter Fonagy, dem Nachfolger von Joseph Sandler auf dem Lehrstuhl am University College in London, zeigt: »Das biologische Bedürfnis, sich verstanden zu fühlen, und sei es auch nur in der Phantasie, kann vor fast allen anderen Zielen Vorrang erhalten und gelegentlich sogar stärker sein als das Motiv zu überleben« (Fonagy und Target 1994, S. 34). Das könnte fast von Kohut stammen. Auch wenn Kohut in dem Aufsatz, aus dem dieser Satz stammt, nicht zitiert wird, so hat man doch den Eindruck, daß man nun auch in den Kreisen des Anna-Freud-Zentrums die Erkenntnisse der Selbstpsychologie entdeckt, auch wenn man sie auf eigenen Wegen neu findet, ohne auf das bereits vorhandene Wissen zurückzugreifen. Immerhin hat man ja auch Kohut den Vorwurf gemacht, er habe, als er die Selbstpsychologie konzipierte, nicht in Betracht gezogen und zitiert, was Winnicott auf dem Gebiet an ähnlichen – wohlgemerkt nur ähnlichen – Gedanken bereits geäußert hatte. Denn Winnicott maß zwar dem Selbst eine hohe Bedeutung zu, blieb aber der Triebtheorie treu.

In seiner *Kohut Memorial Lecture* 1993 in Toronto sagte Hans Kilian: »Gäbe es die Selbstpsychologie nicht bereits – hätte Heinz Kohut sie nicht vor etwas mehr als dreißig Jahren erfunden –, dann würde und müßte sie auf jeden Fall erfunden werden.« Er begründete diese Notwendigkeit mit dem Strukturwandel psychohistorischer Lebensbedingungen und der gegenwärtig stattfindenden kulturellen Evolution.[1] Ich möchte die Begründung erweitern: Keine der augenblicklich gängigen psychoanalytischen Theorien vermag die Erkenntnisse der heutigen Entwicklungspsychologie und der Neurowissenschaften zu integrieren, wohingegen sich die Theorie der Selbstpsychologie mit den neuen Erkenntnissen der Nachbarwissenschaften als kompatibel erweist.[2]

Kompatibilität der selbstpsychologischen Theorie mit den Nachbarwissenschaften

Ich komme damit zu meinem eigentlichen Thema. Eine Betrachtung der Entwicklung des Selbst in der frühen Kindheit würde unglaubwürdig oder bliebe im leeren Raum stehen, wenn sie mit den Befunden der Nachbarwissenschaften nicht kompatibel wäre. In dieser Lage befinden sich die anderen psychoanalytischen Richtungen angesichts der Evidenz, daß ihre Voraussetzungen sich als unzutreffend erweisen: Das menschliche Neugeborene ist kein polymorph-perverses Triebbündel, das nur seine Spannung abführen und ins Nirwana einkehren möchte. Es ist vielmehr ein Wesen, das der Welt, in die es eintritt, zugewandt und das auf Gegenseitigkeit angelegt ist. Überdies stimmen die heutigen Bio- und

1 »If selfpsychology did not already exist – if Heinz Kohut had not invented it a little more than thirty years ago – it would and it should have been invented in any case, because the structural change of psychohistorical life conditions and of contemporary cultural evolution make selfpsychology a psychohistorical necessity.«

2 In diesem Zusammenhang sei insbesondere auf das Werk von J. Lichtenberg hingewiesen, der sich mit seinen Büchern *Psychoanalyse und Säuglingsforschung* sowie *Psychoanalysis and Motivation* um diese Integration in höchstem Maß verdient gemacht hat.

Neurowissenschaften wie auch die Entwicklungspsychologie darin überein, daß die Triebtheorie nicht die beste aller Möglichkeiten ist, sowohl Motivation des menschlichen Verhaltens wie die Funktionsweise des Gehirns zu erklären. Das Motivationsprimat des Selbsterlebens hat beim Menschen Vorrang vor einem Motivationsprimat des Trieberlebens. Als Selbst wird jene Organisation bezeichnet, die den Prozeß des Erlebens, das heißt innerer und äußerer Wahrnehmungen, bewußter und unbewußter innerer Vorgänge und Motivationen integriert und in einer zeitlichen Kontinuität zusammenhält. Das Selbst ist aus der Sicht der Selbstpsychologie ohne die Matrix seiner Selbstobjekte nicht überlebensfähig. Das wird von maßgeblichen Säuglingsforschern, wie etwa Louis Sander (1962, 1983), bestätigt, wenn dieser feststellt, daß Aussagen nur dann einen ausreichenden Erkenntniswert haben, wenn Mutter und Kind nicht als getrennte Personen, sondern als *ein* – in Entwicklung befindliches – System wahrgenommen und beschrieben werden. Ohne hier auf Daniel Sterns (1985) bekannte Beschreibungen vom Empfinden eines auftauchenden Selbst, eines Kernselbst, eines intersubjektiven Selbst, eines verbalen und schließlich eines narrativen Selbst und den dazugehörigen Modi des Erlebens und Empfindens vom »Selbst-mit-dem-Anderen« einzugehen, möchte ich einige andere Forschungsergebnisse darstellen und versuchen, daraus eine Vorstellung vom mutmaßlichen Erleben des Kindes im frühen Lebensalter abzuleiten. Des weiteren möchte ich erörtern, welche Spuren dieses frühe Erleben bis ins Erwachsenenalter hinein hinterlassen kann. Das heißt: Ich nehme Befunde der Säuglings- und Kleinkindbeobachtung zu Hilfe und versuche, mich in das Erleben eines Wesens auf dieser oder jener Entwicklungsstufe empathisch einzufühlen. Meine Darstellung muß aus Zeitgründen unvollständig bleiben und kann nur andeuten, was mir als wesentlich erscheint.

Das vermutliche Erleben des Neugeborenen

Ich beginne mit dem vermutlichen Erleben des Neugeborenen. Es befand sich in utero in einem Bad von Körpertemperatur, in beengtem Raum, stand auf dem Kopf, vernahm die Herz- und Darmgeräusche seiner Mutter und, wie Experimente ergeben haben, auch ihre Stimme. Es wurde im Rhythmus ihres Ganges gewiegt.

Seine Biorhythmen wurden durch den Kreislauf der Mutter reguliert. Nach der Geburt wird alles anders. Die Atmung setzt ein, die Glieder können sich recken, es wird Licht. Aber die Biorhythmen müssen nach der Abnabelung neu synchronisiert und überformt werden. Dabei wirkt die Mutter nun nicht mehr per Nabelschnur, sondern von außen als Koordinatorin der kindlichen Rhythmen. Ohne Pflegehandlungen würde ein Kind nicht nur verhungern oder verdursten oder erfrieren, sondern es würde am Chaos der mangelnden Koordination seiner physiologischen Subsysteme zugrunde gehen. Motorik, Erregung, Schlaf-Wach-Rhythmen, Saugrhythmen, die Regulation von Wärme und Verbrennungsvorgängen, von Blutzuckerspiegel, Puls, Blutdruck, Wachstumshormon und Neurotransmittern, wie etwa Katecholaminen, werden durch die von der Mutter vermittelten Erfahrungen des Hautkontakts, der Bewegungsrhythmik, der Körperwärme, des Geruchs und der Periodik der Milch, die aus der Flasche kommt oder in die Brust einschießt, allmählich koordiniert und überformt. Die Regulation des inneren physiologischen Milieus des Kindes wird auf die *Interaktion zwischen dem kindlichen Selbst und der Pflegeperson* delegiert. Die Beziehung zwischen der an das dyadische System »delegierten« Homöostase und der inneren Eigenhomöostase des Kindes wandelt sich im Zuge der Entwicklung. Erst wenn das Kind gewisse Erfahrungen physiologischer Zustände zusammen mit Affekten im Cortex gespeichert hat, vermag es die zunächst von der Mutter beeinflußte Binnenregulation in eigener Regie zu übernehmen. Aber selbst ein Entwicklungspsychobiologe wie Hofer (1987), der mit Ratten arbeitet, vermutet, daß biologische Homöostase eine Funktion *aller* engen Beziehungen, aller Bindungsbeziehungen im Sinne Bowlbys, ist, und zwar während des ganzen Lebens. Es gibt somit das *Selbstobjekt*, das Funktionen ausübt, die das eigene Selbst nicht auszuüben in der Lage ist, bereits auf der biologischen Ebene.

Wenn das Selbstobjekt, aus welchen Gründen auch immer – Anlage des Kindes, äußere Umstände, eigenes Unvermögen, das Kind richtig zu »lesen«, fehlende Bereitschaft, die richtig erkannten Bedürfnisse des Kindes zu befriedigen – nicht imstande ist, diese Funktion der Herstellung der Homöostase und Ermöglichung des Wachstums beim Kind zu erfüllen, dann besteht die Gefahr schwerer dysphorischer Zustände. Winnicott spricht von primitiven Agonien und undenkbaren Ängsten. Sie gehen in das Gedächtnis ein als etwas, das gemieden und umgangen, abgewehrt werden muß, ohne je in Worte gefaßt worden zu sein. Eßstörungen, Sucht, schlechtes oder starken Schwankungen unterworfenes fragiles Selbstwertgefühl, abgewehrter Selbstobjekthunger könnten die Folgen sein. Diese Sensationen, für die wir kaum Worte der Beschreibung haben, werden in einem weiteren Schritt auch mit Affekten verknüpft. Sie machen dann den affektiven Kern des Menschen aus. Interessanterweise haben diese Prägungen schon von der zweiten Hälfte des ersten Lebensjahres unterschiedliche Aktivierungen des Frontalcortex zur Folge (Bell und Fox 1994; Dawson 1994): Angenehme Affekte, aber auch Wut aktivieren links, unangenehme rechts. Vielleicht drücken sich darin auch grundlegende Verhaltensstrategien aus: Aggredi links, Rückzug rechts. Einseitig unlustvolle Erfahrungen, die nicht behoben werden, können bereits sehr früh einen schwerwiegenden Split im entstehenden Selbst konstellieren, sowohl horizontal durch Urverdrängung wie auch durch die Abwehr unerträglicher Befindlichkeiten.

Nun kann man mit Recht die Frage aufwerfen, was biologische, ja selbst psychobiologische Erwägungen in einer selbstpsychologischen Darstellung der Entwicklung während der frühesten Kindheit zu suchen haben. Kohut selbst hielt Erkenntnisse, die nicht durch Empathie bzw. durch vikariierende Introspektion gewonnen wurden, für irrelevant für die Selbstpsychologie. Ich möchte allerdings behaupten, daß Zustände, wie angenehm gesättigt in den Schlaf zu fallen oder hungrig zu schreien oder mit dem ganzen Vegetativum im Chaos zu sein, durchaus der vikariierenden Introspektion zugänglich sind. Und daß ebenso die Befreiung aus einem unerträglichen Zustand durch eine »state-changing mother« eine empathisch nachvollziehbare Erfahrung darstellt. Die Befunde der Entwicklungspsychobiologie sind daher für einen empathischen Zugang durchaus relevant, ja, sie erweitern die Möglichkeit, die Funktion des idealisierten Selbstobjekts besser zu verstehen, dessen erste und vornehmste Funktion es ist, zu beruhigen.

Hat ein sechs Monate altes Kind bereits ein Selbst?

Eine weitere Frage in diesem Zusammenhang ist, ob das Neugeborene oder auch das Kind von sechs Monaten ein Bewußtsein hat und ob es ein Selbst hat. Kohut bezweifelte letzteres. Er meinte, es gebe nur ein »virtuelles Selbst« des Kindes in den Vorstellungen seiner Mutter. Ich vertrete die Auffassung, daß das Kind sowohl ein Bewußtsein wie ein Selbst hat, aber daß es sich seines Bewußtseins und seines sich entwickelnden oder auftauchenden Selbst nicht bewußt ist. Es kann nicht reflektieren, daß es ein Selbst ist oder hat. Dazu braucht es eine fortgeschrittenere Entwicklung seines Gehirns und seiner Gedächtniskapazitäten, und dazu braucht es die spiegelnde Mutter.

»Affect-attunement« und »Theory of Mind«

Zu den wesentlichen Funktionen des Selbstobjekts gehört, daß es dem Selbst das Erleben oder die Gewißheit vermittelt, in seinem Inneren, im Kern des eigenen Selbst, verstanden zu werden. Verbunden damit ist die Gewißheit, *innerlich* nicht allein zu sein, sondern sich in Gemeinschaft mit einer anderen Seele zu befinden. Weiß aber das Kind, was das ist: Inneres oder Seele? Es scheint, daß ihm etwa um den achten Lebensmonat herum eine Vorstellung davon aufzudämmern beginnt. Es beginnt, ein Konzept vom Mentalen (theory of mind) zu entwickeln. Dieser Prozeß währt bis ins vierte Lebensjahr. Eingeleitet wird er durch ein von Stern (1985) als affect-attunement bezeichnetes Verhalten der Mutter. Affect-attunement, wie Stern es beschrieb, ist nicht allein ein Einfühlen der Mutter in die Affektlage des Kindes. Es besteht vielmehr darin, daß die Mutter den einer Handlung des Kindes zugrunde liegenden *Gefühlszustand* erfaßt und in anderer Weise wiedergibt. Zum Beispiel: Das Kind reckt seine Hand angestrengt nach einem Spielzeug aus, die Mutter gibt ein langgezogenes Aaaaaaah von sich. Das ist eine sehr besondere Art des Spiegelns, eine mimisch-semantische, weil der gleiche Zustand, die gleiche innere Verfassung in einer anderen Form ausgedrückt wird. Damit beginnt dem Kind eine Vorstellung zu dämmern, daß es hinter dem äußeren Verhalten ein Inneres gibt, das dem Verhalten zugrunde liegt, und daß es außer ihm selbst noch andere

Wesen mit einem Inneren gibt. Unser acht Monate altes Kind beginnt allmählich zu begreifen, daß der oder die andere auch ein Inneres hat[3] und daß dessen innere Verfassung im Augenblick die gleiche ist wie die eigene. Die Empfindung wäre etwa: »Was in meinem Inneren vor sich geht, ist dem, was in deinem Inneren vor sich geht, so ähnlich, daß wir uns dies (ohne Worte) mitteilen können und dabei Intersubjektivität erleben« (Stern 1985, S. 124f., meine Übersetzung, L. K.). Intersubjektivität ist etwas anderes als Interaktion, sie spielt sich zwischen der inneren Befindlichkeit der beiden Partner ab, bzw. sie geht von »mind« zu »mind«. Das Kind wird nun, um die Dichterin Herta Müller zu zitieren, »auf die Seele des anderen ... neugierig«.[4]

Wichtig ist aber, sich klarzumachen, daß die Vorstellung von einem Inneren erst entwickelt werden muß. Vielleicht ist es ein Inneres, das verletzlich ist, weil es zurückgewiesen wurde oder weil es aus Ablehnung oder Unverständnis nicht (für) wahr genommen wird und sich deshalb hinter einem Wall versteckt hält und dort verkümmert. Verkümmert vielleicht in einem Ausmaß, daß es von seiner eigenen Existenz nichts mehr weiß, weil es sich ein falsches Selbst gegeben hat oder dem eine neue, falsche Existenz in Gestalt seines Über-Ich gegeben wird, das die spiegelnden Primärobjekte nun ins Innere verlegt.

Wichtig ist auch, sich klarzumachen, daß nur das psychische Realität gewinnt, was geteilt wurde. Zunächst sind es Affekte

3 Noch später wird es auch Wesen, die vermutlich kein Inneres haben, ein solches zuschreiben. Man nennt das dann Animismus.

4 Rede anläßlich der Entgegennahme des Kleist-Preises am 21. Oktober 1994. Da Kohut Kleist des öfteren erwähnte und in seinen Werken wichtige Beispiele von Menschen mit fragilem Selbst fand, sei eine weitere Passage aus Hertha Müllers Rede zitiert: »Man liest bei Kleist, wie die Welt weder im Wissen noch im Fühlen zu erfahren ist. Wie alles aufeinander hilflos angewiesen und aneinander ausgeliefert ist. Wie es sich selber aussucht, was vom Äußeren im Kopf innen stehenbleibt. Wie es im Stehen schläft und schlafend immer nach sich selber horcht. Und es horcht so, daß man ihm erliegt. Ob man, was das Leben ausmacht, durch sich selber oder andere erfährt, ob man es als Schweigen für sich behält oder als Satz aus dem Schädel herausschickt, es kann seinen Ausgangspunkt nicht behalten, seine eigene Absicht nicht einlösen. Es gibt für das, was das Leben ausmacht, keinen Durchblick. Nur gebrechliche Einrichtungen des Augenblicks. Und Zurechtlegungen, die nicht bis zum nächsten Schritt halten.«

Neuerscheinungen 1. Halbjahr 1998

Suhrkamp Wissenschaft

GESAMTAUSGABEN

THEODOR W. ADORNO
Nachgelassene Schriften
Hg. Theodor W. Adorno Archiv

Band 14:
Metaphysik
Begriff und Probleme
Abteilung IV: Vorlesungen
Hg. Rolf Tiedemann
Etwa 320 Seiten. Gebunden
ca. DM 68,- / öS 496,- / sFr. 62.-
ISBN 3-518-58265-8

VIKTOR VON WEIZSÄCKER
Gesammelte Schriften

Band 2:
Empirie und Psychologie
Herzarbeit / Naturbegriff
Bearbeitet von Peter Achilles, Rainer-M. Jakobi, Walter Schindler sowie Dieter Janz, Mechthilde Kütemeyer, Wilhelm Rimpau
Etwa 540 Seiten.

Leinen:
ca. DM 78,- / öS 569,- / sFr. 71.-
Subskriptionspreis:
ca. DM 68,- / öS 496,- / sFr. 62.-
ISBN 3-518-57805-7

Kartoniert:
ca. DM 68,- / öS 496,- / sFr. 62.-
Subskriptionspreis:
ca. DM 60,- / öS 438,- / sFr. 54.50
ISBN 3-518-57803-0

PHILOSOPHIE

Karl-Otto Apel
Auseinandersetzungen
in Erprobung des transzendental-pragmatischen Ansatzes
Etwa 860 Seiten. Gebunden
ca. DM 148,- / öS 1080,- / sFr. 132.-
ISBN 3-518-58260-7

Hans Blumenberg
Paradigmen zu einer Metaphorologie
stw 1301. 200 Seiten
DM 19,80 / öS 145,- / sFr. 19.-
ISBN 3-518-28901-2

John Dewey
Die Suche nach Gewißheit
Eine Untersuchung des Verhältnisses von Erkenntnis und Handeln
Übersetzt von Martin Suhr
Etwa 300 Seiten. Gebunden
ca. DM 68,- / öS 496,- / sFr. 62.-
ISBN 3-518-58239-9

Wolfgang Detel
Macht, Moral, Wissen
Foucault und die klassische Antike
stw 1362. 384 Seiten
ca. DM 27,80 / öS 203,- / sFr. 26.-
ISBN 3-518-28962-4

Michel Serres (Hg.)
Elemente einer Geschichte der Wissenschaften
Michel Authier, Paul Benoît, Bernadette Bensaude-Vincent, Geof Bowker, Jean-Marc Drouin, Catherine Goldstein, Bruno Latour, Pierre Lévy, Françoise Micheau, Michel Serres, Isabelle Stengers und James Ritter
Übersetzt von Horst Brühmann
stw 1355. 1080 Seiten
ca. DM 68,- / öS 496,- / sFr. 62.-
ISBN 3-518-28955-1

SOZIALGESCHICHTE, GESCHICHTE, ZEITGESCHICHTE

Fernand Braudel
Das Mittelmeer und die mediterrane Welt in der Epoche Philipps II.
Übersetzt von Grete Osterwald und Günter Seib
stw 1354. 3 Bände. 1863 Seiten
ca. DM 68,- / öS 496,- / sFr. 62.-
ISBN 3-518-28954-3

Ruth Wodak / Rudolf de Cillia / Martin Reisigl / Karin Liebhart / Klaus Hofstätter / Maria Kargl
Zur diskursiven Konstruktion nationaler Identität
stw 1349. Etwa 560 Seiten
DM 32,80 / öS 239,- / sFr. 30.50
ISBN 3-518-28949-7

POLITISCHE ÖKONOMIE

Karl Pribram
Geschichte des ökonomischen Denkens
Übersetzt von Horst Brühmann
stw 1356. 2 Bände. 1233 Seiten
ca. DM 68,- / öS 496,- / sFr. 62.-
ISBN 3-518-28956-X

RECHTSWISSENSCHAFT

Reinhard Merkel
Strafrecht und Satire im Werk von Karl Kraus
stw 1345. Etwa 680 Seiten
ca. DM 36,80 / öS 269,- / sFr. 34.-
ISBN 3-518-28945-4

SOZIOLOGIE, THEORIE DER GESELLSCHAFT

Kurt Bayertz (Hg.)
Solidarität
Begriff und Problem
stw 1364. Etwa 520 Seiten
ca. DM 29,80 / öS 218,- / sFr. 27.50
ISBN 3-518-28964-0

Günter Dux
Die Zeit in der Geschichte
Ihre Entwickungslogik vom Mythos zur Weltzeit
Mit kulturvergleichenden Untersuchungen in Brasilien (J. Mensing), Indien (G. Dux/K. Kälble/J. Meßmer) und Deutschland (B. Kiesel)
stw 1025. 488 Seiten
ca. DM 29,80 / öS 218,- / sFr. 27.50
ISBN 3-518-28625-0

Peter Fuchs
Das Unbewußte in Psychoanalyse und Systemtheorie
Die Herrschaft der Verlautbarung und die Erreichbarkeit des Bewußtseins
stw 1373. Etwa 240 Seiten
DM 18,80 / öS 137,- / sFr. 18.-
ISBN 3-518-28973-X

Detlef Garz/
Klaus Kraimer (Hg.)
Die Welt als Text
stw 1031. 440 Seiten
DM 27,80 / öS 203,- / sFr. 26.-
ISBN 3-518-28631-5

Hans-Joachim Giegel (Hg.)
Konflikt in modernen Gesellschaften
stw 1363. Etwa 336 Seiten
ca. DM 22,80 / öS 166,- / sFr. 21.-
ISBN 3-518-28963-2

Jürgen Habermas
Faktizität und Geltung
Beiträge zur Diskurstheorie des Rechts und des demokratischen Rechtsstaats
stw 1361. 704 Seiten
ca. DM 39,80 / öS 291,- / sFr. 37.-
ISBN 3-518-28961-6

Wolf Lepenies
Melancholie und Gesellschaft
Mit einer neuen Einleitung: Das Ende der Utopie und die Wiederkehr der Melancholie
stw 967. 337 Seiten
DM 24,80 / öS 181,- / sFr. 23.-
ISBN 3-518-28567-X

und Gesten, später wird es inneres Erleben, »shared awareness« (Sander 1962), noch später sind es Werte. Es ließe sich eine Entwicklungslinie des Teilens bzw. der Gemeinsamkeit beschreiben. Es ist für den Analytiker wichtig, zu beurteilen, in welcher Entwicklungsphase des Mit-Teilungsbedürfnisses das Selbst des Patienten sich gerade befindet.

Psychische Realität und Empathie

Für den Analytiker gilt es, an den mehr oder weniger verschütteten und möglicherweise auch unentwickelt gebliebenen inneren Kern des Selbst zu gelangen. Das nämlich ist *Empathie*, sich ins *Innere* des anderen zu versetzen, die Nuance so zu treffen, wie es sich im jeweiligen Zeitpunkt befindet. Dichter haben das beschrieben: zum Beispiel der schweizerische Dichter und Arzt Walter Vogt: »solange du nicht meine ängste hast/ genau dieselben/ nach farbe, klang, gewicht/ liebst du mich nicht«[5]; oder T. S. Eliot in einem Gedicht an seine zweite Frau: »der ich die springende Freude verdanke,/ die meine Sinne erquickt zur Zeit unseres Wachens, und den Rhythmus, der unsere Ruhe regiert zur Zeit unsres Schlafens, das Atmen im Einklang/ von Liebenden .../, die die gleichen Gedanken denken und keiner Sprache bedürfen,/ um die gleiche Sprache zu stammeln und keines Sinnes zu bedürfen«. Erstaunlicherweise sind es gerade Dichter, die das frühe affect-attunement nicht erlebt hatten, aber die Sehnsucht danach formulieren konnten. Man muß wohl Poet sein, um die Nuance zu treffen, durch die sich der Patient angerührt und verstanden fühlt, eine Nuance, die, objektiv betrachtet, wahrscheinlich auch wieder viel mit Zeit, Rhythmus und *Takt* zu tun hat, welch letzterer Begriff sowohl im zwischenmenschlichen Verkehr wie in der Musik eine wichtige Rolle spielt.
Die neue Errungenschaft, nämlich Äußeres vom Inneren zu unterscheiden, ein Konzept geistiger Vorgänge wie Wünschen, Glauben, Denken zu entwickeln, taucht etwa um den achten Lebensmonat auf. Das ist jener Zeitpunkt, in dem laut Mahler mit dem Loslösungs- und Individuationsprozeß die psychische Geburt des Menschen beginnt. Ein Konzept von etwas Mentalem zu haben ist

5 Aus »Klartext«, zitiert in seiner Todesanzeige am 21. 9. 1988.

einzigartig menschlich. Schimpansen haben keine »theory of mind«.

Das Kernselbst aus der Sicht der Selbstpsychologie[6]

Auch Kohut verlegt in diese Lebensphase den Beginn des Selbst, dessen Wesen er aufgrund spezifischer Übertragungskonfigurationen erfaßte: das archaische grandiose Selbst, das einer spiegelnden Bestätigung bedarf, das Selbst, das der Verschmelzung mit einer idealisierten Elternimago bedarf, und das Selbst, das sich einem Alter ego gleich fühlen oder einem Wir zugehörig fühlen kann. Diese Bedürfnisse werden zunächst von den archaischen frühen Selbstobjekten, im allgemeinen also den Eltern, befriedigt. Unweigerlich kommt es aber durch gelegentlich fehlende oder unausreichende Empathie dieser Personen auch zu Frustrationen dieser Bedürfnisse. Liegen die Frustrationen in einer erträglichen Bandbreite bzw. sind sie optimal, so vermag das Kind durch transmutierende Verinnerlichung die gerade frustrierte Funktion des Selbstobjekts selbst zu übernehmen. Optimale Frustration von Selbstobjekt-Bedürfnissen wirkt daher strukturbildend. Schrittweise wird das Kernselbst kohäsiver und bildet einen Pol der Kern-Strebungen und einen Pol idealisierter Ziele aus, zwischen denen ein Spannungsbogen von Begabungen und Fertigkeiten vermittelt (Kohut 1977/1979; Tolpin und Kohut 1980).

Das archaische Größenselbst

Woher aber kommt das archaische Größenselbst? Kommt es aus der Erfahrung des Kindes, das sich nun selbst bewegen kann und damit eine unvergleichliche Erweiterung seines Horizontes und seiner Wirkungsmöglichkeiten, seiner »efficacy«, erlebt? Ist das Größenselbst ein Rest von »His Majesty the Baby«, von einem

6 Das »Kernselbst« im Sinne der Selbstpsychologie ist nicht identisch mit dem »Empfinden eines Kern-Selbst«, das Stern beschreibt. Letzteres entsteht ab etwa dem zweiten oder dritten Lebensmonat. Der Beginn des Kernselbst im Sinne der Selbstpsychologie fällt in etwa mit dem Beginn der Empfindung eines subjektiven Selbst in Sternscher Terminologie, etwa um den achten Lebensmonat, zusammen.

vielversprechenden Wohlgefühl, das später als Folge enttäuschter Erwartungen in die Verborgenheit der Resistance geht, sei es durch einen vertikalen oder horizontalen Split – und von dort aus noch operiert? Ich glaube übrigens nicht, daß ein zufriedenes Kind Omnipotenzgefühle hat. Ebensowenig übrigens, wie ein zufriedenes Kind sich als hilflos erlebt. Stern (1985) beobachtete, daß ein Kind, dem das zutreffende »affect-attunement« zuteil wurde, dies als selbstverständlich hinnimmt und sich erst dann beschwert, wenn diese Erwartung verletzt wird.

Frühe Alter-ego-Erlebnisse

Woher kommt das Bedürfnis nach einem Alter ego? Vielleicht rührt es daher, daß das Kind im Lächelspiel die Mutter als Alter ego und sich selbst mit ihr als »we-go« (Emde 1988, S. 36, unter Bezugnahme auf G. Klein 1967) erlebt. Spätere Ausprägungen tragen die Gestalt des Bedürfnisses, Vater oder Mutter gleich zu sein oder sich als Familienmitglied geschätzt zu empfinden. In dem Sinne etwa: Ich empfinde, daß sie mich als zu ihnen gehörig empfinden. Noch später mag sich die alter-ego-bedürftige Seite des Selbst so ausdrücken, wie es das Lied vom guten Kameraden beschreibt: »Er ging an meiner Seite, ... *im gleichen Schritt und Tritt, ... als wär's ein Stück von mir!*« Viele Patienten kennen diese Gefühle nicht, sie spüren ein Loch, ein Nichts, ein Vakuum, sie spüren keinen Boden unter ihren Füßen.

Ursprünge der idealisierten Elternimago

Wie aber erklären wir den Ursprung des Poles der Ideale im Selbst, wie die ihm zugrunde liegende Sehnsucht, mit einem wichtigen anderen eins zu sein? Die klassische Psychoanalyse nahm an, solche Verschmelzungswünsche oder -erlebnisse rührten aus Unfähigkeit des menschlichen Neugeborenen, zwischen Selbst und Objekt unterscheiden zu können. Die Säuglingsforschung betont, daß die Unterscheidung kognitiv möglich ist und offenbar nicht gelernt werden muß. Das *innere Einssein* aber wird erst erfahrbar, wenn inneres Erleben geteilt wurde, wenn überhaupt dämmert, daß es ein Inneres gibt. Verschmelzung im hier geschilderten Sinne wäre das Teilen innerer Befindlichkeiten. Wird die andere zu mächtig, vermag das noch zarte Selbst sich nicht dagegen abzugrenzen.[7] Ein Zuviel an »affect-attunement« kann später das Gefühl psychischer Transparenz bewirken, ein Zuwenig kosmische Einsamkeit. Zum inneren Erleben, das an äußerem Ausdruck erkennbar wird, gehört unter anderem auch die im Lächelspiel geteilte Be»geisterung«. Nur wenn die Mutter den Erregungszustand der Freude teilt, vermag sie, das Kind auf eine höhere Ebene des gleichen Gefühlszustandes zu bringen. Es geht nicht ohne den anderen. Die »state-changing« andere ist nun nicht allein diejenige, die Überstimulation verhindert oder abmildert, sondern auch diejenige, ohne die ein Hochgefühl nicht möglich ist. Mit ihr zu verschmelzen, das heißt, sich mit ihr im gleichen Zustand zu befinden, bedeutet Ruhe und Gehobenheit. Welches Gefühl einer »leeren« Depression bleibt jedoch, wenn man in das unbewegte Gesicht einer depressiven Mutter – Green (1972) spricht von der »mère morte«, der toten Mutter – blickt? Oder in das einer ablehnenden Mutter? Ist es die Fratze der Medusa, die dem Kind die Berechtigung seiner Freude und Daseinslust abspricht?

Im Zusammenhang mit der Entstehung einer idealisierten Elternimago ist ein weiterer *biologischer* Tatbestand von großer Bedeutung. John Bowlby[8] fand heraus, daß es beim Menschen wie bei den höherentwickelten Tieren ein Bindungssystem gibt, das bewirkt, daß ein Mensch zu der maßgeblichen Pflegeperson der ersten sechs Lebensmonate eine Bindung eingeht. Die Art der Bindung ist sozusagen maßgeschneidert, die Anproben finden

7 Zum Beispiel gegen eine intrusive Mutter, wie Rilke sie hatte. »Wer, wenn ich schriee, hörte mich denn aus der Engel/ Ordnungen? und gesetzt selbst, es nähme/ einer mich plötzlich ans Herz: *ich verginge vor seinem/ stärkeren Dasein*. Denn das Schöne ist nichts/ als des Schrecklichen Anfang, den wir noch gerade ertragen,/ und wir bewundern es so, weil es gelassen verschmäht,/ uns zu zerstören. Ein jeder Engel ist schrecklich« (1. Duineser Elegie). Karl Philipp Moritz beschreibt es in seinem autobiographischen Roman *Anton Reiser* wie folgt: »Weil er von Kindheit an zu wenig eigene Existenz gehabt hatte, so zog ihn jedes Schicksal, das außer ihm war, desto stärker an; ... Durch jedes fremde Schicksal fühlte er sich gleichsam sich selbst entrissen und fand nun in anderen erst die Lebensflamme wieder, die in ihm selber durch den Druck von außen beinahe erloschen war« (S. 358).

8 Ausführliche Literaturhinweise bei Köhler (1992).

während der unzähligen Interaktionen zwischen Kind und Pflegeperson statt. An diese »Bindungsperson« oder an eine Person, die ihre Persönlichkeitscharakteristika trägt, wird sich das Kind in Zukunft wenden, wenn es Schutz und Hilfe braucht. Die Ähnlichkeit mit der idealisierten Elternimago liegt auf der Hand. Das Vertrackte ist nur, daß der Aufbau einer Bindung unausweichlich ist, ein Kind sich demgemäß auch an eine mißhandelnde oder psychotische oder es ablehnende Mutter bindet. Die Ablösung von einem solchen pathologischen Objekt war der Inhalt von Kohuts zweiter Analyse des Herrn Z. Neuerdings wird behauptet (Cocks 1994), Herr Z. und Kohut seien identisch. Dem mag sein, wie es will. Sicher ist, daß Kohut besonders feinfühlige Antennen besaß für die Probleme von Patienten, die nicht ihrerseits, sondern deren Eltern ein falsches Selbst hatten: Eltern, hinter deren »normal« erscheinender Fassade ein brüchiges oder gar psychotisches Selbst versteckt lag; Eltern, die einem Kind ihre psychotische Welt als »Norm« aufprägten, das Kind aber straften oder ihm Schuldgefühle machten, wenn es ihre Weltanschauung nicht validierte. Erst indem er ernst nahm, was ein Patient ihm sagte, mochte es auch noch so verschroben oder abartig erscheinen, fand er Zugang zu dem Körnchen Wahrheit, das in den sonst vielleicht absurd erscheinenden Produktionen des Patienten steckte.
Wenn Stern (1985) »affect-attunement« und Intersubjektivität in den Mittelpunkt des kindlichen Erlebens um den achten Lebensmonat herum rückt, so vertritt er eine andere Auffassung als die der klassischen Analyse, die das in dieser Zeit stattfindende Abstillen als Verlust darstellte und eine mit dem Zahnen verbundene orale Aggression vermutete. Diese Theorie beruhte auf der Annahme eines Motivationsprimats der Triebe, das heißt auf der Voraussetzung einer primär biologisch fundierten Motivation. Freud versuchte, die Bedeutung, die das Triebgeschehen für die menschliche Psyche haben könnte, zu erfassen. Kohut ging einen völlig anderen Weg: Er fragte nach dem spezifisch Menschlichen. Er fragte nach den Bedingungen, die für das *psychische* Überleben unerläßlich sind. Er leitete diese Grundbedürfnisse und ihr Schicksal aus Übertragungen erwachsener Patienten ab, die er mittels Empathie zu verstehen und zu erklären suchte. Er eröffnete uns eine neue Welt. Die Säuglingsbeobachtungen haben seine Rekonstruktionen bestätigt und erweitert. Kohuts Leistung wird erst voll gewürdigt, wenn man sich klarmacht, daß an die ersten Lebens-

jahre keine Erinnerung möglich ist. Was an Prägendem geschehen ist, hat im prozeduralen Gedächtnis seine Spuren hinterlassen. Von dort her bestimmt es die Grundmuster des Fühlens und Verhaltens, ohne daß die Ursprünge zugänglich wären. Die Wiederholung in der Übertragung gestattet Rekonstruktionen, wie es vermutlich war. Wer nicht so genial und gründlich ist und es mit der Empathie nicht so ernst nimmt wie Kohut, dem geben die Ergebnisse der Kleinkindbeobachtung Möglichkeiten an die Hand, das Gewordensein eines Patienten besser zu erfassen. Das gilt übrigens auch für Material, das nicht aus der Übertragung stammt, wie Familienfotos und Filme, Tagebücher von Eltern, Erzählungen von Verwandten. Kohut lehnte die Verwendung derart zugänglich gewordenen Wissens ab. Mir scheint es eine wichtige Ergänzung, um das Dunkel des Ursprungs der Psyche zu erhellen.

Als Beispiel zitiere ich aus dem Tagebuch der Mutter eines zehn Monate alten Kindes. Es verbringt mit einem Kindermädchen fünf Wochen bei den Großeltern, weil die Eltern verreisen, und entwickelt sich prächtig. Es scheint keinen Trennungsschmerz gegeben zu haben. »Als wir sie nach Hause holten«, so schreibt nun die Mutter, »hatten wir zuerst große Last mit ihr. Kaum verließ man das Zimmer, erhob sich ein fürchterliches Geschrei, was nicht enden wollte, so daß sie ein paar tüchtige Klapse kriegte. Überhaupt zeigte sie meistens einen mißvergnügten Gesichtsausdruck und lachte und schwatzte überhaupt kaum. Ich hatte ein paarmal Angst, es fehle ihr doch etwas Ernstliches, aber schließlich war es zu offensichtlich, daß es pure Ungezogenheit war. Da half denn nichts, als hart sein, Alleinlassen mit ihrem Gebrüll. Das Einschlafen dauerte immer eine ganze Weile. Sie schrie sich eben müde! Es war überraschend für uns, plötzlich ein so verwöhntes Baby zu haben und kein strahlendes Mäuschen mehr, daß es uns direkt deprimierte.« Nach einigen Tagen vorübergehender Besserung wird das Kind in einen neugekauften Pferch gesetzt, und es gibt einen Rückfall. »Schreien den ganzen Tag aus fürchterlicher Angst, Strampeln unentwegt, naßgeschwitzt. Oft vier Stunden lang gebrüllt.« Zugezogene Ärzte wissen nichts Gescheites. Nun (zehn Tage nach der Wiedervereinigung) wieder liebenswürdig, lacht, bleibt auch mal allein, schläft ohne Schreien ein. Kurz, ich bin ganz erlöst, beglückt. Die letzten Tage war ich tatsächlich oft wutentbrannt, zumal sie einen noch so furchtbar unverfroren und frech anguckte, wenn man sie schließlich mal nahm, um endlich Ruhe zu haben.«

Das war keine optimale Frustration und auch keine »optimal responsiveness« (Bacal 1985). Diese Mutter hat dem Kind verweigert, mit ihrer Ruhe und Gelassenheit zu verschmelzen und sich auf diese Weise zu beruhigen. Ich verdanke dieses Material einer Cousine, die als Erwachsene wegen frei flottierender Ängste eine Analyse machte. In der Tat muß man vermuten, daß die Kohäsion des sich bildenden Selbst vorübergehend fragmentierte, eine »Urszene« für spätere Desintegrationsängste. Diese Dynamik wurde in der wenig erfolgreichen Analyse offenbar nicht gesehen und bearbeitet. Die Ängste wurden letztlich auf eine Aggressionshemmung zurückgeführt. Der Pol der Ideale oder die Fähigkeit der Selbstberuhigung blieb defizitär und hatte eine Fixierung an externe Ideale zur Folge.

Das Selbst während der zweiten 18 Lebensmonate

Ich mache nun einen großen Sprung in die Welt des Selbst von 18-36 Monaten, in die Welt des Kindes, das sich selbst fortbewegen – oder hinbewegen – kann, was seine Aktivitäten und seinen Aktionsradius gewaltig erweitert. In die Welt eines Kindes, das sich nun etwas nicht Vorhandenes vorstellen kann oder, abstrakter ausgedrückt, das Repräsentanzen evozieren kann, des Kindes, das symbolisieren und mit Gedanken spielen, das heißt phantasieren kann und das zu sprechen lernt. Es ist ein Sprung aus der Welt der intimen Nähe, des präverbalen, globalen Erlebens in eine Welt, in der eine andere Ordnung herrscht. Das bedeutet Abschied und Neubeginn. Es bedeutet einen Zugewinn an Eigenständigkeit, an Autonomie. Mit dem Selbstmachenwollen geht aber das delikate Ineinanderspiel verloren. Mit der Möglichkeit des verbalen Austausches wird die Verständigung ohne Worte eingeschränkt. Die Zeit zwischen dem 18. und 36. Lebensmonat ist als Trotzphase bekannt, im Englischen spricht man von »the terrible two«, Margaret Mahler beschrieb die Ambitendenz der Wiederannäherungskrise. Die klassische Theorie der psychosexuellen Triebentwicklung stellte die Analität ins Zentrum.

Das Selbst wird sich seiner selbst bewußt

Wie kann man sich nun das Selbst und das Selbsterleben in dieser Zeit vorstellen? Kohut nahm an, daß das Selbst vor diesem Lebensabschnitt nur »virtuell« in der Vorstellung der Eltern existiert, daß

es aber ab etwa dem 18. Lebensmonat erlebbar wird. Neuro-Wissenschaftler, wie zum Beispiel Edelman (1989), vermuten, daß etwa zu diesem Zeitpunkt eine andere Bewußtseinsform auftaucht. Bis zu diesem Zeitpunkt hat das Menschenkind, wie auch höhere Tiere, etwa Vögel und Säugetiere, ein sogenanntes »primäres Bewußtsein«. Das heißt, es fühlt, handelt und nimmt senso-affektiv-motorisch in der Gegenwart wahr, unter anderem auch den Unterschied von Selbst und Nicht-Selbst. Aber es *weiß* nicht, daß es fühlt und wahrnimmt; obwohl es ein erlebendes Individuum ist, das Hunger, Schmerz oder Freude empfindet, *weiß* es davon nichts. Es kann nicht reflektieren. Es beginnt, Repräsentanzen zu entwickeln, aber es kann sie noch nicht unabhängig von ihrer jeweiligen Aktualisierung metakognitiv betrachten. Somit ist weder ein Selbstkonzept vorhanden noch Selbstbeobachtung möglich. Dies wird mit den Reifungs- und Entwicklungsschritten im zweiten Lebensjahr möglich. Das Kind, dem man einen roten Punkt auf die Nase gemalt hat und das sich im Spiegel sieht, greift zunächst an den roten Punkt im Spiegel. Ab etwa dem 18. Monat aber faßt es sich selbst an die Nase. (Die Wiedererkennung des Selbst im Spiegel ist nicht nur beim Menschenkind, sondern auch bei Schimpansen und Orang-Utans bekannt.)
Hier vollzieht sich nach 18 Monaten ontogenetisch ein monumentaler Schritt, dessen Entwicklung in der Phylogenese Milliarden von Jahren benötigt hat.[9] Ich nenne die drei neuen Errungenschaften nochmals: zunehmende Beherrschung der willkürlichen Muskulatur und Laufenlernen; Fähigkeit, zu symbolisieren und zu sprechen; schließlich die Fähigkeit, Repräsentanzen unabhängig von äußeren Auslösern zu evozieren und mit ihnen zu spielen. Diese Errungenschaften drücken sich im Verhalten aus. Wie aber können wir uns erklären, daß dieses Alter ein so schwieriges ist – eines, das die Verstehensmöglichkeiten und die Nerven der Eltern oder Selbstobjekte auf eine harte Probe stellt und in dem nicht selten maladaptive Verhaltensweisen bzw. Abwehrformationen ausgebildet werden?

9 Es ist ein Sprung in eine neue Dimension, vergleichbar, aber weit folgenreicher als die Landung von Menschen auf dem Mond. Doch wird man an Neil Armstrongs Ausspruch erinnert, der als erster Mensch seinen Fuß auf den Boden des Mondes setzte: »Das ist ein kleiner Schritt für einen Menschen, aber ein gigantischer Sprung für die Menschheit!«

Margaret Mahler begründete die Wiederannäherungskrise damit, daß das Kind in gehobener Stimmung ob seines erweiterten Aktionsradius durch seine neuen Fortbewegungsmöglichkeiten plötzlich gewahr wird, daß es klein und abhängig ist. Ich konnte nie richtig nachvollziehen, wieso das Kind plötzlich erkennen soll, welches Gefälle an Größe, Fähigkeiten und Macht zwischen ihm, dem Kleinen, und den Eltern, den Großen, besteht. Die Neuro-Wissenschaften machen es mir eher erklärlich. Bislang hatte das Kind keine Vorstellung, kein Re-präsentation von sich; es war präsent, aber nicht repräsentiert. Es konnte im Lächelspiel mit der Mutter seine Affekte mit der Mutter teilen, ohne des Größenunterschiedes gewahr zu sein. Mit der Fähigkeit der Selbstreflexion wird die Unterscheidung unausweichlich. Es kann sich bzw. sein Selbst nun als »Zentrum eigener Initiative« (Kohut 1971) erkennen.

Zerbrechen und Wiederherstellen der Einheit des Mutter-Kind-Systems

Das verstärkt möglicherweise die durch das Ausprobieren der verbesserten Motorik ausgelösten Autonomiebedürfnisse. »Selber machen« heißt die Devise. Unausweichlich erfolgt der Zusammenprall mit den grenzsetzenden Erwachsenen oder die narzißtische Kränkung, daß die Geschicklichkeit, die Effektanz (efficacy), fehlt, gewisse Handlungen fehlerfrei durchzuführen. Das Kind stößt sich am Tischbein, fällt hin und weint, im Gegensatz zu solchen Vorfällen während der Übungsphase, fürchterlich. Es weint nicht aus Schmerz, sondern aus narzißtischer Wut über das eigene Versagen.

Diese Wut verstärkt den Drang nach Eigeninitiative und Selbermachenwollen. Sander (1983, S. 344) beschreibt als wichtige Erfahrung während der zweiten 18 Lebensmonate folgendes: Das Kind tut etwas, von dem es genau weiß, daß es das nicht tun soll. Es bringt sich durch Provokationen und aggressiv-destruktives Verhalten absichtlich in eine Gegenposition. Es probiert bewußt Zusammenstöße mit der Mutter aus. Es erfährt, wie die Übereinstimmung mit ihr, mit seinem Selbstobjekt, zerbricht und damit auch die Kohäsion seines Selbst, das sich gerade erst aufbaut. Wesentlich ist die Wiederherstellung der vorherigen Übereinstimmung mit der Mutter und damit das Wiedererleben der eigenen

Kohäsion aufgrund eigener Initiative oder durch die ausgestreckte Hand der Mutter. Gelingt sie, geht das Selbst gestärkt aus solchen Zusammenstößen hervor. Die Erfahrung, daß eine zerbrochene Beziehung wiederhergestellt werden kann, stärkt das Selbst.[10] Diese Erfahrung ermöglicht in der Zukunft die Zuversicht, daß eine zerstörte Beziehung durch Aushandeln wiederhergestellt werden kann. Die Aufgabe des Selbstobjekts ist es, dem Kind die Erfahrung zu vermitteln, daß es die entgegengesetzte Position einnehmen kann – was Wolf als »adversarial function« des Selbstobjekts bezeichnet hat (Wolf 1988) – und daß in der Folge die Gegenseitigkeit wiederherstellbar ist.

Fragilität des reflektierfähigen Bewußtseins als Auslöser von Angst

Um die Schwierigkeiten der Trotzphase zu erklären, ist meines Erachtens noch ein anderer Gesichtspunkt wichtig: Das Kind erwirbt seine neuen Fähigkeiten nicht alle auf einen Schlag. Sein neues, reflexionsfähiges Bewußtsein steht ihm zunächst vielleicht nur unter optimalen Bedingungen zur Verfügung. Ist es im Streß, geht die neue Fähigkeit wieder verloren. Ich versuche mir vorzustellen, wie das ist, wenn die Fähigkeit, sich etwas ins Gedächtnis zurückzurufen, und die Möglichkeit, sich das Selbst zu repräsentieren, verlorengehen. Ist es so, wie wenn man in den Schlaf fällt oder in einer Narkose das Bewußtsein verliert oder nach einem Schlaganfall, wenn gewisse Funktionen ausgefallen sind? Muß das nicht eine massive Angst erzeugen? Eine Patientin mit fragilem Selbst hat einen sich wiederholenden Traum, der im Zusammenhang mit Trennungen auftritt:

»Ich war auf einer Reise, meine Handtasche und Koffer waren weg. Ich wußte nicht, wo und wer ich bin, keinen Namen, keine Angehörigen. Ich hatte mein Gedächtnis verloren. Ich war völlig verloren für alle Ewigkeit. Die Reiseleiterin war auch weg ...«

10 »The experience of continuity resides in the toddler's sense of agency that is preserved in the face of discontinuity that can occur in the pursuit of his ›own‹ goals, if the toddler can remain aware that he retains initiative to restore harmony« (Sandler 1983, S. 344).

Wird ein Kind, wenn ihm sein neues Bewußtsein wegkippt, nicht ebenfalls in Panik geraten und von der Reiseleiterin-Mutter Hilfe und Orientierung erwarten? Wie wird die Panik sich äußern? In einem zwanghaften Festklammern an dem, was noch zur Verfügung steht, was als Trotz mißgedeutet werden könnte, oder gar in einem verzweifelten Wutanfall, bei dem die ganze innere Organisation in die Brüche geht? Vom Selbstobjekt wird erwartet, daß es den jeweiligen Modus des kindlichen Handelns und Erlebens empathisch erfaßt und demgemäß reagiert. Auch die Mutter muß umschalten von der präverbalen Kommunikationsweise, wie sie im Lächelspiel eingeübt wurde, zu der verbalen und vice versa. Die Schwierigkeiten, die auftreten, bis die neue Kommunikationsweise eingeübt ist, sind evident.

Phantasie und magische Bedeutung von Worten

Der Erwerb an Symbolisierungs- und Sprachfähigkeit bringt ein weiteres Problem mit sich: Das Kind kann sich nun in Gedanken eine Welt außerhalb der realen Welt schaffen. Es vermag belebten und unbelebten Objekten sowie Handlungen eine neue Bedeutung zu geben. Es kann eine Streichholzschachtel langsam bewegen und sagen »Schnecke«. Die Fähigkeit, Bedeutungen zu verleihen, zum Beispiel aus einem unbelebten ein lebendes Objekt machen, kann sowohl Allmachtsgefühle wie auch Ängste auslösen. In diesem Zusammenhang sei erwähnt, daß auch Bedeutungen ausgehandelt werden müssen und daß darin eine wichtige Selbstobjektfunktion liegt. Zu bedenken ist weiterhin, daß Worte in dieser Zeit nicht nur eine Bedeutung *haben*, sondern möglicherweise die Bedeutung *sind*, das heißt, daß die Unterscheidung von Signifikat und Signifikant noch nicht stabil ist. Daher die magische Macht der Worte in diesem Alter. Die Möglichkeiten des symbolischen Denkens können zu einem Hexenkessel verwirrender Möglichkeiten werden. Vielleicht überfallen sie das noch unkundige Kind wie den Zauberlehrling des Hexenmeisters in Goethes Gedicht, wenn nicht dieser oder sprachkundige Selbstobjekte klärend eingreifen.

Synkretistisches Erleben, Primärprozeß

Nach wie vor ist das Kind stark egozentriert, das heißt, es kann sich nicht vorstellen, daß andere anders erleben als es selbst.[11] Aus dem synkretistischen Erleben resultieren so poetische Erklärungen wie »der Himmel weint«, wenn es regnet. Das Spiel mit Rollen und Repräsentanzen, sei es in Gedanken oder in der Tat, vollzieht sich weitgehend unter Zuhilfenahme von Mechanismen, die unter dem Begriff des »Primärprozesses« zusammengefaßt werden, wie Verschiebung, Verdichtung, Verkehrung ins Gegenteil, Widerspruchs-, Zeit- und Zusammenhanglosigkeit. Der Primärprozeß ist ein erster Versuch, *mentale* Zusammenhänge herzustellen. Das Kind der senso-motorischen Phase lebt vermutlich nur in der Realität, denn die Welt der Phantasie steht noch gar nicht zur Verfügung. Erst wenn es die Fähigkeit erwirbt, sich in Gedanken eine Welt außerhalb der Realität zu schaffen, gewinnt die Unterscheidung von Primär- und Sekundärprozeß eine Bedeutung. Erst mit der Möglichkeit zu phantasieren werden dem Lustprinzip Möglichkeiten gegeben, das Realitätsprinzip zu verletzen. Erst dann wird es wichtig, Phantasie oder Wunschgedanken von der Wirklichkeit zu unterscheiden.

Entwicklung von Empathie beim Kind

Sowohl ein Selbstkonzept wie die Fähigkeit, sich eine Welt außer der eigenen vorzustellen, sind Voraussetzungen zur Empathie. In der Tat reagieren, wie Doris Bischof-Köhler (1989) gezeigt hat, Kinder zur gleichen Zeit, zu der sie sich im Spiegel selbst erkennen, erstmals empathisch auf Gefühlszustände Erwachsener, zum Beispiel wenn sich eine Kindergärtnerin im Versuch traurig zeigt, weil ihr Teddy kaputtgegangen ist. Im Zusammenhang mit dem Aufkommen von Empathie könnte man auch die Frage aufwerfen, wie sie erlernt wird. Goldberg (1988) hat in seiner Arbeit über das unempathische Kind Bedingungen beschrieben, die der Entwicklung von Empathie entgegenstehen. Ich möchte zu bedenken geben, ob das Rollenspiel des Kindes, das in diesem Alter floriert wie in keinem anderen, nur der Identifikation dient oder auch dem

11 Das zeigen die False-belief-Experimente.

Erlernen der Empathie. Durch Rollenspiel erfährt man, wie es sich anfühlt, Vater, Mutter, Prinzessin, Polizist, Kassiererin oder Eisverkäufer zu sein.

Kern-Geschlechtsidentität

Als letztes möchte ich kurz auf die Ausbildung einer Kern-Geschlechtsidentität und Geschlechtsrollen-Identität eingehen, die in der hier betrachteten Entwicklungsphase entstehen, und dabei ein Schlaglicht auf den Einfluß der Selbstobjekte und deren Ausformung werfen. Mit dem Gewahrwerden des Selbst geht auch ein Gewahrwerden von Körperbereichen einher und damit ein Grundgefühl, welches Geschlecht man hat oder zu welchem Geschlecht man gehört. Mutter und Vater als Selbstobjekte werden sich gegenüber ihrem Mädchen oder Jungen unterschiedlich einstellen. Nicht nur sind die Spielweisen geschlechtsspezifisch zu unterscheiden (Herzog 1984), sondern auch das, worüber gesprochen wird. Beobachtungen von Fivush (1993) ergaben, daß Mütter mit der kleinen Tochter zum Beispiel mehr über Emotionen reden als mit dem Sohn, und so sprechen denn zweijährige Mädchen mehr über Emotionen als gleichaltrige Knaben. Das bleibt bis ins Erwachsenenalter erhalten: Frauen reden mehr über Gefühle als Männer und mögen es, wenn Gefühle ausgedrückt werden. Vater und Mutter sprechen mit Mädchen mehr über traurige Gefühle und mit Buben über Wut. Vergeltung gegenüber demjenigen, der die Wut ausgelöst hat, wird von den Müttern bei Buben ermutigt, bei Mädchen nicht. Über Furcht wird zwischen Vater und Sohn weniger gesprochen als zwischen Vater und Tochter. Fivushs Beobachtung von Gesprächen zwischen Zweijährigen und ihren Eltern zeigen, wie nicht nur die Geschlechtsrolle, sondern auch das Gefühlsleben durch die Selbstobjekte geformt und damit das Selbstgefühl durch spezifische Spiegelung beeinflußt wird.

Das Aushandeln von Bedeutung zwischen Eltern und Kind

Was hier über den Einfluß der Eltern auf die Geschlechtsidentität des Kindes berichtet wurde, beleuchtet nur einen kleinen Ausschnitt des Einflusses, den die Selbstobjekte auf das Selbst- und

Weltverständnis des Kindes ausüben. Nicht nur Verhaltensweisen, sondern auch Bedeutungen können ausgehandelt oder aufgezwungen werden. Doch dies zu erläutern würde den Rahmen dieser Arbeit sprengen.

Schlußbemerkung

In seinen Bemerkungen am Ende der Selbstpsychologie-Konferenz 1980 in Boston äußerte Kohut bezüglich des Ödipuskomplexes: »Für mich ist es nicht befriedigend zu sagen, nun kommen wir zum biologischen Urgrund, und dabei müssen wir es belassen.« Ich hoffe, mit meinen Darlegungen gezeigt zu haben, wie recht er hatte; wie seine Einsicht uns den Zugang zur präverbalen und frühkindlichen Erlebenswelt unserer erwachsenen Patienten geöffnet hat. Ich hoffe aber auch gezeigt zu haben, wie der Weg, den er gewiesen hat, von den sogenannten objektivierenden Wissenschaften mit ihren Beobachtungsmethoden bestätigt wurde.

Literatur

Bacal, H. (1985), »Optimal Responsiveness and the Therapeutic Process«, in: A. Goldberg (Hg.), *Progress in Self Psychology*, Bd. 1, New York: Guilford, S. 202-226.

Bell, A. und N. Fox (1994), »Brain Development over the First Year of Life«, in: G. Dawson und K. Fischer (Hg.), *Behaviour and the Developing Brain, New York: Guilford Press.*

Bischof-Köhler, D. (1989), *Spiegelbild und Empathie*, Bern: Huber, S. 314-345.

Cocks, G. (1994), *The Curve of Life. Correspondence of Heinz Kohut 1923-1981*, Chicago: The University of Chicago Press.

Dawson, G. (1994), »Development of Emotional Expression and Emotion Regulation in Infancy. Contributions of the Frontal Lobe«, in: G. Dawson und K. Fischer (Hg.), *Behaviour and the Developing Brain*, New York: Guilford Press, S. 346-379.

Edelman, G. (1989), *The Remembered Present*, New York: Basic Books.

Emde, R. (1988), »Development terminable and interminable. 1. Innate and motivational factors from infancy«, in: *Int. J. Psychoanal.* 69, S. 23-42.

Fivush, R. (1993), »Emotional Content of Parent-Child Conversations about the Past«, in Ch. Nelson (Hg.), *Memory and Affect in Develop-*

ment. The Minnesota Symposia on Child Psychology, Bd. 26, Hillsdale, N. J.: Lawrence Erlbaum, S. 39-78.
Fonagy, P. und M. Target (1994), »Understanding and the Compulsion to repeat: A Clinical Exploration«, in: *Bull. of the Anna Freud Centre* 17, S. 33-56.
Goldberg, A. (1988), »The Unempathic Child«, in: A. Goldberg, *A Fresh Look at Psychoanalysis. The View from Self Psychology*, Hillsdale, N. J.: The Analytic Press.
Green, A. (1972), *On Privat Madness*, Madison N. J.: International Universities Press.
Herzog, J. (1984), »Fathers and young children: Fathering daughters and fathering sons«, in: J. Call, E. Galenson und R. Tyson (Hg.), *Frontiers of Infant Psychiatry*, New York: Basic Books, Bd. 2, S. 335-343.
Hofer, M. (1987), »Early Social Relationships: A Psychobiologist's View«, in: *Child Development* 58, S.633-647.
Kilian, H. (1995), »Psychohistory, Cultural Evolution and the Historical Significance of Selfpsychology. Essay on the Psychohistorical Relativity of Psychoanalytic Knowledge and on the Consequences of its Nonperception and Denial in Clinical Theory and Practice«, in: A. Goldberg (Hg.), *Progress in Selfpsychology*, Bd. 11, S. 291-301.
Köhler, L. (1992), »Formen und Folgen früher Bindungserfahrungen«, in: *Forum der Psychoanalyse* 8, S. 263-280.
Kohut, H. (1979), *Die Heilung des Selbst*, Frankfurt am Main: Suhrkamp.
Klein, G. S. (1967), *Peremptory Ideation: Structure and force in motivated ideas, Psychological Issues*, Bd. 5, Nr. 213, Monograph 18/19, New York: International Universities Press.
Lichtenberg, J. (1991), *Psychoanalyse und Säuglingsforschung*, Heidelberg: Springer.
– (1989), *Psychoanalysis and Motivation.*, Hillsdale N. J.: Analytic Press.
Moritz, Ph. (1787/1979), *Anton Reiser*, Frankfurt am Main: insel taschenbuch.
Müller, Hertha (1994), »Rede anläßlich der Entgegennahme des Kleist-Preises am 21. Oktober 1994«, in: *Neue Zürcher Zeitung* vom 1. 11. 1994, S. 24.
Sander, L. (1962), »Issues of Early Mother-Child Interaction«, in: *Journal of the American Academy of Child Psychiatry*, Bd. 1, 1, S. 141-166.
– (1983), »Polarity, Paradox and the Organizing Process in Development«, in: J. Call, E. Galenson und R. Tyson (Hg.), *Frontiers of Infant Psychiatry*, New York: Basic Books, S. 333-346.
Stern, D. (1992), *Die Lebenserfahrung des Säuglings*, Stuttgart: Klett-Cotta.
Tolpin, M. und H. Kohut (1980), »The Disorders of the Self: The Psychopathology of the First Years of Life«, in: *The Course of Life. Psychoanalytic Contributions Toward Understanding of Personality Develop-*

ment, Bd. 1: *Infancy and Early Childhood*, hg. von S. E. Greenspan und G. H. Pollock, NIMH.
Wolf, E. (1996), *Theorie und Praxis der Psychoanalytischen Selbstpsychologie*, Frankfurt am Main: Suhrkamp.

Anna Ornstein
Die Psychologie des Kindes in der Latenzphase

Der Begriff »Latenz« ist in der Geschichte der Psychoanalyse unterschiedlich interpretiert worden. Bei Freud bezeichnete er eine Entwicklungsperiode, in der sich die Verdrängung als grundlegender psychischer Mechanismus verankert. Der »Zufluß« der infantilen Sexualregungen, so Freud, ist in dieser Periode nicht zum Stillstand gekommen, wohl aber wird ihre »Energie [...] – ganz oder zum größten Teil – von der sexuellen Verwendung abgeleitet und anderen Zwecken zugeführt« (Freud 1905 d, S. 78). Von zentralem Stellenwert für die traditionelle Konzeptualisierung der Latenz waren neben der Auflösung des Ödipuskomplexes die Konsolidierung der Über-Ich-Funktionen sowie die Reorganisation der Abwehrstrukturen des Ichs. Innerhalb dieses theoretischen Bezugsrahmens bestand die Entwicklungsaufgabe in der Fähigkeit des Kindes, ein sicheres Gleichgewicht zwischen Abwehrmechanismen und Trieben aufrechtzuerhalten. Der Unterteilung in eine frühe und späte Latenzperiode (Bornstein 1951) lag die Beobachtung zugrunde, daß das Kind in der frühen Latenzphase nach wie vor gegen inzestuöse Impulse anzukämpfen hat und auf ein strenges und ineffektives Über-Ich reagieren muß. In der zweiten Hälfte der Latenz jedoch, das heißt im Alter zwischen acht und zwölf Jahren, hat das Über-Ich größere Stabilität entwickelt. Einige Jahre später brachte Kaplan (1965) diese Unterteilung mit der Reifung des motorischen und Wahrnehmungssystems in Verbindung.

Da die psychoanalytische Selbstpsychologie ein neues Modell psychischer Organisations- und Funktionsweisen darstellt, erklärt sie die in dieser Altersphase zu beobachtenden entwicklungsbedingten Veränderungen mit Konzepten, die sich von den in der traditionellen Psychoanalyse gebräuchlichen Theorien unterscheiden. Der psychoanalytischen Selbstpsychologie zufolge umfaßt die Entwicklung des Kindes im Grundschulalter

– eine wachsende Konsolidierung des Kernselbst, und zwar insbesondere des Bemeisterungs- und Kompetenzgefühls;

– eine Konsolidierung des Selbstwert-Regulationssystems sowie
– Fortschritte in der moralischen Entwicklung.

Da man die Psychologie des Schulkindes in einen Zusammenhang mit der Auflösung des Ödipuskomplexes gestellt hat, möchte ich zunächst das selbstpsychologische Verständnis der ödipalen Entwicklungsstufe skizzieren.

Eine selbstpsychologische Betrachtungsweise des Ödipuskomplexes

Eine Neubetrachtung des Ödipuskomplexes ermöglichte es Kohut, das bipolare Selbst als übergeordnete Struktur innerhalb der Psyche zu formulieren (Kohut 1977). Seine Konzeptualisierung repräsentiert somit einen entscheidenden Wendepunkt in der Entwicklung der psychoanalytischen Selbstpsychologie. Dieses neue psychoanalytische Paradigma erforderte eine Neubetrachtung aller drei Subphasen der ödipalen Periode (die Bereitschaft des Kindes, in diese Phase einzutreten, das reale Erleben der ödipalen Leidenschaften und schließlich die Auflösung des »Konflikts«) (A. Ornstein 1993).

Ähnlich wie andere Psychoanalytiker betrachtete Kohut das »Bestehen eines stabilen Selbst« als »Voraussetzung für die Erfahrung des Ödipuskomplexes« (Kohut [1977] 1979, S. 235). Hinsichtlich des realen Erlebens der mit dem Ödipuskomplex einhergehenden Affekte (das Verlangen, den gegengeschlechtlichen Elternteil sexuell zu besitzen, Rivalität, Eifersucht und vor allem Kastrationsangst) sind allerdings erhebliche Unterschiede zwischen der traditonellen Sichtweise und dem selbstpsychologischen Verständnis zu verzeichnen. Der herkömmlichen psychoanalytischen Theorie zufolge ist die Verdrängung, die Abwehr des Konflikts mit seinen inzestuösen und mörderischen Implikationen, unumgänglich, weil er inhärent konflikthaft erlebt wird und unausweichlich mit Kastrationsangst einhergeht. Da der abgewehrte Konflikt mit Schuldgefühlen behaftet ist, wird er für alle Zeiten zu einer potentiellen Quelle der Neurose. Diese Formulierung schreibt einer normalen Entwicklungsphase einen grundlegend pathologischen Inhalt zu. Die überzeugendste Erklärung hierfür ist die Tatsache, daß Freud die *normale* ödipale Phase auf der Basis von Rekonstruktionen aus den Analysen erwachsener Patienten konzeptualisierte, die unter verschiedenartigen neurotischen Störungen litten. Auch Kohut war für seine Konzeptualisierung der normalen Entwicklung auf derartiges Material angewiesen. Seine Beobachtungen veranlaßten ihn jedoch zu Schlußfolgerungen, die sich von denen Freuds gravierend unterschieden. Als Kohut Patienten mit primären Selbststörungen analysierte, stellte er fest, daß manche Patienten gegen Ende der Analyse, wenn ihr Selbst über eine zuverlässige Kohärenz verfügte, eine ödipale Konstellation entwickelten. Diese »kurze ödipale Phase«, so sagte er, wird von »einer warmen, glühenden Freude« begleitet, die »alle Kennzeichen der Emotionalität besitzt, die mit einer Reifungs- oder Entwicklungsleistung einhergeht« (Kohut [1977] 1979, S. 236). Aus klinischen Beobachtungen dieser Art zog Kohut den Schluß, daß die ödipale Phase in der normalen Entwicklung, mit Eltern, die Freude und Stolz angesichts der Entwicklungsleistungen ihres Kindes empfinden, nicht schuld- und angstbeladen sei, sondern freudig erlebt werde. Kohut unterschied (a) eine verhältnismäßig unauffällige und freudige, normale Entwicklungs*phase* von (b) einem Ödipus*komplex*, den er als Entgleisung der normalen Entwicklung infolge mangelnder empathischer Responsivität der Eltern verstand. Unter diesen Umständen zerfällt die infantile Sexualität in ein zwanghaftes Suchen nach sexueller Stimulation und die gesunde Selbstbehauptung in destruktive Aggression.

Im Laufe der ödipalen Phase wandelt sich die für die frühe Kindheit charakteristische Idealisierung der Stärke und Omnipotenz der Bezugspersonen zu einer Idealisierung ihrer Wertvorstellungen und Ideale. In dieser Hinsicht erfolgt der Übergang von früheren Entwicklungsphasen in die Latenzperiode nahezu unmerklich; die Idealisierung der primären Bezugspersonen wechselt nahtlos über in die Idealisierung von Lehrern, Pfadfinderführern, Sportidolen und anderen nationalen Helden. Der selbstpsychologischen Theorie zufolge wird die Internalisierung von Wertvorstellungen und Verhaltensnormen durch die allmähliche, nicht-traumatische Entidealisierung der Bezugspersonen ermöglicht. Wertmaßstäbe und Normen werden nach und nach in zunehmend komplexerer Weise in die sich entwickelnde Psyche integriert und schaffen die Grundlage der Moralentwicklung.

Selbstkohärenz und Konsolidierung des Selbstwertgefühls in der Latenzperiode

Die zunehmende Selbstkohärenz und die Konsolidierung des selbstwertregulierenden Systems stehen in engem Zusammenhang mit den Veränderungen innerhalb der neuromuskulär-perzeptiven Systeme, aber auch mit den Veränderungen, denen das Schulkind in seiner sozialen Umwelt begegnet. Zu den beeindruckendsten *reifungsbedingten Veränderungen* zählt die Tatsache, daß das Gehirn gegen Ende des siebten Lebensjahres 90 Prozent seines Gesamtgewichts erreicht und die Myelinisation des corticopyramidalen Systems ungefähr im Alter von acht Jahren abgeschlossen ist. In ihrer Darstellung der während der Latenzperiode erfolgenden neurobiologischen Veränderungen weisen Shapiro und Perry (1976) ausdrücklich darauf hin, daß wir nicht wissen, wie diese verschiedenen Systeme miteinander zusammenhängen und sich beeinflussen. Wir können einzig und allein sagen, daß es hier eine *Gleichzeitigkeit* gibt, die offenbar eine wechselseitige Abhängigkeit zwischen Veränderungen in Gehirnanatomie, -physiologie und -chemie einerseits und Veränderungen in der perzeptiven und kognitiven Entwicklung andererseits nahelegt. Zwar hüten Shapiro und Perry sich ausdrücklich vor »reduktionistischen« Schlußfolgerungen, gleichwohl aber betrachten sie die biologische Reifung »als außerordentlich wichtige Variable, welche die Veränderungen, die wir als Latenz bezeichnen, determiniert« (Shapiro und Perry 1976, S. 81).

Die Integration der im physischen Bereich erfolgenden reifungsbedingten Veränderungen in das Gefühlsleben des Kindes wird durch das motivationale System Exploration-Assertion gefördert (Lichtenberg 1989). In ihrer Gesamtheit haben sie eine Stärkung des Bemeisterungs-, Effektanz- und Kompetenzgefühls zur Folge, das für ein kohärentes Kernselbst unverzichtbar ist. Das Postulat eines motivationalen Systems »Exploration« steht in Einklang mit Robert Whites (1955) Behauptung, daß der Mensch – wenn er nicht durch Hunger, sexuelles Verlangen oder Angst motiviert ist – danach strebt, seinen neuromuskulären Apparat zu betätigen und Wissen zu erwerben. Auf diese Weise lernt er seine Umwelt kennen, mit der er interagieren und die er meistern muß.

Das Wachstum des perzeptiv-motorischen Systems und die

Entwicklung von Lateralität und Richtungssinn sind grundlegende Bestandteile der Entwicklung des Körperbildes. Freuds Aussage, das Ich sei »vor allem ein Körper-Ich« (Freud 1923 b, S. 254), ist auch auf das selbstpsychologische Entwicklungsverständnis anwendbar. Es gibt jedoch einen Unterschied: Freud zufolge ist die Psyche durch die sexuellen und aggressiven Triebe in der Biologie verankert; die Selbstpsychologie geht davon aus, daß die verhältnismäßig nahtlose Integration körperlicher Veränderungen in das Gefühlsleben des Kindes das Selbst stabilisiert, indem es sein Gefühl für Effektanz, Bemeisterung und Kompetenz steigert. Andererseits hängt die Frage, ob sich ein Kompetenzgefühl entwickeln wird oder nicht, davon ab, wie die Umwelt auf die neuerworbenen Fähigkeiten des Kindes und die damit einhergehenden Leistungen reagiert. Die traditionelle Theorie nahm an, daß die Konsolidierung des Über-Ichs ein relativ geschlossenes, autonomes System entstehen läßt; im Gegensatz dazu konzeptualisiert die psychoanalytische Selbstpsychologie die Psyche als relativ offenes System. Innerhalb einer solchen Organisation behalten die bestätigenden und validierenden Reaktionen der emotionalen Umwelt des Kindes ihre strukturbildende Signifikanz bei. Diese Umweltreaktionen sind besonders wichtig in bezug auf neuerworbene Geschicklichkeiten und Fähigkeiten: Die Bestätigung durch wichtige Erwachsene ermöglicht es dem Kind, solche Geschicklichkeiten und Fähigkeiten als *real* und als konstituierende Elemente seines *eigenen* (sich erweiternden) Selbst zu erleben. Wie wichtig dies ist, zeigt sich am deutlichsten, wenn im motorischen oder perzeptiven Bereich Störungen in Form symptomatischer Verhaltenweisen auftreten, zum Beispiel Tics, Stottern oder Lese- und Schreibschwierigkeiten.

Die beeindruckendste psychische Veränderung erfolgt auf dem Gebiet der kognitiven Entwicklung. In diesem Alter erwirbt das Kind die Fähigkeit, stabile Konzepte von numerischen Beziehungen, von Zeit und Raum zu konstruieren. Es stellt somit eine Übergangsphase zwischen sensomotorischer Intelligenz und formalen Operationen dar. Dennoch aber bleiben diese Fähigkeiten nach wie vor begrenzt: Sie können nur auf reale, konkrete Situationen angewandt werden (Piaget und Inhelder 1969). Mit zunehmender Integration der Fortschritte, die im neuromuskulär-perzeptiven System sowie in der kognitiven und Sprachentwicklung stattfinden, erfolgt ein weiterer Zuwachs der Selbstkohärenz. Dies zeigt sich an der Fähigkeit des Kindes im Latenzalter, gegenüber zunehmend komplexeren physischen und intellektuellen Herausforderungen die Intiative zu ergreifen und solche Aufgaben aggressiv und assertiv in die Hand zu nehmen.

Man könnte das stabiler konsolidierte Kernselbst jedoch als lediglich verbesserte Ausführung eines Apparates betrachten, wenn die Aktivitäten, die das Kind nun vollbringen kann, nicht mit Gefühlen des Stolzes und der Lust einhergingen. Der Stolz auf sich selbst und auf die eigenen Aktivitäten ist das Erbe der Modifizierung und Transformation infantiler narzißtischer Strukturen (Grandiosität, Exhibitionismus und Omnipotenz) in eine innere Struktur; diese Transformation erfolgt in Reaktion auf die begeisterte Responsivität der Umwelt angesichts der Leistungen, die das Kind vollbringt. Der Stolz auf sich selbst und die eigenen Aktivitäten und das damit einhergehende Lustempfinden sind Ausdruck des Selbstwertgefühls: einer subjektiven Erfahrung der Stärke, Vitalität, des Stolzes und der Lust an dem, was man tut, und an der eigenen Person.

Die traditionelle psychoanalytische Theorie hat das Schicksal der infantilen narzißtischen Strukturen an die Selbst-Objekt-Differenzierung geknüpft. Diese Theorie postulierte insbesondere, daß das Kind auf seine infantile Grandiosität und Omnipotenz verzichten müsse, sobald es zwischen Selbst und Objekt zu differenzieren beginne; übrig bleibe einzig und allein ein narzißtisches Element, das zum Bestandteil des Ichideals werde. Dieser Theorie zufolge sind Krabbelkinder während des Separations-Individuations-Prozesses, in dessen Verlauf sie sich aus einer symbiotischen Verschmelzung mit der Mutter lösen, einem »phasen-spezifischen Konflikt« ausgesetzt, der mit einem traumatischen Einbruch ihrer infantilen Omnipotenz verbunden ist (Mahler, Pine und Bergman 1985).

Dieses Entwicklungsverständnis wurde durch die moderne Säuglingsforschung in Frage gestellt; Säuglingsbeobachter wie Sander (1975), Stechler und Kaplan (1980) sowie Stern (1985) behaupten, daß Säuglinge nicht aus einer autistischen Schale »auftauchen«, sondern von Geburt an die Fähigkeit besitzen, Reaktionen in ihrer Umwelt auszulösen. Die infantile Omnipotenz erlebt demzufolge im Kleinkindalter keinen traumatischen Einbruch, sondern weicht vielmehr dem Realitätssinn, während die infantile Grandiosität allmählich in ein reifes Selbstwertempfinden übergeht (Kohut 1971). Im Schulalter hat sich ein relativ komplexes selbstwertregulierendes System konsolidiert (Cotton 1983). Dementsprechend sind Schulkinder zunehmend besser in der Lage, internalisierte Werte und Normen angesichts zu erwartender Mißerfolge, angesichts von Kritik und Enttäuschungen *aufrechtzuerhalten*. Dieses innere Regulationssystem aber ist *relativ*, weil es eine zu erwartende Reziprozität zwischen der Widerstandsfähigkeit (die durch stabile innere Strukturen vermittelt wird) und dem Bedürfnis nach beruhigender Bestätigung durch ein empathisch reagierende Umwelt gibt. Die Frage ist nicht, ob sich ein Kind sein Selbstwertgefühl unter Streß bewahren kann, sondern wie rasch und effektiv es ihm gelingt, das Selbstwertempfinden nach zu erwartenden Mißerfolgen und Demütigungen wiederaufzubauen. Wenn die Transformation der infantilen Grandiosität nicht oder nur unvollkommen erfolgt ist, müssen Grandiositätsphantasien verdrängt werden; die Folge ist, daß das Kind zwischen einer irrationalen Überbewertung des Selbst und Minderwertigkeitsgefühlen hin- und herschwankt. Diese Kinder sind schüchtern, sie ziehen sich angesichts schwieriger intellektueller Aufgaben zurück und scheuen Interaktionen mit Gleichaltrigen; sie neigen zu Schamgefühlen, geraten leicht in Wut und sind nicht imstande, zufriedenstellende Arbeitsgewohnheiten zu entwickeln und beizubehalten. Genau dies hatte Erikson (1963) im Sinn, als er schrieb, daß das Kind im Latenzalter entweder arbeits- und leistungsfähig sei oder zu schmerzvollen Minderwertigkeitsgefühlen neige.

Gruppenbildung und Fortschritte in der Theorie der Moralentwicklung

Auch bei Schulkindern setzt sich die Dialektik zwischen dem Streben nach Unabhängigkeit einerseits und dem Bindungsbedürfnis andererseits fort. Die Auflösung dieser Dialektik wird durch die Bildung von Gruppen erleichtert, wenn die Kinder anfangen, Lob und Akzeptanz bei Gleichaltrigen zu suchen, und nicht mehr nur von ihren primären Bezugspersonen abhängig sind, um diese Reaktionen zu erhalten. In der Gruppe wird die Kompetenz des Kindes aber auch zum ersten Mal massiv herausgefordert. Die Lösung, die Kinder finden, um einerseits ihr Gemeinschaftsbedürfnis zu befriedigen und andererseits ihr Verlangen, sich der eigenen Kompetenz und Individualität zu versichern, bringt ihre moralische Entwicklung einen entscheidenden Schritt weiter. Eine Möglichkeit dazu bieten vor allem Spiele, in denen Wettbewerb und Rivalität angesagt sind.

Die Frage, ob die Entwicklung des Moralempfindens aus der kognitiven oder aber aus der affektiven Entwicklung resultiere, wird in der Psychoanalyse nach wie vor diskutiert. Da affektive und kognitive Funktionen jedoch Aspekte der psychischen Entwicklung sind und eine Einheit bilden (Nass 1966), ist diese Frage eigentlich müßig. Mannschaftswettbewerbe und Spiele dieser oder jener Art bieten dem Kind einzigartige Gelegenheiten, zu lernen, daß es Regeln respektieren und Rücksicht auf den Standpunkt eines anderen Menschen nehmen muß, wenn er dem eigenen zuwiderläuft. Mädchen und Jungen lösen solche moralischen Fragen in diesem Alter auf deutlich unterschiedliche Weise. Die traditionelle psychoanalytische Theorie hat dies mit der unterschiedliche Über-Ich-Entwicklung von Jungen und Mädchen erklärt: Da die Über-Ich-Bildung an die Kastrationsangst gebunden sei, fehle Frauen ein definitives Motiv zur Auflösung des Ödipuskomplexes und infolgedessen zur Entwicklung eines zuverlässigen Moralempfindens. Gilligan ([1982] 1985) hat ein Forschungsprojekt mit Mädchen im Latenzalter durchgeführt und ihnen Problemstellungen vorgelegt, deren Lösung moralische Entscheidungen beinhaltete. Auf der Grundlage ihrer Erkenntnisse gelangte Gilligan zu dem Schluß, daß dieser Unterschied nicht durch eine verschiedenartige Über-Ich-Entwicklung bedingt ist. Vielmehr hängt er eher mit der größeren Besorgtheit des Mädchens um die Aufrechterhaltung von Beziehungen als mit einer abstrakten Vorstellung dessen, was Moral konstituiert, zusammen: »In dieser Konzeption entsteht das Moralproblem aus einander widersprechenden Verantwortlichkeiten und nicht aus konkurrierenden Rechten, und es setzt zu seiner Lösung eine Denkweise voraus, die kontextbezogen und narrativ und nicht formal und abstrakt ist« (Gilligan [1982] 1985, S. 30).

In den Grundschuljahren erproben Jungen und Mädchen ihre geschlechtsbezogenen Fähigkeiten innerhalb geschlechtsspezifischer Gruppen. Im Rahmen dieses Kontextes bieten Spiele nicht nur eine ideale Gelegenheit, moralische Werte zu festigen, sondern stärken darüber hinaus auch die Geschlechtsidentität. Die Selbstpsycholgie betrachtet die Identifizierung nicht als Reaktion auf die Kastrationsdrohung. Sie nimmt vielmehr an, daß sich ein »Männlichkeits«gefühl des Jungen in Reaktion auf die unambivalente Spiegelung jener Merkmale seiner Persönlichkeit durch die (idealisierte) Bezugsperson entwickeln wird, die in unserer westlichen Kultur als »männlich« gelten. In entsprechender Weise wird die enthusiastische Validierung der »weiblichen« Persönlichkeitsmerkmale des kleinen Mädchens seine Weiblichkeit konsolidieren. Durch Gruppenaktivitäten im Rahmen vorwiegend gleichgeschlechtlicher Gruppen wird die Konsolidierung der Geschlechtsidentität zusätzlich gefördert.

Übersetzt von Elisabeth Vorspohl

Literatur

Bornstein, B. (1951), »On latency«, in: *Psychoanalytic Study of the Child* 6, S. 279-285.

Cotton, N. (1983), »The development of self-esteem and self-esteem regulation«, in: J. Mack und S. Ablon (Hg.), *The Development and Sustaining of Self-Esteem in Childhood*. New York: International Universities Press.

Erikson, E. H. (1963), *Childhood and Society*, New York: Norton [11]1992. Deutsch: *Kindheit und Gesellschaft*, übersetzt von M. von Eckardt-Jaffé. Stuttgart: Klett-Cotta.

Freud, S. (1905 d), *Drei Abhandlungen zur Sexualtheorie*, in: *G.W.*, Bd. 5, S. 33-145.

– (1923 b), *Das Ich und das Es*, in: *G.W.*, Bd. 13, S. 237-289.

Gilligan, C. (1982), *In a Different Voice. Psychological Theory and Women's Development*. Cambridge: Harvard University Press. Deutsch: *Die andere Stimme*, übersetzt von F. Griese, München: Piper 1985.

Kaplan, E. B. (1965), »Reflections regarding psychomotor activities during latency period«, in: *The Psychoanalytic Study of the Child* 20, S. 220-237.

Kohut, H. (1971), *The Analysis of the Self*, New York: International Universities Press. Deutsch: *Narzißmus*, übersetzt von L. Rosenkötter, Frankfurt am Main: Suhrkamp 1976.

– (1977), *The Restoration of the Self*, New York: International Universities Press. Deutsch: *Die Heilung des Selbst*, übersetzt von E. vom Scheidt, Frankfurt am Main: Suhrkamp 1981.

Lichtenberg, J. D. (1989), *Psychoanalysis and Motivation*, Hillsdale: Analytic Press.
Mahler, M., F. Pine und A. Bergman (1975), *The Psychological Birth of the Human Infant*, New York: Basic Books. Deutsch: *Die psychische Geburt des Menschen*, übersetzt von H. Weller, Frankfurt am Main: Fischer 1978.
Nass, M. L. (1966), »The superego and moral development in the theories of Freud and Piaget«, in: *The Psychoanalytic Study of the Child* 21, S. 51-68.
Ornstein, A. (1993), »Little Hans: His Phobia and His Oedipus Complex«, in: *Freuds Case Studies. Selfpsychological perspectives*, hg. von B. Magid, Hillsdale: Analytic Press, S. 87-106.
Piaget, J., und B. Inhelder (1966), *La psychologie de l'enfant*, Paris: Presses Universitaires de France. Deutsch: *Die Psychologie des Kindes*, Frankfurt am Main: Fischer 1977.
Sander, L. (1975), »Infant and caretaking environment: investiagation and conceptualization of adaptive behavior of increasing complexity«, in: J. Anthony (Hg.), *Exploration in Child Psychiatry*, New York: Plenum, S. 129-166.
Shapiro, T., und R. Perry (1976), »Latency revisited: the age 7 plus or minus 1«, in: *The Psychoanalytic Study of the Child* 31, S. 79-106.
Stechler, G., und S. Kaplan (1980), »The development of the self: A psychoanalytic perspective«, in: *The Psychoanalytic Study of the Child* 35, S. 85-106.
Stern, D. (1985), *The Interpersonal World of the Infant*, New York: Basic Books. Deutsch: *Die Lebenserfahrung des Säuglings*, Stuttgart: Klett-Cotta 1992
White, R. (1959), »Motivation reconsidered: the concept of competence«, in: *Psychology Review* 66, S. 297-333.

Joseph Lichtenberg
Eine selbstpsychologische Betrachtung der Adoleszenz: Übergangsphase oder Sturm-und-Drang-Komplex?

»Auf den Beginn der Pubertät [...] folgt schon bald eine stürmische, aufgeregte Phase, in der die edelsten wie auch die bösesten menschlichen Regungen um den Besitz der Seele ringen und eine merkwürdige Neigung besteht, entweder sehr gut zu sein oder aber sehr böse« (Hall 1904, Bd. 2, S. 407).

»Unberechenbarkeit und Unverläßlichkeit gehören meiner Ansicht nach zum Bild des normalen Jugendlichen. Während der Dauer der Pubertät kann der Jugendliche nicht anders: Er wehrt seine Triebregungen ab, gibt ihnen aber auch nach; er vollbringt Wunder an Selbstbeherrschung, ist aber auch ein Spielball seiner Gefühle; er liebt seine Eltern und haßt sie zugleich; er ist gleichzeitig in voller Revolte und voller Abhängigkeit; [...] er hat mehr künstlerisches Verständnis, ist idealistischer, großzügiger und uneigennütziger als je vorher oder nachher; aber er ist auch das Gegenteil: egoistisch, selbstsüchtig und berechnend« (A. Freud 1958, S. 1767).

Psychoanalytiker, -therapeuten und Sozialarbeiter orientieren sich häufig an einem Adoleszenzbegriff, der pathologischer ist als das Bild, das Jugendliche von sich selbst entwickeln. Kliniker beschreiben schlechtere Selbstimagines, als sie in der emotionalen Verfassung, in den familiären und sozialen Beziehungen sowie den Berufszielen und Bildungsambitionen Jugendlicher tatsächlich zutage treten. »Wir werden Jugendlichen wahrscheinlich besser helfen können, wenn wir in erster Linie Persönlichkeiten und erst in zweiter Linie (gestörte) Adoleszente in ihnen sehen« (Offer u. a. 1981, S. 152).

Einleitung

Kohut (1983) traf die wichtige Unterscheidung zwischen einer ödipalen *Phase*, in der die Beziehungen des Kindes zu seinen Eltern charakteristische Veränderungen erfahren und das Kind durch die empathische Responsivität der Eltern Unterstützung erfährt, sowie einem ödipalen *Komplex*, der durch Konflikte in den Beziehungen des Kindes zu seinen Eltern charakterisiert ist, so daß diese zu Verführern und unversöhnlichen Rivalen verzerrt werden. Die gleiche Unterscheidung möchte ich in bezug auf die Phase des Übergangs von der Kindheit zum Erwachsenenalter treffen. Shakespeares Prinz Heinrich und Goethes Werther sind Jugendliche, deren innerer Aufruhr bis heute die Imaginationskraft ganzer Generationen von Theaterbesuchern und Lesern fesselt. Prinz Heinrich in seiner ungezügelten Rebellion gegen einen distanzierten, ablehnenden und von Schuldbewußtsein geplagten Vater, fliegt in die offenen Arme Falstaffs und ergibt sich einem verbrecherischen und wüsten Leben. In einer anderen Ära romantisierter existentieller Verzweiflung glorifiziert Werther den Suizid als Flucht vor pathologischen Selbst-Zuständen. Die Liste nicht-fiktionaler Heinrich- und Werther-Charaktere wird mit psychobiographischen Untersuchen über Eugene O'Neill, Virginia Woolf und Sylvia Plath beständig länger. Auch die Statistiken über Delinquenz, Drogensucht und Suizid im Teenageralter scheinen einen Sturm-und-Drang-Komplex nahezulegen, ebenso wie die klinische Erfahrung, die wir machen, wenn wir das fragmentierte Selbstgefühl zahlreicher adoleszenter Patienten zu begreifen versuchen. Die traditionelle psychoanalytische Literatur hat aus alldem irrtümlich den Schluß gezogen, daß sich in den pathologischen Störungen *einiger* Jugendlicher mehr oder weniger unlösbare Konflikte widerspiegeln, die *ausnahmslos alle* Heranwachsenden mit der Aufgabe konfrontieren, ein Minenfeld überqueren zu müssen, um schließlich als gesunde Erwachsene ans Ziel zu gelangen. Kohut vertrat die Ansicht, daß das Baby bei seiner Geburt stark ist (und ihm die Anpassung an eine empathische Umwelt keine Schwierigkeiten bereitet); in Abwandlung dieser Auffassung möchte ich als Selbstpsychologe behaupten, daß die meisten Kinder dem Latenzalter mit einem intakten, robusten Selbstgefühl entwachsen und gut darauf vorbereitet sind, die Entwicklungsressourcen zu mobilisieren, die ihnen die Reifungsprozesse des Teenageralters abverlangen. Als intersubjektivistisch oder soziologisch orientierter Konstruktivist würde ich behaupten, daß Familien, Altersgenossen, Lehrer und die Gesellschaft insgesamt die Möglichkeit haben – und sie häufig nutzen –, gemeinsam mit dem Jugendlichen eine Matrix zu schaffen, die gegenseitige Achtung und Regulation fördert. Was die Beurteilung der adoleszenten Entwicklung von Teenagern generell betrifft, so möchte ich als Vertreter der Theorie motivationaler Systeme behaupten, daß uns die aufmerksame Berücksichtigung der in sämtlichen fünf Systemen (Lichtenberg 1989; Lichtenberg, Lachmann und Fosshage 1993) verfügbaren Ressourcen davor bewahrt, die Gefährdung des kohärenten Selbstgefühls durch eine dysregulative Episode in einem dieser Systeme oder durch die Belastung aufgrund eines äußeren Ereignisses, das die Beziehung unterbricht (Unstimmigkeiten zwischen den Eltern, Umzug der Familie usw.), überzubewerten.

Es hat zwei Vorteile, wenn wir die Adoleszenz nicht als Phase unausweichlicher, beziehungsunterbrechender (disruptiver) Konflikte, sondern als Übergangsstadium betrachten. Erstens können wir als selbstpsychologisch orientierte Theoretiker und Forscher beginnen, die Schicksale des Selbstgefühls unter *unserer* spezifischen Perspektive zu definieren. Wir können eine Vorstellung von den Selbstobjekt-Erfahrungen entwickeln, nach denen Jugendliche suchen. Die intersubjektive Perspektive ermöglicht es uns, die Selbstobjekt-Erfahrungen zu beschreiben, die Eltern, Lehrer und Altersgenossen, die mit den Jugendlichen zu tun haben und auf sie reagieren, von ihnen erwarten. Zweitens ist es nicht länger nötig, daß wir Berichte über erfolgreiche Anpassungsleistungen mit therapeutischem Mißtrauen als bloße Kaschierungen einer Pathologie betrachten. Dies allein hilft uns bereits, in unseren Beratungen und Therapien eine Atmosphäre zu schaffen, die größere Bestätigung und Sicherheit vermittelt. Als Therapeuten aber stehen wir letzten Endes dennoch häufig vor gravierenden Problemen, wenn Jugendliche ähnlich wie Prinz Heinrich oder Werther zu einem Risiko für sich selbst und andere werden. Ich möchte in diesem Vortrag die normalen Aufgaben, die Jugendliche in jedem motivationalen System zu lösen haben, skizzieren und die erfolgreiche Bewältigung dieser Schwierigkeiten mit der Dysregulation vergleichen, die Clara und Danny veranlaßte, sich in Therapie zu begeben.

Die psychische Regulation physiologischer Bedürfnisse

Die normalen Aufgaben, die sich dem Heranwachsenden im Bereich der Regulation physiologischer Bedürfnisse stellen, betreffen: die Verlagerung von der gemeinsamen Regulation mit den Eltern als primären Organisatoren zu verstärkter Selbstregulation, die Verlagerung innerhalb der Selbstregulation auf Entscheidungen mit stärker personalisiertem Charakter und schließlich das Austesten von Grenzen bei der Einschätzung von Risiken. In den Jahren vor dem Teenager-Alter sind zahlreiche Verhaltensmuster wie Essen, Schlafen, Ausscheidungsvorgänge, körperliche Ertüchtigung, Impfungen, Arzt- und Zahnarztbesuche in das Familienleben integriert. Manche gehen reibungslos vonstatten, während andere fortwährend Anlaß zu Auseinandersetzung oder Disharmonie geben. Zwar übernehmen Kinder im Latenzalter bereits größere Verantwortung für ihre physiologische Regulation, aber dies geschieht weiterhin unter der Obhut der Eltern. Die adoleszenzbedingten Wachstumsschübe und die durch sie bewirkten Veränderungen der physiologischen Bedürfnisse lenken die Aufmerksamkeit erneut auf den Körper; damit einher gehen kognitive Veränderungen, die es den Jugendlichen ermöglichen, Entscheidungen ins Auge zu fassen und zu treffen, die ihren Bedürfnissen entsprechen. Die physiologischen Regulationsmuster des als Vorbild dienenden Elternteils können das Bedürfnis nach Zwillingserfahrungen nicht länger befriedigen, denn im Gegensatz zu dem gleichbleibenden Körperzustand Erwachsener vollziehen sich im Körper des Jugendlichen rapide Veränderungen. Infolgedessen müssen Heranwachsende unter Gleichaltrigen nach Mustern und Normen suchen, um schließlich aus der gesamten Bandbreite an Entscheidungsmöglichkeiten, die sie durch andere kennenlernen, diejenigen Muster des Essens, Schlafens und der sportlichen Ertüchtigung auszuwählen, die ihren augenblicklichen oder längerfristigen persönlichen Bedürfnissen gerecht werden. Neben diesem unvermeidbaren Experimentieren mit unterschiedlichen Körpererfahrungen und Normen findet sich häufig auch ein Experimentieren mit veränderten Bewußtseinszuständen, die durch Alkohol, Tabak, Koffein und Drogen herbeigeführt werden. Jugendliche stehen vor der Aufgabe, sich durch den Sirenengesang aller erdenklichen Extreme hindurchmanövrieren zu müssen – Askese oder Völlerei, Dünn- oder Dicksein, athletische Höchstleistungen oder die Suche nach ruhiger, schützender Abgeschiedenheit (Proust), atemberaubende Geschwindigkeit oder vermeidende Zurückhaltung. Allzu große Gleichförmigkeit kann eine Sehnsucht nach dem Nie-Erlebten hinterlassen, allzu ausgeprägte egozentrische Einzelgängerei ein Gefühl der Entfremdung, das sich bis ins Erwachsenenalter hinein fortsetzt. Den meisten Jugendlichen gelingt es, ihre physiologischen Regulationsmöglichkeiten durch erfolgreiches Oszillieren im mittleren Bereich, zwischen den Extremen, zu entwickeln.

Clara, 15 Jahre alt, begab sich in Behandlung, nachdem sie mit ihren Eltern über ihre depressiven Gefühle gesprochen hatte. Das Symptom, das uns während der ersten Hälfte ihrer dreijährigen Behandlung nahezu ausschließlich beschäftigte, war ihre Bulimie. Wenn sie von der Schule nach Hause kam, aß sie Müsli, Cracker, Plätzchen usw., um anschließend oder nach dem Abendessen ein Erbrechen herbeizuführen. Ihre Unfähigkeit, dieses Muster in den Griff zu bekommen, machte ihr angst. Sie nahm an, daß ihre Eltern von ihrer Bulimie nichts ahnten, und wollte nicht, daß sie das Gefühl bekamen, ihr nicht helfen zu können. Sie machte sich große Sorgen, übergewichtig zu sein, zu dicke Schenkel und breite Hüften zu haben, obwohl sie eigentlich wußte, daß sie nur ein wenig untersetzt war. Sie beneidete ihre mageren Freundinnen. Später beschrieb sie, daß die Bulimie ihr ein Gefühl größerer Verbundenheit zu ihren Altersgenossen vermittelt habe: normal zu sein galt als lahm und langweilig. Gleichzeitig hielt sie den Kult, der sich um die Angst vor dem Dicksein rankte, für eine dumme amerikanische Obsession. Nach und nach gelang es uns, einzelne Bulimieanfälle zu untersuchen und sie zu den Belastungen, durch die sie ausgelöst wurden, in Beziehung zu setzen. Jeder Anfall war mit einem leicht nachvollziehbaren Gefühl verbunden. Uns wurde auch klar, daß sie dieses Gefühl unterdrückte, und zwar einerseits durch die Beruhigung, die ihr das Essen vermittelte, und andererseits durch das Gefühl der Reinigung und Erleichterung, das sie beim Erbrechen empfand. Auf diese Weise wich sie dem Erleben von Aversion in vielen Bereichen ihres Lebens vollständig aus und orientierte sich an dem stoizistischen Ideal, das ihr Vater vertrat. Sie konnte es vermeiden, ihre Mutter mit ihren Enttäuschungen zu konfrontieren, ihre Freunde zu brüskieren und sich selbst mit ihrem eigenen, realen oder mutmaßlichen Unvermögen auseinanderzusetzen. Als wir ihre Gefühle im Laufe der Behandlung gemeinsam bewußter wahrzunehmen lernten, wurden ihre Bulimie-Anfälle seltener, wenn sie jedoch auftraten, fühlte sie sich immer weniger in der Lage, sie in Grenzen zu halten. Am Ende einer Sitzung wandte sie sich mir zu und fragte verzweifelt: »Was soll ich bloß tun?« Ohne zu überlegen, antwortete ich »Fühlen!«, und dann ging sie. Anschließend berichtete sie, daß sie mit ihren Eltern eine Auseinandersetzung geführt habe; sie wollte deren Vorschriften, wann sie ins Bett zu gehen habe, nicht länger akzeptieren und erklärte stolz: »Und ich habe mich weder vollgefressen noch erbrochen.« Im Laufe des zweiten Jahres und nach der ersten Hälfte ihrer Behandlung trat die Bulimie in den Hintergrund. Bevor sie ihr College-Studium aufnahm, sagte sie in ihrer letzten Sitzung, daß sie nun gut zurechtkomme – sie wisse, daß sie »fühlen« könne, falls sie in Schwierigkeiten gerate.

Danny kam im Alter von 20 Jahren zu mir in Behandlung, nachdem er sich von einer akuten paranoid-psychotischen Episode erholt hatte, die zumindest teilweise durch Drogen ausgelöst worden war. Seine gesamte Adoleszenz war von disruptiven Erfahrungen geprägt. Er schlief, aß und wusch sich nur unregelmäßig und vernachlässigte seine Gesundheit. In Reaktion auf mein Interesse und meine Anteilnahme entwickelte er eine vernünftige Lebensweise, wenngleich er der Meinung war, daß er jede positive Veränderung entweder gegen mich durchgesetzt oder nur unternommen habe, um mir eins auszuwischen. Seine allgemeine physiologische Dysregulation war zum Teil die Folge von Marihuana und anderen Drogen, die er seit seinem fünfzehnten Lebensjahr konsumierte, um seine Stimmungen und seinen Schlaf zu manipulieren. Von dem Therapeuten, der ihn während seiner stationären Behandlung begleitet hatte, war ihm die Notwendigkeit totaler Abstinenz nachhaltig vor Augen geführt worden, so daß er die ganze Welt der Regulation nun als ungelindert schmerzvoll empfand. Zwei physiologische Disruptionserfahrungen lösten Panikzustände aus: Akne und ein Duodenalgeschwür. Die Akne flackerte immer dann auf, wenn er an einer Freundin das leiseste Anzeichen für Trennungsabsichten wahrzunehmen glaubte. Seine Haut verhärtete und rötete sich, und er bekam Pickel, die ihm peinlich waren und ihn verlegen machten.

Wie groß die Einsamkeit auch sein würde, er mußte sich aus der Beziehung lösen. In Phasen, in denen er mir und der Analyse äußerst feindselig gegenüberstand, litt er unter Gastritisattacken und bekam schließlich ein Geschwür. Glücklicherweise reagierte er auf seine Angst vor physischer Desintegration mit der Erkenntnis, daß er den Anforderungen der Analyse gerecht werden mußte, um überhaupt eine Chance zu haben, ein glücklicher Mensch zu werden. In den letzten drei Jahren seiner insgesamt siebenjährigen Behandlung traten diese Schwierigkeiten in den Hintergrund.

Bindung und Affiliation

Als einen der bedeutsamsten Beiträge der Selbstpsychologie betrachte ich die Erkenntnis, daß das Ziel der Adoleszenz nicht darin besteht, Separations- und Individuationsprozesse zum Abschluß zu bringen, sondern die Bandbreite und die Möglichkeiten altersadäquater Selbstobjekt-Erfahrungen im Bereich der Bindung zu vergrößern. Jugendliche stehen nicht vor der Alternative, entweder die Responsivität der Eltern durch die ihrer Altersgenossen zu ersetzen – was sie im übrigen auch gar nicht wollen – oder aber sich von ihrer Umwelt zu isolieren. Jugendliche haben weiterhin das Bedürfnis und den Wunsch, spiegelnde, Zwillings- und idealisierende Erfahrungen innerhalb des Familienverbandes vermittelt zu bekommen und selber zu vermitteln. Der Unterschied besteht in den Inhalten dessen, was von beiden Seiten bestätigt, gemeinsam geteilt und bewundert wird. Dieser Unterschied bedingt auch die Schwierigkeit, denn in Phasen des Übergangs wird die empathische Sensibilität vor eine harte Belastungsprobe gestellt. Wenn Eltern von einem heranreifenden Jugendlichen allzuwenig erwarten, wird er das Gefühl haben, daß sie sich herablassend verhalten und ihn unterschätzen – eine Quelle der Scham. Wenn Eltern zu große Erwartungen an eine heranreifende Jugendliche hegen, wird diese sie als fordernd und anspruchlich empfinden und das Gefühl haben, unweigerlich scheitern zu müssen – ebenfalls eine Quelle der Scham. Und weder die Eltern noch die Jugendlichen sind imstande, es »einfach richtig« zu machen. Alles, was sie leisten können, ist die Bereitschaft zu ständigen Verhandlungen und Neuverhandlungen. Jugendliche suchen nicht den Kontakt zu Gleichaltrigen, um sich von den Eltern abzukehren und ihre Bindung an sie zu lösen. Sie haben jahrelang mit Geschwistern und Altersgenossen zu tun gehabt und von ihnen die Regeln der Fairneß, der Gerechtigkeit, die Regeln des Spiels und des Wettstreits, der Freundschaft und Feindschaft erlernt. Jugendliche wenden sich an Gleichaltrige, weil sie nach einem größeren Rahmen für vertraute Beziehungen suchen, als sie ihn selbst in der Großfamilie finden könnten. Die treffendste Bezeichnung dieser Affiliation im größeren Rahmen ist der Begriff *Generation*: wir sprechen von der Kriegsgeneration oder der Generation der »babyboomer«. Für gewöhnlich taucht der Begriff erst im Laufe der Erfahrung auf. Der Stil ist ein Merkmal der Erfahrung – Frisuren, Kleidung, Musik, bevorzugte Rauschmittel, Urlaubsorte, Tänze, Tendenzen und Veränderungen im Sexualverhalten. Auch intellektuelle Potentiale kennzeichnen Erfahrung – die politischen, philosophischen, religiösen und kulturellen Ideologien der Neokonservativen und Neoavantgardisten, die jeder Generation ihr spezifisches Gefühl des Neuen und Lebendigen vermitteln. Die traditionelle Auffassung, daß sich hinter der Affiliation mit Gleichaltrigen der Wunsch nach Rebellion verberge, erscheint unter selbstpsychologischem Blickwinkel in neuem Licht, auch wenn jede Entscheidung durch einen Anflug von Rebellion ihre Würze erhält. Aus selbstpsychologischer Sicht erweist sich als das primäre Motiv der Affiliation die Erweiterung der Möglichkeit, Erfahrungen der Intimität und Vitalität zu machen, die das Gefühl der Selbstkohärenz zusätzlich konsolidieren. Wenn die Eltern und die Gesellschaft insgesamt diesen Bestrebungen mit Toleranz und empathischem Verständnis begegnen, können die Jugendlichen in doppelter Hinsicht profitieren, da sowohl ihre intrafamiliären als auch ihre extrafamiliären Bindungen gestärkt werden. Massives empathisches Versagen hat zur Folge, daß sich das Ziel auf die Aversion verlagert und die Rebellion zum Organisationsmodus wird.

Clara erklärte, daß sie sich für einen anomalen Teenager halte, weil sie ihre Eltern liebe. Sie waren in ihren Augen gute Menschen, die gute Wertmaßstäbe vertraten. Sie hatte das Gefühl, sich gegen sie auflehnen zu sollen, konnte es aber nicht, weil es nichts gab, wogegen sie hätte rebellieren können. Sie war niedergeschlagen und verwirrt, wußte aber nicht, warum.

In dieser Situation lernte ich Clara kennen. Sie hatte selbst angerufen und in einer reifen und direkten Art ihren ersten Termin mit mir vereinbart. Eine Verwandte hatte ihr eine Therapie empfohlen, nachdem sie in Tränen ausgebrochen war und in einem ungewohnten Ausbruch von Wut und Verzweiflung einen Gegenstand zerbrochen hatte. Während unserer ersten Begegnung sprach sie zögernd, mit kaum hörbarer Stimme, und vermied jeden Blickkontakt. Nach der zweiten Sitzung sagte sie ab. Ich lud ihre Eltern zu einem Gespräch ein. Schüchtern und zurückhaltend erzählte ihre Mutter, daß sie sich große Sorgen mache. Claras Vater war in Europa aufgewachsen und stammte aus einer politisch links orientierten Arbeiterfamilie; wie Clara mir gegenüber schon angedeutet hatte, hielt er nicht viel von Psychotherapie. Clara hatte sich beiden Botschaften gemäß verhalten, was auf eine spiegelnde Bindung an ihre Mutter und eine Idealisierung ihres Vaters schließen ließ. Ich konnte beide Eltern zur Kooperation bewegen, die sie mir während der gesamten Behandlung nicht aufkündigten.

Eine frühe, mit der Bindungsthematik verbundene Krise stellte sich ein, als Claras Großvater starb und ihr eigener Vater deshalb nach Europa zurückkehren mußte. Clara konstatierte voller Bestürzung, daß sie doch eigentlich um ihren Großvater trauern müsse, aber nichts empfinde. Ich fragte sie, wie gut sie ihn gekannt habe. Sie sagte, nur sehr wenig. Ich erkundigte mich nach der Reaktion ihres Vaters. Sie war sich nicht sicher, weil ihr Vater kaum Gefühle zeigte, aber er tat ihr leid. Ich gab ihr zu bedenken, daß ihre eigenen Gefühle sich jenen Menschen zuwandten, die ihr nahestanden und vertraut waren, und *das* mache ihr Empfindungen authentisch – nicht das, was andere ihrer Meinung nach erwarteten. Sie war erleichtert.

Ihre enge spiegelnde Bindung an die Mutter entwickelte sich zu einem Hauptthema. Clara hatte den Eindruck, daß ihre Mutter, die aus einer berühmten Familie stammte, es zu mehr hätte bringen können, wenn sie sich nicht so sehr nach anderen gerichtet hätte. Wie die Mutter zu sein würde bedeuten, ein Versager zu sein, sie zu übertreffen aber wäre gleichbedeutend mit Illoyalität. Trotz ihrer Angst, daß ihre Mutter womöglich zusammenbrechen würde, lernte Clara nach und nach, einen Teil ihrer Kritik auszusprechen. Die Mutter respektierte diese Herausforderung und begegnete ihr gleichzeitig mit verstärkter Selbstbehauptung.

Schließlich konzentrierte sich der größte Teil unserer Zeit nicht mehr auf Claras familiäre Beziehungen, sondern auf das Verhältnis zu ihren Altersgenossen. Clara glaubte, daß die meisten ihrer Klassenkameradinnen sie nicht mochten oder nicht akzeptierten, weil sie eine Intellektuelle sei und mit fremdem Akzent spreche. Sie schilderte die üblichen Gruppenbildungs- und Ausschließungsinszenierungen, die verletzenden Bemerkungen, die unter Teenagern üblich sind, und ihre eigene Verwundbarkeit. Sollte sie sich auf Altersgenossen einlassen, die politisch eher nach links neigten, oder besser auf jene, die mittlere Standpunkte vertraten? Sie tendierte dazu, eine kleine Clique der intelligentesten und begabtesten Mädchen um sich zu scharen, und fand es dann schwierig, mit ihnen Schritt zu halten. Sobald die ersten Verabredungen mit Jungen anstanden, wurden Bindungen, in denen die Sexualität die zentrale Rolle spielte, zum vorrangigen Thema.

Dannys Bindungen trugen einen derart aversiven Charakter, daß es, abgesehen von seinen allerersten Lebensjahren, unmöglich war, überhaupt Anhaltspunkte für eine dauerhafte, sichere Intimitätsbeziehung zu irgend jemandem zu finden. Jede Erfahrung der Spiegelung, Zwillingsschaft oder Idealisierung endete letztlich mit seinem Gefühl, betrogen worden zu sein. Trotzdem hatte ich den Eindruck, daß er in seinem Kernselbst eigentlich freundlich und anständig war.

Beide Eltern waren bekannte Künstler, seine Mutter war eine Berühmtheit im ganzen Land. Dannys Stolz auf sie wurde durch sein Gefühl getrübt, daß er nie an sie heranreichte und es auch künftig niemals schaffen würde. Kein Mädchen, das er kennenlernte, könnte jemals so schön oder so intelligent sein wie seine Mutter, und falls sie es wäre, hätte sie an ihm kein Interesse. Eine Modellszene, die wir ungefähr nach der Hälfte seiner Analyse rekonstruierten, brachte sein Bindungsproblem treffend zum Ausdruck. Brummig erzählte er von der neuesten Ungerechtigkeit, die ihm widerfahren war, als er plötzlich in Wut geriet. Wir brauchten eine Weile, bis wir uns beruhigt hatten und überlegen konnten, was passiert war. Er hatte gehört, daß ich mit Papier raschelte. Als kleiner Junge pflegte er seine Mutter zu suchen, obwohl es verboten war, sie bei der Arbeit zu stören. Er klopfte an ihre Tür. Sie öffnete einen Spaltbreit, und er begann, sich über irgend etwas zu beklagen oder ein Bedürfnis zu äußern. Nach einer Weile, noch während er erzählte, hörte er dann, daß sie ein Papier aufnahm oder wieder zu tippen begann. Diese Erfahrung war eine Metapher für sein Gefühl, ihre Zuwendung, auf die er angewiesen war, nach der Geburt seines Bruders verloren zu haben. Er selbst war zu diesem Zeitpunkt dreißig Monate alt. Ein Großteil seiner Aktivitäten und Gedanken galt dem Ziel, sie zurückzugewinnen – ein hoffnungsloses Verlangen.

In der zweiten Klasse befreundete sich Danny mit einem Jungen aus einer großen Familie, in der immer etwas los war. Sowohl die Mutter als auch die Schwestern jenes Jungen verhielten sich sehr verführerisch. Danny verbrachte jede freie Minute bei ihnen und fuhr mit dieser Familie sogar in die Ferien. In der fünften Klasse wechselte jener Junge die Schule und suchte sich neue Freunde. Als Danny versuchte, an die alte Vertrautheit wieder anzuknüpfen, wurde er von der neuen Gruppe grausam ausgeschlossen. In der Highschool machte er sich zum Anführer, indem er jüngere Freunde umwarb, sie mit Drogen bekanntmachte und die Lehrer der Lächerlichkeit preisgab. In seinem ersten College-Jahr vermied er alle bedeutsamen Bindungen und trachtete statt dessen einzig und allein danach, sich Frauen zu unterwerfen.

Exploration und Selbstbehauptung

Eine der wegweisenden Veränderungen, welche die Adoleszenz charakterisieren, betrifft eine kognitive Entwicklung, nämlich den Übergang vom konkreten zum formal-operationalen Denken. Indem die kognitiven Fähigkeiten von konkreten Objekten und unmittelbar vorliegenden Situationen unabhängig werden, dringt das Denken des Jugendlichen in den Bereich des Hypothetischen, des Möglichen und des Imaginären vor. Die daraus resultierende Herausforderung besteht darin, daß der Jugendliche sich mit einer Zukunft konfrontiert sieht, die zumindest theoretisch eine unendliche Vielzahl von Möglichkeiten enthält. Das neue Werkzeug des operationalen Denkens hat insofern potentiell disruptiven Charakter, als die Eltern nicht länger als scheinbar unfehlbare Orientierungshilfen dienen. Eltern stehen vor der schwierigen Aufgabe, den heranreifenden Jugendlichen wohlwollend zu unterstützen, der sich zwecks Exploration und Assertion seiner Neigungen in neue Abenteuer stürzt und es begeistert auskostet, daß er ihnen in Fragen des Lernens, beim Lösen von Problemen und oder bei gemeinschaftlichen Spielen an Geschicklichkeit nunmehr gewachsen oder sogar überlegen ist. In der Vergangenheit wurde weniger Gewicht auf die verbesserte Problemlösungsfähigkeit Jugendlicher gelegt als auf ihre Überemotionalität, der mitunter haarsträubende Vorstellungen und riskante Unternehmungen entspringen. Jüngere Untersuchungen, die Brown (1993) zusammenfassend dargestellt hat, zeigen, daß die emotionalen Zustände Jugendlicher keine signifikant größere Bandbreite oder Labilität aufweisen. Allerdings sind zwei affektive Veränderungen für die Adoleszenz charakteristisch. Anders als bei jüngeren Kindern sind Affekte nicht mehr unmittelbar an Situationen und Interaktionen gebunden. Sobald der Affekt in das formal-operationale Denken und in den Bereich des Möglichen integriert ist, kann die Exploration philosophischer und religiöser Glaubenssysteme, politischer Ideologien und künstlerischer Ausdrucksformen eine intensive affektive Bedeutung erlangen. Eine zweite Veränderung betrifft einen neuartigen Gebrauch der Sprache als Medium individueller und gemeinsamer Kommunikation. Teenager sprechen eine gefühlsbetonte Sprache, die das Bedürfnis zum Ausdruck bringt, jemand Besonderes zu sein und im Kreise anderer, die diese Besonderheit teilen, zu verkehren. Im Gespräch unter Freunden werden Jugendliche spezielle Begriffe benutzen oder vertrauten Wörtern spezifische Bedeutungen unterlegen – »das ist irre« heißt dann: »das finde ich gut«. Darüber hinaus bevorzugen sie intensivierte Betonungen, zum Beispiel: »Waaahnsinnig!« (vgl. Danesi 1989, S. 314).

Clara war eine mittelgute Schülerin und fühlte sich deshalb unzulänglich. Stolz war sie darauf, Dichterin zu sein – sie hatte sogar einen Preis gewonnen. Trotz ihrer Schüchternheit engagierte sie sich auch als Schauspielerin und Sängerin, die Dichtung aber bot uns ein Medium, um ihre Assertionsbestrebungen – den Wunsch, ihr innerstes Selbstgefühl zu behaupten – zu ergründen. Im Anschluß an die erste Behandlungsphase, in der uns ihre Depression, ihr geringes Selbstwertgefühl und die Bulimie voll und ganz in Anspruch genommen hatten, brachte sie sehr zögernd ein Gedicht mit in die Stunde. Ich fragte sie ebenso zurückhaltend, ob ich es lesen könne. Daraufhin machte sie es sich zur Gewohnheit, in regelmäßigen Abständen Gedichte mitzubringen, die offenbar Darstellungen und Lösungen jener Krisen enthielten, mit denen wir uns gemeinsam beschäftigten – Krisen, die ihren familiären und schulischen Bereich betrafen, ihr Sexualleben und, auf einer allgemeineren Ebene, ihre existentiellen Fragen. Ich pflegte einige Zeilen laut zu lesen, sagte ihr, was ich verstanden hatte und was nicht, und ließ es mir von ihr erklären. Wenn ich es für angemessen hielt, versuchte ich, die Inhalte ihrer Lyrik zu den Themen in Beziehung zu setzen, die wir gerade besprachen, und vor allem zu Gefühlen, die ihr vielleicht Schwierigkeiten bereiteten. Ich bewunderte ihre Werke aufrichtig und teilte ihr dies auch mit. Ebensolche Zustimmung fand sie bei einem ihrer Lehrer, der sie sehr unterstützte und ihr gute Kritiken ausstellte. Sie war nachsichtig, wenn ich meiner Gedichtlektüre Grenzen setzte, und arbeitete mit mir gemeinsam daran, Verbindungen zu ihren Lebenserfahrungen zu erforschen. Sie konnte Gedichte nur aus einem spontanen Impuls heraus schreiben und machte sich zwischendurch Sorgen, ihre Kreativität zu verlieren. Als es an der Zeit war, sich für ein College zu entscheiden und zu bewerben, drängten ihre Zukunftspläne die Erforschung der Vergangenheit und die Konzentration auf aktuelle Beziehungen in den Hintergrund. Ihr schwebten verschiedene Berufsmöglichkeiten vor, und sie hatte das Gefühl, noch mehr Wissen und Erfahrungen sammeln zu müssen, bevor sie eine endgültige Entscheidung über ihre Zukunft traf.

Danny hatte eine fortschrittliche Privatschule besucht und war, wenn auch kein herausragender, so doch ein guter Schüler gewesen. In der Highschool wirkte sich sein Drogenkonsum nachteilig auf seine Leistungen aus, aber er wurde dennoch an einem renommierten College angenommen. Unter der Bedingung, in einer eigenen Wohnung leben zu dürfen, erklärte er sich nach seiner Psychose zum Wechsel an ein College in Washington bereit. Das Lernen und den Sport betrieb Danny nicht so sehr, weil ihn das Thema interessierte oder ihm die sportliche Bewegung Spaß machte, sondern weil ihm diese Aktivitäten Gelegenheit gaben, seinen Wert unter Beweis zu stellen. Seine Studien nahmen einen ausgesprochen zwangsneurotischen Charakter an: er warf jeden Freund, der gerade bei ihm war, aus dem Zimmer, sobald es Zeit zu lernen war. Wenn er in der Klasse aufgrund seiner Angeberei in Konflikte geriet, zog er sich zurück. Sein

Fleiß wurde durch gute Noten belohnt, er schaffte seine Abschlußprüfungen mit Auszeichnung und wurde an einer angesehenen Fachschule aufgenommen. Dies schmeichelte ihm zwar, gleichzeitig aber war er enttäuscht darüber, daß seine Familie nur die übliche Feier veranstaltete, während seine Mutter als Berühmtheit mit Ehrungen überhäuft wurde. In seiner Analyse verbrachte er viel Zeit damit, über seine verletzten Gefühle zu klagen und seine Tagträume zu schildern, in denen er sich vor allen anderen auszeichnete. Daß es ihm guttat, wenn ich seine Interessen unterstützte oder seinen Erfolg würdigte, wollte er nicht anerkennen. Er sah sich als einsamen Kämpfer, der seinen Weg in einer Welt voller Schwierigkeiten finden mußte. Er hatte Spaß am Sport und war ein Naturtalent, aber er konzentrierte sich zu stark auf das Gewinnen und auf seine persönliche Leistung, als daß er den Gemeinschaftsgeist in der Mannschaft hätte genießen können. Während seiner Zeit an der Fachschule und vor allem gegen Ende der Schulzeit ließ seine Zwanghaftigkeit nach. Er begann, seine Begabungen effektiver zu nutzen, und konnte sich über seinen Zuwachs an Wissen freuen. Seine erste Arbeitsstelle wählte er nach zahlreichen persönlichen Kriterien aus, ohne die alte Versessenheit aufs Prestige. Er wollte in einem interessanten Landesteil leben, einen Job haben, in dem er in Ruhe lernen konnte und auf jeden Fall mehr Zeit für Abwechslung und Erholung haben würde als seine Eltern.

Das motivationale System Aversion

Die Selbstpsychologie hat die Theorie des Aggressionstriebs einer überzeugenden Kritik unterzogen. Wir haben gezeigt, daß sich Verhaltensmanifestationen, die man mit dem Aggressionstrieb zu erklären pflegte, in Reaktion auf unzulängliche Empathie entwickeln, auf die Erfahrung, daß Bedürfnisse nicht befriedigt oder Bestrebungen und Ziele frustriert werden. In meiner Terminologie formuliert: Antagonismus und/oder Rückzug sind Reaktionen auf jegliche Begegnung mit aversivem Verhalten. Die Muster beruhen auf angeborenen und erlernten *Reaktionen*, sind aber kein angeborenes Streben nach Destruktivität. Dieser Sichtweise kommt in der Selbstpsychologie besonderes Gewicht zu. Unsere Kritiker hingegen betrachten die Auffassung, daß empathische Unzulänglichkeiten zwangsläufig aversives Verhalten auslösen, als Pollyannasche Naivität.[1] Und etwas anderes wäre sie auch nicht ohne den ergänzenden Hinweis, daß empathisches Versagen unvermeidlich ist. Während wiederholtes Versagen eine generalisierte Konsolidierung aversiver Muster bewirkt, haben normale, gelegentliche Unzulänglichkeiten einen positiven Effekt, insofern sie nämlich die Fähigkeit fördern, über Differenzen zu verhandeln und Kontroversen zu lösen. In der Adoleszenz ist der Jugendliche unendlich häufig empathischen Unzulänglichkeiten ausgesetzt, die eine hervorragende Gelegenheit bieten, sich mit der Ausübung von Macht und dem Nutzen der Besonnenheit vertraut zu machen. Aversivem Verhalten liegen in der Adoleszenz vor allem zwei wichtige Quellen zugrunde. Zwischen der Generation des Jugendlichen einerseits und der Generation seiner Eltern sowie der übrigen Welt der Erwachsenen andererseits besteht eine unüberbrückbare Kluft. Die selbstevidenten Wahrheiten der einen Generationen – »bis zur Ehe ist Enthaltsamkeit geboten« oder »Homosexualität ist eine Perversion«, oder »Fleisch und Kartoffeln sind die gesündeste Ernährung« oder »eine Frau gehört ins Haus« – werden für eine andere Generation zu unzeitgemäßen Restriktionen. Unter Gleichaltrigen führen die unterschiedlichen Entscheidungen, wie und wo man dem Sittenkodex der generationsgebundenen Werte folgt, unweigerlich zur Bildung von Cliquen, Outgroups, zu Mißbilligungen und Versuchungen. Empathie ist auch ohne übereinstimmende Meinungen möglich. Die ältere Generation muß an ihrer Position festhalten (sie gleichzeitig aber auch überprüfen), und Gleichaltrige müssen gegensätzliche Ansichten vertreten. Empathie setzt voraus, daß man sich die Meinung der anderen Generation oder auch des Altersgenossen respektvoll anhört, eine – häufig leidenschaftliche – Diskussion eröffnet und bereit ist, Unterschiede als solche stehen zu lassen. Wenn die Position, die ich hier vertrete, richtig ist – wie können wir uns dann die allgemeine Auffassung erklären, daß die Adoleszenz eine Zeit der Rebellion sei? Wenn Jugendliche Aversion ertragen können und erfahren müssen, wenn sie sich antagonistisch verhalten können und müssen, um sich in die Introspektion zurückzuziehen, damit sie ler-

1 Pollyanna, die unbeirrbar optimistische Hauptfigur des gleichnamigen, 1913 erschienenen Romans von Eleanor Porter (1868 bis 1920). [A.d.Ü.]

nen können, ihre neugewonnenen kognitiven Fähigkeiten in Auseinandersetzungen zu nutzen – wie erklären wir uns dann die häufig zu hörende Ansicht, daß Jugendliche vorsätzlich egoistisch seien, eigensinnig, geheimnistuerisch und provozierend? Ich schlage vor, der Erkenntnis mehr Gewicht beizumessen, daß Jugendliche in ihren Affekten zwar nicht labiler oder intensiver sind – zorniger, depressiver, ängstlicher oder verschämter –, wohl aber in höherem Maß dazu neigen, all ihren Aversionsgefühlen in dramatischer Intensivierung Ausdruck zu verleihen. Und das bringt die ältere Generation auf die Palme! Wenn es nach uns ginge, sollten sie vernünftiger sein – sie sollen nicht sagen: »Ich hasse dich!«, »Wenn ich nicht mit meinem Freund gehen kann, bringe ich mich um!« Oder: »Jede Klassenarbeit versetzt mich in absolute Panik!« Oder: »Mir ist dieses Kleid derart peinlich, damit kann ich unmöglich auf die Party gehen!« Uns behagt es auch nicht, die Rolle als Vertraute unserer Kinder und die frühere gemeinsame Nähe zu verlieren, wenn sie darauf bestehen, allein zurechtzukommen oder sich lieber mit ihren Altersgenossen als mit uns zu beraten. Sind sie provokativ, oder lassen wir uns provozieren? Sind sie beleidigt und intrigant, oder lernen sie zu unterscheiden, wann und was sie erzählen wollen, während wir verletzt, mißtrauisch und eifersüchtig reagieren? Sind vielleicht mitunter die Eltern und die Gesellschaft insgesamt dafür verantwortlich, wenn aus einer Adoleszenzphase ein Adoleszenzkomplex wird?

Zu Beginn ihrer Behandlung sträubte sich Clara dagegen, Aversionsgefühle anzuerkennen. Sie hatte das Gefühl, unter erheblichem Leistungsdruck zu stehen – wie aber kann sie ihren Eltern die Schuld daran geben, die doch sagen, daß sie mit allem zufrieden seien, was sie tut, und nur wollen, daß sie glücklich ist. Von der Mutter wird sie immer unterstützt, da diese, wie sie sagt, Claras eigener Urteilsfähigkeit vertraut. Der Vater ist sehr beschäftigt, selten zu Hause, aber sie ist so stolz auf den Erfolg, den er sich erarbeitet hat! In ihrer Behandlung bestand unsere Aufgabe darin, den Zusammenhang zwischen der defensiven Funktion von Idealisierung und Verleugnung und ihrem bulimischen Symptomverhalten aufzudecken. Sie mußte sich gewissermaßen durch eine Wand aus Freundlichkeit hindurcharbeiten, so daß die Meinungsverschiedenheiten, die sie mit ihren Eltern hatte, und die Kritik, die sie an ihnen übte, Scham- und Schuldgefühle in ihr weckten. Im Grunde reagierte sie aversiv auf den normalen Prozeß leichter bis mittlerer Desillusionierung. Sie spürte, daß über ihrer Kernfamilie der Neid auf die Bildung und den Wohlstand ihrer Verwandten mütterlicherseits schwebte. In Reaktion auf ihre Einsichten in den Sitzungen brach sie schließlich eine Diskussion mit ihrer Mutter vom Zaun, die sich um eine geringfügige Restriktion drehte und sich zu einer Auseinandersetzung entwickelte, die sie zunächst beide schockierte. Danach aber, so berichtete sie stolz, blieb sie von Bulimieattacken eine Weile verschont. Im Umgang mit Gleichaltrigen reagierte sie auf Brüskierungen in aller Regel mit Verletztheit und Rückzug. Als sie dann als Repräsentantin ihrer Schule an einer Modellsitzung der Vereinten Nationen teilnahm, verbündete sie sich mit einer anderen jungen Frau, und gemeinsam stellten sie erfolgreich die Ansichten eines arroganten Mannes in Frage – mit dem ihr angemessen erscheinenden Maß an Streitlust. Im Anschluß daran veränderte sich ihre Reaktion auf Aversionserfahrungen. Statt sich aufgrund ihrer Scham- und Schuldgefühle zurückzuziehen und ihre Empfindungen zu unterdrücken, entwickelte sie ein moderates Widerstands- und Konfrontationsverhalten.

Ihre Eltern waren entschiedene Gegner jeglicher Drogen. Sie sagte ihnen, daß sie ihre Meinung nicht teile, und begann während einer Europareise gemeinsam mit ihrer ältesten und besten Freundin und unter Anleitung ihrer einschlägig erfahrenen Gruppe zu experimentieren. Als sie mir nach ihrer Rückkehr davon erzählte, geriet ich in ein Dilemma. Ich konnte ihr meine Bedenken hinsichtlich des Drogenkonsums vermitteln – und natürlich waren ihr alle Einwände bekannt –, oder ich konnte ihre Bemühungen unterstützen, sich erfolgreich durch die Gefahren hindurchzumanövrieren, an denen viele ihrer Altersgenossen scheitern. Ich entschied mich für den zweiten Weg. Ich hatte den Eindruck, daß unsere Kommunikationskanäle offen seien, und wollte sie nicht blockieren. Darüber hinaus setzte ich großes Vertrauen in ihr gutes Urteilsvermögen, auf das sie sich normalerweise verlassen konnte, und wußte, daß ihr langfristig ihre eigenen Ressourcen und ihr Wunsch nach Beziehungen und Erfolg helfen würden, nicht aber meine Warnungen. Im Laufe des nächsten Jahres schränkte sie ihre Drogenexperimente ein und konsumierte Rauschmittel nur noch zur Entspannung auf großen avantgardistischen Musikveranstaltungen. Die kritische Balance beruhte auf ihren liebevollen Bindungen an ihre Eltern, ihre Freunde und an mich sowie ihrem sich stabilisierenden Selbstwertgefühl. Sie war keine Jugendliche, die im Stich gelassen, mißbraucht oder vernachlässigt worden war, so daß sie unter Bitterkeit, Enttäuschung und Haß nicht zusammenbrach.

Dannys Leben stand ganz im Zeichen aversiver Reaktionen, die alle anderen Motive durchdrangen. In seiner Psychose fühlte er sich von seinen Eltern angegriffen und körperlich bedroht. Dannys Aversionsverhalten hatte sich offenbar in Reaktion auf die Geburt seines Bruders entwickelt, der in so schlechter körperlicher Verfassung war, daß seine Eltern um sein Leben bangten. Danny nahm es ihnen übel, daß sie ihn im Stich ließen, und verabscheute seinen Bruder. Er verhielt sich ihm gegenüber unverhohlen sadistisch – einmal zwang er ihn, sich quer über die Toilette zu legen, während er auf ihm defäzierte. Manchmal verbündeten sich die Brüder gegen die aus ärmeren Familien stammenden Nachbarskinder, von denen sie sich beide bedroht fühlten, weil sie von ihnen überfallen und beraubt wurden. Danny gab seinen Eltern die Schuld, die an ihren liberalen politischen Überzeugungen festhielten, so daß die Jungen jedesmal, wenn sie das Haus verließen, Angst haben mußten. Nachdem sein bester Freund sich gegen ihn gewandt hatte, verlor Danny das Vertrauen in jegliche Freundschaft und betrachtete statt dessen die Unterwerfung eines anderen Menschen als einzige verläßliche Quelle kontinuierlichen Kontakts. Infolgedessen schloß er sich während seiner gesamten Adoleszenz vorwiegend jüngeren Jungen an, die sich ihm fügten und gemeinsam mit ihm seine Drogen konsumierten.

Dieser Antagonismus, den er im Laufe der Jahre aufgebaut hatte, schien seine Gefühle in bezug auf die Analyse und mich als Analytiker erstarren zu lassen. Seine Psychose hatte ihn derart in Angst versetzt, daß er sich nach seiner Einwilligung, zu mir zu kommen, wie ein Tier in der Falle fühlte. Er erschien in zerrissenen Jeans, die sein Genitale kaum zu bedecken vermochten, und brachte auf diese Weise deutlich zum Ausdruck, daß er sich von der Unternehmung nicht viel versprach und so provozierend wie möglich auf mich wirken wollte. Als ich in Worte faßte, was meinem Eindruck nach in ihm vorging, erklärte er mir, er wolle keine Analyse machen, und mich wolle er auch nicht. Er habe einen Kollegen kennengelernt, der ihm gefiel, und sich für ihn entschieden, seine Eltern aber verlangten, daß er zu mir käme. Seine Abneigung mir gegenüber blieb ein Merkmal unserer Arbeit, obwohl er anerkannte, daß er sein Leben und seine Ziele nach und nach in den Griff bekam. Allmählich begann er auch, es zu bereuen, daß er andere Menschen so grausam oder unsensibel behandelte. Er lernte, Kontroversen auszutragen, ohne vollständig zu vergessen, daß der andere ebenfalls ein Mensch war. Nachdem er zwei Wochen vor seiner letzten Stunde zu einer seiner üblichen kritischen Attacken angesetzt hatte, kam ihm in den Sinn, daß seine Gefühle mir gegenüber bis zum Schluß unverändert geblieben seien. Ich sagte, daß es ihn stolz mache, seine Wut über die Art, wie man ihn behandelt hatte, weiterhin zu schüren. Ich fügte hinzu, daß er, wenn er es wünsche, bis zum Schluß zu seiner Feindseligkeit stehen könne. Die Fortschritte, die er gemacht habe, würden dadurch nicht beeinträchtigt. Es gebe aber auch die Möglichkeit, die noch verbleibenden zwei Monate zu nutzen, um zu sehen, ob er positivere Gefühle entwickeln könne, so daß wir eher wie Freunde und nicht als Feinde auseinandergehen würden. Nach einigem Zögern willigte er ein.

Das Motivationssystem Sinnlichkeit und Sexualität

Verglichen mit der großen Bedeutung, die traditionelle Theoretiker der Psychoanalyse dem Sexualtrieb beigemessen haben, blieb die reale Entfaltung der sexuellen Erfahrung praktisch unerforscht. Bedauerlicherweise hat auch die Selbstpsychologie, die eine Vielzahl sexueller Erfahrungen auf die Fragmentierung von Selbstobjekt-Bindungen zurückführt, unsere Kenntnisse über das normale Sexualleben Jugendlicher kaum erweitert. Selbstpsychologische Beispiele für vitalisierende Selbstobjekt-Erfahrungen – wenn ich etwa einem Freund, der Probleme hat, tröstend und aufmunternd den Arm um die Schulter lege – zeigen zwar, daß der Sinnlichkeit eine besondere Signifikanz zukommt, ihre Beziehung zur Sexualität im allgemeinen jedoch wurde bislang nicht näher untersucht. Dieses Versäumnis muß nachgeholt werden, wenn wir diesen wichtigen Aspekt der adoleszenten Erfahrung verstehen wollen.

Wir müssen zwischen einem Bedürfnis nach sinnlichem Vergnügen und einem Bedürfnis nach sexueller Erregung unterscheiden. Als sinnliches Vergnügen bezeichnen wir eine angenehme Empfindung, die durch all unsere Sinne, durch Phantasien und Träume ausgelöst werden kann. Sinnliches Vergnügen kann besänftigend wirken, wenn wir entspannungsbedürftig sind, zum Beispiel beim Einschlafen oder nach einem anstrengenden Tag; es kann aber auch anregend wirken, wenn wir Müdigkeit oder Langeweile vertreiben wollen. Sexuelle Erregung hingegen ist immer an eine Steigerung gebunden – sie zielt auf orgasmisches Erleben und anschließende Entspannung. Sexuelle Erregung baut normalerweise auf sinnlichem Vergnügen auf und vereinigt in Phantasie und Verhalten assertive und antagonistische Stimuli. In Anlehnung an Stoller (1975) habe ich die zahlreichen Rätsel und Probleme beschrieben, die sich allen Jungen und Mädchen im Laufe der Entwicklung des sinnlich-sexuellen Motivationssystems stellen, so daß unweigerlich auch Aversionserfahrungen in die sexuellen Phantasien und in das Verhalten beim Geschlechtsverkehr eingehen. Wir sind auf die Unterscheidung zwischen Sinnlichkeit und Sexualität angewiesen, weil sie es uns ermöglicht, adoleszente Muster der *geschlechtsspezifischen Affiliation* sowie der *Hetero-* und *Homosinnlichkeit* zu untersuchen. Sexualität oder Abwehr von Sexualität werden in diese Muster häufig integriert. Vor allem in der frühen Adoleszenz fühlen sich Jungen in der Gesellschaft anderer Jungen am wohlsten, während sich die Mädchen zu reinen Mädchengruppen zusammenschließen. Diese Affiliationspräferenzen lassen sich auf den Partys junger Teenager leicht beobachten, aber solche Muster bleiben auf Situationen, in denen man gegengeschlechtliche Paarbildungen erwartet, nicht beschränkt. Solche Präferenzen können erhalten bleiben, so daß sich Frauen in der gesamten Adoleszenz und auch im Erwachsenenalter im sozialen, beruflichen und Freizeitbereich unter Frauen am wohlsten fühlen und Männer Vereinigungen, Clubs und Gruppen bevorzugen, denen ausschließlich Männer angehören. Adoleszente finden innerhalb der geschlechtsspezifischen Gruppe, der sie sich angeschlossen haben, häufig ein kleineres Grüppchen, das besonders eng zusammenhält – unzertrennliche Pärchen, Dreier- und Vierercliquen. Diese engen Freundschaften sind häufig *homosinnlich* – Jugendliche mögen körperliche Berührungen, sie übernachten beeinander, lieben Kissenschlachten, tauschen ihre Kleider untereinander aus und bekunden ihre Zuneigung und Aufmerksamkeit durch vielerlei Gesten. Wenn sie getrennt sind, sehnen sie sich nach der Gesellschaft des anderen, einer Gesellschaft, die ihnen häufig unkomplizierter und angenehmer erscheint als die Unsicherheiten, mit denen sie die Beziehung zum anderen Geschlecht konfrontiert, dessen Werte und Normen sie erst kennenlernen müssen. »Warum kann eine Frau nicht ein bißchen mehr wie ein Mann sein«, sagt Henry Higgins voller Verwunderung angesichts Liza Doolittles narzißtischer Wut über seine Egozentrik.

Ich betrachte diese homosinnlichen Bedürfnisse als adaptive Quellen von Selbstobjekt-Erfahrungen während und nach der Adoleszenz. Sie werden problematisch, wenn die Beteiligten, die Kultur und irregeleitete psychoanalytische Theoretiker eine »latente psychopathologische Homosexualität« in ihnen zu erkennen glauben. Die *homoaffiliativen* und *homosinnlichen* Bedürfnisse Adoleszenter vereinen den Wunsch nach persönlicher Bindung und Gruppenzugehörigkeit mit den lustvollen Erfahrungen der Sinnlichkeit: Ansehen, Berühren, Lachen, Spielen, gemeinsames Musikhören. Sexuelle Erregung setzt voraus, daß Zuneigung sowie sinnliche und orgastische Strebungen vereint und mit einem gleichgesinnten Partner geteilt werden können. Diese Züge kommen bei Adoleszenten auf sehr unterschiedliche Weise zusammen. Wenn uns der Verlauf der ödipalen Phase eines Jungen oder Mädchens bekannt ist, können wir daraus bestimmte Tendenzen bei der Wahl eines Liebesobjekts in der Adoleszenz ableiten und uns auch eine gewisse Vorstellung davon machen, unter welchen Umständen Liebe in Aversion umschlagen wird. Keine Prädikatoren haben wir für den Zeitraum und die Intensität der pubertätsbedingten Veränderungen. Sie können sich allmählich entwickeln, so daß ein adoleszenter Junge die Möglichkeit hat, sich anzupassen, Vergleiche anzustellen und sein körperliches Wachstum, Erektionen und nächtliche Pollutionen als angenehme Erfahrungen zu empfinden, die sein Selbstbewußtsein stärken. Vielleicht erkennt er dann auch eine »Wahlverwandtschaft« (Goethe) zwischen sich und einem Mädchen, deren Adoleszenz ähnlich verläuft. Im anderen Fall ist es möglich, daß die körperlichen Veränderungen sich sehr rapide einstellen und mit genital-zentrierten Erregungen einhergehen, so daß der betreffende Junge oder das Mädchen ein intensives Verlangen nach realem oder phantasiertem (masturbatorischem) Kontakt empfindet. Diese Erfahrungen, die manche Jugendliche tatsächlich machen, entsprechen dem »Trieb«konzept, der Vorstellung, einem machtvollen inneren Drängen nachgeben zu müssen. Der reale oder phantasierte Partner wird dann unter Umständen eher als Instrument, als bloßes Objekt betrachtet und weniger als Person, auf deren Subjektivität Rücksicht zu nehmen ist. Die Erfahrungen dieser Jugendlichen müssen nicht zwangsläufig zu einer Quelle pathologischer sinnlich-sexueller Beziehungen werden, sondern können durch geduldige und verständnisvolle Reaktionen beeinflußt werden, so daß sich eine größere Achtung vor dem Partner als Person entwickeln kann.

Die zweite Hälfte von Claras Behandlung widmete sich vorwiegend der Erforschung ihrer romantischen Wünsche und ihres Verlangens nach sexueller Erregung. Auslöser dafür war die Beobachtung, daß Claras Körpersprache in keinem Zusammenhang mit ihren Assoziationen zu stehen schien. Sie warf ihren Kopf zurück, streckte ihre sich rundenden Brüste vor, spielte mit ihrem langen, schönen Haar und war ständig damit beschäftigt, ihre Beine, die in kurzen, engen Shorts steckten, übereinanderzuschlagen, auszustrecken und wieder zu kreuzen. Während mir der sexuelle und provozierende Charakter ihrer Körpersprache sehr wohl bewußt war, schien sie selbst dies nicht wahrzunehmen. Ich stand vor der Frage, ob ich ihr lolitahaftes, verführerisches Verhalten mitsamt all seinen ödipalen Implikationen deuten sollte, beschloß jedoch, es zu lassen. Vielleicht, so meine Überlegung, würde ein wünschenswerter Übergang abgebrochen, wenn ihr der Ausdruck ihrer Körpersprache bewußt würde, und überdies hatte ich keinen Grund anzunehmen, daß eine ödipale (vom Vater abgeleitete) Deutung vonnöten sei. Meine Einschätzung wurde nach wenigen Wochen bestätigt, als sie mir von der willkommenen Aufmerksamkeit berichtete, die ihr von gleichaltrigen oder um einige Jahre älteren Männern zuteil wurde. Sie verhielt sich zurückhaltend, weil sie fürchtete, in dem Auf-und-Ab einer Teenagerschwärmerei letztlich nur enttäuscht zu werden. Sie traf ihre Verabredungen gemeinsam mit ihrer Gruppe und ließ einen jungen Mann sitzen, der zu schnell »alles wollte«. Auf ihrer nächsten Europareise schließlich aktivierte sie eine alte Freundschaft und hatte zum erstenmal Geschlechtsverkehr. Als sie mir davon berichtete, hatte ich den Eindruck, als habe es sich weniger um Romantik gehandelt als vielmehr um eine Angelegenheit, die sie glaubte erledigen zu müssen. Nach ihrer Rückkehr begann sie eine romantischere Affäre mit einem Schulfreund, die sechs Monate Bestand hatte und allmählich vom Petting zum Geschlechtsverkehr überging. Zu diesem Zeitpunkt wuchs meine Besorgnis, weil sie mit keinem Wort über Verhütung sprach. Angesichts der Wahl, ihrem Urteilsvermögen zu vertrauen und die Sache laufen zu lassen, oder nachzufragen – vielleicht, um sie zu schützen, ganz sicher aber, um mir selbst keine Sorgen machen zu müssen –, fragte ich. »Oh«, antwortete sie, »ich bin zu Mama gegangen und habe ihr gesagt, daß ich zum Gynäkologen müsse, und sie war einverstanden, genauso, wie ich es mir vorgestellt hatte.« Diese Beziehung endete, als sie sich in den Frühjahrsferien in einen zehn Jahre älteren Rockmusiker verliebte, der bei ihren Verwandten zu Gast war. Er setzte ihrer Bewunderung nichts entgegen, flirtete mit ihr, was sie als sehr schmeichelhaft empfand, ließ sich aber auf keine sexuelle Beziehung ein. Danach verliebte sie sich leidenschaftlich in einen Schulkameraden, der ein Jahr jünger war als sie selbst. Sie bemutterte ihn emotional und führte ihn in die Sexualität ein. Diese Beziehung endete ohne allzu große gegenseitige Verletzungen, als sie sich auf ihren Wechsel aufs College vorbereitete.

Zu Beginn seiner psychotischen Desorganisation zwang Danny zwei Mädchen, mit denen er Verabredungen hatte, zum Geschlechtsverkehr. Er war fest davon überzeugt, seiner verhaßten Gesichtsakne einzig durch sexuelle Erleichterung vorbeugen zu können. Nachdem er sich von der psychotischen Episode erholt hatte, hielt er an seiner Überzeugung, unbedingt Geschlechtsverkehr haben zu müssen, weiterhin fest. Er nahm Kontakt zu einer älteren Frau auf, mit der er während seines Klinikaufenthalts geflirtet hatte, und empfand es als große Erleichterung, mit ihr schlafen zu können. Doch selbst diese Erfahrung hatte ihre aversive Seite, weil er sich daran zu erinnern glaubte, daß sie ihn nicht ohne einen Anflug von Sarkasmus als »geilen Hengst« bezeichnet hatte. Eine Hilfe war ihm diese Erfahrung aber auch insofern, als er mir nun, nachdem er sich seiner Heterosexualität versichert hatte, von der Befürchtung erzählen konnte, durch jedes Abhängigkeitsgefühl mir gegenüber als homosexuell entlarvt zu werden. Er begründete seine Sorge, daß man ihn womöglich für

»schwul« halten könnte, mit den üblichen Machosprüchen, die er von seinem Vater zu hören bekam. Während der gesamten Analyse wurde Dannys Homophobie immer wieder durch sein latentes Bedürfnis nach Unterstützung, Freundlichkeit und Zuneigung des Analytikers geweckt. Die Erkenntnis, daß er eine intensive und unerwiderte Sehnsucht in sich trug, seinem Vater nahe zu sein und bei ihm Rat und Orientierung zu finden, half, seine Ängste zu lindern. Der Vater sorgte zwar für seine Familie, war aber offenbar kein warmherziger Mensch; er ging in seiner Arbeit auf und behandelte seinen Sohn eher wie einen Rivalen denn als ein Kind, das liebevollen Kontakt sucht.

In Dannys Träumen und Assoziationen nahm ich viele *homosinnliche* Bedürfnisse wahr, deutliche Hinweise auf *homosexuelle* Neigungen aber gaben sie nicht zu erkennen. Ein alles beherrschendes Problem war die Analyse seiner Beziehung zu Frauen und der Grausamkeit, mit der er sie behandelte. Die erste junge Frau, zu der sich eine engere Beziehung entwickelte, lebte in einer nicht weit entfernten Stadt. Sie schien sein Interesse als schmeichelhaft zu empfinden, erschrak dann aber vor der Intensität seiner Zielstrebigkeit. Wütend über ihre Versuche, ihn zu bremsen, erzählte er mir, er habe sie augenblicklich sitzengelassen. Als ich einwarf, daß es vielleicht hilfreich für ihn wäre, den Grund seiner Verletztheit besser zu begreifen, bevor er sich zum Handeln entschloß, geriet er in Rage. Ob ich denn nicht verstehen könne, daß es um Leben und Tod gegangen sei? Er habe befürchten müssen, daß seine Akne wiederaufflackern würde, und das sei dann auch prompt passiert. Er könne mir einfach nicht vertrauen – dieses Thema brachte er jedesmal zur Sprache, wenn eine Beziehung scheiterte –, und er würde sich nie wieder mit einem jüdischen Mädchen verabreden – sie beharrten dickköpfig auf ihren eigenen Vorstellungen. Eine Reihe kurzer Affären folgte, und Danny war der Meinung, es bei keinem Mädchen länger als einen Monat aushalten zu können. Dann nahm er eine längere Affäre mit einer jungen Frau auf, die zu ihm zog. Er behandelte sie, als sei sie nur dazu da, sich seinen Marotten zu fügen. Sexuell war er grob und fordernd, während er ihr gleichzeitig die leisteste Unsensibilität furchtbar übel nahm. Glücklicherweise war ihm dieses Ungleichgewicht nicht völlig uneinsichtig, so daß er eine gewisse Scham darüber empfand. Sie trennten sich am Ende des Semesters, und Danny reiste nach

Israel, um die Beziehung zu einem französischen Mädchen wiederaufzunehmen, das er irgendwann einmal kennengelernt hatte. Es begann voller Leidenschaft und nahm ein unerfreuliches Ende. Danny kehrte deutlich ernüchtert zurück und war nun eher bereit, sich mit seinem rücksichtslosen Verhalten auseinanderzusetzen. Anschließend hatte er zwei Jahre lang eine Affäre mit einer Klassenkameradin. Seiner Beschreibung nach zu urteilen, schien sie eine ungewöhnlich sympathische und sensible Gefährtin und sexuelle Partnerin zu sein. Danny hatte das Gefühl, daß er auch ihr etwas Gutes tun müsse, was in seinen Augen bedeutete, daß er sich gegen Cunnilingus nicht sträuben dürfe. Seinerseits bevorzugte er es, von hinten in sie einzudringen, um ihr nicht ins Gesicht sehen zu müssen – das heißt, er depersonalisierte sie. Mir fiel es in dieser Phase schwer, empathisch-sensibel auf ihn einzugehen, weil mir seine Freundin oft leid tat. Danny spürte dies, und vorübergehend erwachte sein Mißtrauen erneut. Aber die gemeinsame Diskussion im Anschluß an diese Sackgasse ermöglichte es ihm, seine Feindseligkeit gegenüber Frauen und seine Überzeugung, nicht liebenswert zu sein und nicht lieben zu können, noch einmal offen und vorbehaltlos zu betrachten. Seine gesamte Haltung wurde daraufhin nachgiebiger, und sie gingen als Freunde auseinander. Später schrieb Danny mir, daß ihm seine Arbeit Spaß mache und er eine junge Frau kennengelernt habe, die er sehr möge.

Fassen wir noch einmal zusammen: Ich habe versucht, eine selbstpsychologische Betrachtungsweise darzustellen, welche die Adoleszenz weder pathologisiert noch sentimentalisiert oder romantisierend verklärt. Zu diesem Zweck habe ich drei Perspektiven ausgearbeitet, die bei den Entwicklungen ansetzen, die in dieser Phase des Lebenszyklus innerhalb der fünf Motivationssysteme stattfinden. Ich habe zum einen jene Schritte dargestellt, mit deren Hilfe die Mehrheit der Jugendlichen die Schwierigkeiten bewältigt, die mit der erforderlichen Neuregulation ihrer physiologischen Bedürfnisse zusammenhängen, mit dem Streben nach Intimität in breiterem Rahmen und explorativ-assertiven Erfahrungen, mit den unvermeidlichen, generationsbedingten Aversionserfahrungen, dem Wunsch nach geschlechtsspezifischer Affiliation und der Sinnlichkeit und Sexualität infolge der pubertätsbedingten körperlichen Veränderungen. In einer zweiten Perspektive habe ich am Beispiel der Psychotherapie Claras die neurotische Symptomatik einer Jugendlichen illustriert, die sich trotz aller ihrer Probleme ihren Weg erfolgreich durch die Gefahren bahnte, mit denen sie konfrontiert war. Und schließlich habe ich in einer dritten Perspektive die ausgeprägte Aversion einer Borderline-Störung am Beispiel der Analyse Dannys, eines jungen Mannes, beschrieben, der die ihn überwältigenden Schwierigkeiten nur meistern konnte, indem er durch Drogen und durch die Mißhandlung anderer Menschen Quellen kurzfristiger Selbstobjekt-Erfahrungen zu finden versuchte.

Übersetzt von Elisabeth Vorspohl

Literatur

Brown, D. (1993), »Affective development, psychopathology, and adaptation«, in: S. Ablon, D. Brown, E. Khantzian und J. Mack. (Hg.), *Human Feelings*, Hillsdale, N.J. (Analytic Press), S. 5-66.

Danesi, M. (1989), »Adolescent language as affectively coded behavior«, in: *Adolescence* 24, S. 311-320.

Freud, A. (1958), »Probleme der Pubertät«, in: *Die Schriften der Anna Freud*, Bd. 7 (1956-1965), München: Kindler, S. 1739-1769.

Goethe, J. W. (1774), *Die Leiden des jungen Werthers*, Frankfurt am Main: Insel 1990.

– (1809), *Die Wahlverwandtschaften*, Frankfurt am Main: Insel 1990.

Hall, G. S. (1904), *Adolescence*, 2 Bde., New York und London: Appleton.

Kohut, H. (1983), »Selected problems of self psychological theory«, in: J. Lichtenberg und S. Kaplan (Hg.), *Reflections of Self Psychology*, Hillsdale, NJ: Analytic Press, S. 387-416.

Lichtenberg, J. (1989), *Psychoanalysis and Motivation*, Hillsdale, NJ: Analytic Press.

–, F. Lachmann und J. Fosshage (1992), *Self and Motivational Systems*, Hillsdale, NJ: Analytic Press.

Offer, D., E. Ostrov und K. Howard (1981). »The mental health professional's concept of the normal adolescent«, in: *Archives of General Psychiatry* 38, S. 149-152.

Shakespeare, W. (1598/99), *König Heinrich IV.* Erster und Zweiter Teil, in der Übersetzung von A. W. Schlegel und D. Tieck, in: *Sämtliche Werke*, Bd. 3: *Historien*, Berlin und Weimar (Aufbau) 1989.

Stoller, R. (1975), *Perversion*, New York: Pantheon.

Paul H. Ornstein
Das Schicksal des Kernselbst in den mittleren Lebensjahren

Wenn wir die Geschichte der Psychoanalyse betrachten, sehen wir, daß die wiederholten Erweiterungen und die wenigen signifikanten Veränderungen unserer Theorie in erster Linie ein Resultat klinischer Notwendigkeit waren. Deshalb gilt die Psychoanalyse zu Recht nicht als primär theoretisch begründete Wissenschaft, sondern als empirische – *empirisch* freilich im aktualisierten Sinn. Diese aktualisierte Bedeutung trägt der engen Verflechtung von Praxis und Theorie (oder klinischem Faktum und klinischer Theorie) Rechnung – und tatsächlich ist diese Beziehung so eng, daß wir von unseren empirischen Beobachtungen und ihren theoretischen Formulierungen in einem Atemzug sprechen. Vielleicht ist es gelegentlich verwirrend, daß wir Schwierigkeiten haben, zwischen unseren Beobachtungen und unseren Theorien über unsere Beobachtungen zu differenzieren, wenn wir uns nicht ganz bewußt darum bemühen.

Im Lichte der aktualisierten Bedeutung des Begriffs *empirisch* erscheint es angemessen, theoretische Bezugsrahmen grundsätzlich im Hinblick auf ihre unmittelbare klinische Relevanz zu formulieren, damit sie für die folgenden Ausführungen als Hintergrund dienen können. Schließlich hat keine psychoanalytische Theorie für sich allein, ohne ihre klinisch-empirischen Bezüge, Bestand. Meine Aufgabe besteht darin, die selbstpsychologische *theoretisch*-klinische Perspektive darzustellen. Um dies in der erforderlichen Kürze tun zu können, muß ich mich auf jene Aspekte konzentrieren, die im Vergleich zu anderen psychoanalytischen Perspektiven neu sind und sich von ihnen unterscheiden; historische Vorläufer oder zeitgenössische, ähnliche oder abweichende Sichtweisen werde ich nur streifen können.

Ich betrachte zunächst einige bekannte Konzepte der Entwicklung im Erwachsenenalter und in den mittleren Lebensjahren; dem schließt sich ein kurzer Überblick über die Entwicklung des »Kernselbst« an. Zuletzt werde ich das Schicksal des Kernselbst anhand von zwei kurzen klinischen Vignetten skizzieren.

Konzepte der Entwicklung im Erwachsenenalter und in den mittleren Lebensjahren

Recht lange Zeit galten junge Erwachsene als ideale Kandidaten für die Psychoanalyse. Daher hatten psychoanalytische Theorien über die mittleren Jahre kaum etwas spezifisch Psychoanalytisches zu bieten. Man betrachtete die potentielle Elastizität der symptom- oder charaktergebundenen Libido (und Aggression) bei jungen Erwachsenen als Voraussetzung dafür, sie freisetzen und neuen Entwicklungen nutzbar machen zu können. Mit anderen Worten: Man war der Ansicht, daß nur junge Erwachsene nach der Auflösung ihrer ödipalen Konflikte über eine gesunde orgastische Potenz verfügten, so daß sich ihre Investitionen in eine langwierige Analyse lohnen würden. Und selbst als die Ziele und Prozesse der Analyse innerhalb des theoretischen Bezugsrahmens der Ichpsychologie und Objektbeziehungstheorie neu konzeptualisiert wurden, blieben die mittleren Jahre und späteren Lebensphasen vom eigentlichen Wirkungsbereich der Psychoanalyse weiterhin ausgeschlossen. Natürlich wurden immer häufiger Patienten mittleren (und sogar höheren) Alters von Psychoanalytikern behandelt (Abraham hat solche Patienten bereits 1911 analysiert), aber diese Behandlungen blieben – soweit ich feststellen konnte – ohne ein theoretisches Verständnis der für das Erwachsenenalter charakteristischen Entwicklungsphasen (eine bemerkenswerte Ausnahme bildet Jung [1933]).

Die Psychoanalyse hat die gesamte Lebensspanne (klinisch wie auch theoretisch) nur allmählich in den Blick bekommen – und steckt dabei nach wie vor in den Anfängen. Wie so häufig, hinken die theoretischen Formulierungen den klinischen weit hinterher, und zwar aus verständlichen Gründen. Man ging davon aus, daß die Persönlichkeitsentwicklung, die auf psychoanalytischen, durch die Übertragung ermöglichten Rekonstruktionen beruht, mit der Auflösung des Ödipuskomplexes im Grunde abgeschlossen sei. Mit dieser Auflösung erhalte die »Psyche« den Charakter eines weitgehend geschlossenen Systems, was indirekt auch bedeutet, daß Umwelteinflüsse keine weitere psychische Entwicklung bewirken können. Unter diesem Blickwinkel betrachtet, könnte man die noch verbleibende Lebensdauer (vielleicht etwas ironisch) als »Variationen eines Themas« charakterisieren. Damals glaubte man sogar, daß die Adoleszenz im Grunde nicht viel mehr als ein erneutes Durcharbeiten des Ödipuskomplexes darstelle – die Psyche also neuen Entwicklungseinflüssen zu einem geringen Grad noch einmal zugänglich werde.

In der Psychoanalyse war es Benedek, die – unter psychobiologischer Perspektive – Entwicklungswege über die Adoleszenz hinaus aufzeigte und mit Konzepten wie »Elternschaft als Entwicklungsphase«, die Entwicklung von »Mütterlichkeit« und »Väterlichkeit« oder »Klimakterium als Entwicklungsphase« klar definierbare Phasen des Erwachsenenlebens beschrieb (Benedek 1950; 1959). In ihren Vorträgen zur Entwicklung sprach sie auch über das »Altern als Entwicklungsphase«. Benedek war eine derjenigen, die bereits früh betonten, was heute allgemein bekannt ist – daß sich die Adoleszenz nämlich nicht auf ein erneutes Durcharbeiten des Ödipuskomplexes beschränkt, sondern mit phasenspezifischen Entwicklungsaufgaben verbunden ist, deren Bewältigung die Voraussetzung für einen gesunden Übergang ins Erwachsenenalter darstellt.

Unter psychosozialem Blickwinkel zeigte Erikson (1959) Entwicklungswege über die Adoleszenz hinaus auf. Er definierte spezifische Aufgaben, Leistungen und pathogenes Versagen im späteren Leben. Mit den bekannten »acht Lebensaltern des Menschen« erweiterte er das Entwicklungskonzept, so daß es die gesamte Lebensspanne umfaßt.

Außerhalb der Psychoanalyse entstand in der Nachfolge von Benedek und Erikson eine Fülle an biologisch und soziologisch orientierter Literatur über die Lebensspanne. Es ist jedoch notwendig, diese biosozialen Ansätze in eine übergreifende Theorie des menschlichen Verhaltens zu integrieren (Neugarten 1970; Cohler und Boxer 1984; Offer und Sabshin 1984). Überlegungen, die der gesamten Lebensspanne Entwicklungspotentiale einräumen, werden zwar seit langem diskutiert, das psychoanalytische Denken aber haben sie bis vor sehr kurzer Zeit nur am Rande beeinflußt – von der Arbeit einiger Kinderanalytiker und analytisch orienterter Entwicklungsforscher einmal abgesehen. Dies ist wahrscheinlich darauf zurückzuführen, daß jene neuen Überlegungen nicht in der Erkenntnis spezifischer Merkmale oder Formen der Übertragung wurzelten, sich also nicht aus psychoanalytischen Rekonstruktionen herleiteten. Sie waren das Resultat von Beobachtungen außerhalb der klinischen Situation. Da Psychoanalytiker ihren deutenden Blick ausschließlich auf die Übertragung richteten, wußten sie mit diesen neuen Erkenntnissen, die in den psychoanalytischen Behandlungsprozeß hineingetragen wurden, nichts anzufangen.

Kohuts Beiträge orientierten sich eng an Benedeks und Eriksons Konzepten, die Entwicklungspotentiale für die gesamte Lebensspanne vorsahen. Ganz anders als sie jedoch – und in scharfer Abgrenzung vom psychobiologischen Ansatz auf der einen und vom psychosozialen auf der anderen Seite – leitete Kohut sein Entwicklungsverständnis aus der durch Introspektion und Empathie ermöglichten Rekonstruktion der Selbstobjektübertragungen her und stellte uns auf diese Weise eine psychologische Entwicklungstheorie zur Verfügung. Aufgrund ihrer direkten Bindung an die Übertragung ist eine solche Entwicklungstheorie von unmittelbar klinischem Nutzen. Dies hängt mit folgenden Faktoren zusammen: Das Konzept »Selbstobjekt« trägt dem Erleben der inneren wie auch der äußeren Realität Rechnung; es bietet eine einzigartige Möglichkeit zur Erforschung der Einflüsse, welche die Umwelt auf die Entwicklung ausübt – einschließlich der Art und Weise, wie der Analytiker in der analytischen Situation erlebt wird, sowie der Rolle, die er im Heilungsprozeß tatsächlich spielt. Kohuts Erkenntnis, daß »wir von der Geburt bis zum Tode in einer Selbstobjekt-Matrix leben« (1978 [1980], S. 478), bringt die Möglichkeit kontinuierlicher Entwicklung während der gesamten Lebensspanne treffend auf den Punkt. Seine Einsicht in den Charakter der Selbstobjekt-Übertragungen ermöglichte Kohut ein neues Entwicklungsverständnis, das der *gelebten Erfahrung* des Säuglings und Kindes herausragende Bedeutung beimißt. Dieser Aspekt der Selbstpsychologie findet nun seine Bestätigung in dem besonderen Stellenwert, den Säuglingsforscher der guten Übereinstimmung, dem »fit«, zwischen Säugling und Mutter zuschreiben.

Mit diesen Aspekten ihrer klinischen und Entwicklungstheorie hat die Selbstpsychologie – direkt und indirekt – das psychoanalytische Interesse an Patienten in den mittleren und späteren Lebensjahren und ihrer Behandlung geweckt. Dieses erhöhte Interesse ist erst seit relativ kurzer Zeit zu verzeichnen. Es spiegelt sich sehr deutlich in den Arbeiten von Colarusso und Nemiroff (1979; 1981) sowie Nemiroff und Colarusso (1984) wider, die eine die gesamte Lebensspanne umfassende psychoanalytische (theoretische und klinische) Entwicklungskonzeption erarbeitet haben, und in einer Arbeit von King (1980), die den Charakter und das Durcharbeiten der Übertragung in den mittleren Jahren darstellt und erörtert. Colarusso und Nemiroff haben unser psychoanalytisches Verständnis der Entwicklung im Erwachsenenalter mit Beiträgen um einen entscheidenden Schritt vorangebracht, die in wichtigen Punkten mit zentralen Grundsätzen der Selbstpsychologie übereinstimmen. Auch sie machen geltend, daß »Austauschvorgänge zwischen Organismus und Umwelt *von der Geburt bis zum Tod* stattfinden und die psychische Entwicklung fortwährend beeinflussen. Der Erwachsene ist kein ein für allemal fertiges und gegen die Umwelt abgeschirmtes Produkt, sondern befindet sich ebenso wie das Kind in einem Zustand dynamischer Spannung, die ihn ununterbrochen beeinflußt und verändert« (Colarusso und Nemiroff 1979, S. 61; meine Hervorhebung). Dies, so die Autoren, steht in diametralem Gegensatz zu der in der Psychoanalyse nach wie vor dominierenden Konzeption des Erwachsenenalters als einer statischen Phase, in der keine weitere Entwicklung stattfindet. Sie sind zuversichtlich, daß »eine konzeptuelle Brücke zwischen [diesen beiden divergierenden] Sichtweisen möglicherweise durch ein verbessertes Verständnis der *verschiedenartigen* Entwicklungsprozesse des Kindes und des Erwachsenen« geschlagen werden kann. Wenngleich sie Unterschiede zwischen der frühen und der späteren Entwicklung unmißverständlich anerkennen, bestreiten sie kategorisch, »daß im Erwachsenen *keine* Entwicklungsprozesse stattfinden« (S. 62).

Zusammenfassend formuliert, stellt sich die entscheidende Dichotomie zeitgenössischer psychoanalytischer Entwicklungskonzepte folgendermaßen dar: Einerseits gibt es die Auffassung, daß sich die Entwicklung auf die frühen Jahre (bis zum Ausgang der Adoleszenz) beschränkt und nach Erreichen des Erwachsenenalters keine Entwicklungsprozesse mehr stattfinden. Aus dieser Sichtweise folgt auch die Annahme, daß die Psyche Umwelteinflüssen in den frühen Jahren zugänglich ist, der psychische Apparat aber, sobald seine Strukturierung abgeschlossen ist, ein im wesentlichen geschlossenes System darstellt.

Einer anderen Sichtweise zufolge erstreckt sich die Entwicklung – mit bislang nicht detailliert beschriebenen Unterschieden zwischen frühen und späteren Entwicklungsprozessen – über die gesamte Lebensspanne. Aus dieser Sichtweise folgt auch die Annahme, daß die Psyche während der gesamten Lebensspanne ein offenes System darstellt, diese Offenheit aber entscheidend durch die psychischen Strukturen beeinflußt wird, die sich bereits im Säuglings- und Kindesalter aufzubauen beginnen und einem fortwährenden Entwicklungs- und Veränderungsprozeß unterliegen, da sie »von der Geburt bis zum Tod« in ununterbroche Austauschvorgänge mit der Umwelt eingebunden sind.

Es ist unter anderem diese Dichotomie, welche die Gärungsprozesse, die auf unserem Gebiet zu verzeichnen sind, in Gang gebracht haben. Sie bildet den (mehr oder weniger) stummen Hintergrund, vor dem viele zeitgenössische Überlegungen stattfinden und in dessen Rahmen ich Kohuts Entdeckungen und das selbstpsychologische Verständnis der mittleren Lebensjahre darstellen möchte.

Über die Entwicklung des Kernselbst

Die Selbstpsychologie stellt das bipolare Selbst ins Zentrum des psychischen Universums. Ihren Forschungsschwerpunkt bilden die Genese und Entwicklung des Selbst, seine bipolaren Konstituenten, Funktionen und Ziele sowie die Störungen des Selbst – all dies betrachtet innerhalb der Selbstobjekt-Matrix. In dieser Matrix »konstituieren Selbst und Umwelt eine Erfahrungseinheit; man kann das Selbst nicht ohne die Selbstobjekt-Umwelt konzeptualisieren, und ebensowenig lassen sich die Funktionen des Selbstobjekts beurteilen, wenn man ihre Auswirkungen auf das Selbst nicht mit berücksichtigt« (Ornstein und Ornstein 1985, S. 195). Ich setze diese selbstpsychologische Entwicklungskonzeption hier voraus. Ein kursorischer Überblick jedoch über die Genese und Entwicklung des *Kernselbst* – der frühesten kohärenten Kernfiguration des Selbst, die in einer psychoanalytischen Situation in Form einer archaischen Selbstobjekt-Übertragung wiederbelebt werden kann – ist vielleicht notwendig, um diese grundlegenden Konzepte noch einmal in Erinnerung zu rufen. Daran anschließend können wir direkt zu einer Betrachtung der mittleren Jahre übergehen.

Kohut hat die schwierige Frage nach dem Ursprung des Selbst und seiner frühesten Manifestationen in zahlreichen seiner Schriften zu ergründen versucht (vgl. zum Beispiel 1974; 1977;

1978; 1984). Er nahm an, daß ein rudimentäres Selbst schon sehr früh im Leben vorhanden ist, und stellte fest, daß »die menschliche Umgebung auch auf das jüngste Baby so reagiert, als habe es bereits ein solches Selbst gebildet« ([1977] 1979, S. 94). Er vertrat die These, daß das primäre, rudimentäre Selbst entsteht, wenn die Hoffnungen, Erwartungen und antizipatorischen Phantasien, welche die Eltern über ihr noch ungeborenes Baby entwikkeln, mit seinen angeborenen Potentialen zusammentreffen und in sie übergehen. Jene Hoffnungen und Erwartungen werden dem Kind später unbewußt vermittelt und prägen sein Selbst. Wenn diese Hoffnungen und Erwartungen der Eltern den angeborenen Fertigkeiten und Begabungen des Kindes entsprechen, haben sie strukturbildenden Charakter – andernfalls jedoch nicht. »Zum Beispiel sind Lob und Begeisterung in Reaktion auf ein bestimmtes Verhalten, das vom Kind nicht als Ausdruck seines eigenen Kernselbst erlebt wird, keine empathischen Reaktionen; solche Reaktionen sind wahrscheinlich eher ein Ausdruck der Erwartungen der Eltern als eine Bestätigung oder Validierung des kindlichen Selbst« (Ornstein und Ornstein 1985, S. 195). So »›erzeugen‹ die Reaktionen, mit denen die Umwelt dem Kind begegnet, Erfahrungen, die nicht nur für das Kind, sondern auch für jene Umwelt charakteristisch sind. Die Erfahrungen, die umwandelnd internalisiert werden und schließlich die relativ autonomen Spannungs-, Affekt- und Selbstwert-regulierenden Systeme des Selbst konstituieren, werden fortwährend zwischen dem Säugling und seiner emotionalen Umwelt ›erzeugt‹« (ebd.). Aus einer unendlichen Vielzahl solcher Erfahrungen werden durch bestimmte, bislang unbekannte Auswahlprozesse einige im späteren Kernselbst oder nuklearen Selbst gespeichert und aufbewahrt. Kohut sagt, das Kernselbst sei »die Grundlage für unser Gefühl, daß wir ein unabhängiger Mittelpunkt von Antrieb und Wahrnehmung sind, ein Gefühl, das mit unseren zentralsten Strebungen und Idealen und unserer Erfahrung integriert ist, daß unser Körper und Geist eine Einheit im Raum und ein Kontinuum in der Zeit darstellen. Diese kohärente und bleibende psychische Konfiguration, gemeinsam mit einer damit verbundenen Gruppe von [angeborenen] Begabungen und Fertigkeiten, [...] bildet den zentralen Sektor der Persönlichkeit« (Kohut [1977] 1979, S. 155). Auf der Grundlage seiner Rekonstruktionen nahm Kohut an, daß sich Ansätze sowohl erfolgsgerichteter Strebungen als auch idealisierter Ziele zwar bereits in der Säuglingszeit entwickeln, aber »der Hauptteil der Kern-Grandiosität in der frühen Kindheit zu *Kern*-Strebungen konsolidiert [...] und der Hauptteil der idealisierten *Kern*-Zielstrukturen in der späteren Kindheit erworben wird« (ebd., S. 156).

Die Konsolidierung des Kernselbst impliziert auch den Erwerb eines »Handlungsprogramms«, eines inneren Konzepts oder Entwurfs, dessen Realisierung fortan das zentrale Ziel des Selbst darstellen wird. Der Erwerb dieses sicher verankerten Kernselbst ist ein *sine qua non* der psychischen Gesundheit. Ermöglicht wird sie durch die empathische Spiegelung der zaghaft auftauchenden und schließlich expandierenden Ambitionen; durch ein Alter ego, das Fertigkeiten und Begabungen unterstützt; und durch die Möglichkeit, mit idealisierter Größe zu verschmelzen. Psychische Gesundheit bedeutet in diesem Kontext die Fähigkeit, jenen inneren Entwurf des Kernselbst, der im Zentrum des Selbst niedergeschrieben ist, wirklich leben zu können.

Ich werde den Entwicklungsverlauf vom Erwerb des Kernselbst bis zum Erreichen des mittleren Alters nicht in allen Einzelheiten nachzeichnen. Ich möchte nur sagen, daß in den mittleren Jahren und vor allem in den späten mittleren Jahren das Kernselbst – gleichgültig, ob es robust oder geschwächt ist – für die Frage, ob die phasenspezifischen Lebensaufgaben dieses Alters bewältigt werden können oder nicht, von größtem Einfluß ist. Jeder von uns kann in diesem Alter Angst- und Schuldgefühlen angesichts unlösbarer Konflikte ausgesetzt sein; ein geringes Selbstwertgefühl aber, das infolge der Unmöglichkeit, unsere zentralen Ambitionen zu realisieren und unseren teuersten Idealen gerecht zu werden, beeinträchtigt ist, wird all unsere Erfahrungen in dieser Lebensphase beherrschen. Ich möchte einen kleinen, sehr begrenzten Ausschnitt dieser Probleme nun am Beispiel zweier klinischer Vignetten betrachten.

Das Kernselbst und die mittleren Jahre

Unter welcher Perspektive (sei es die psychobiologische, die psychosoziale oder die psychoanalytische) wir die mittleren Jahren auch untersuchen: In auffallender Übereinstimmung werden bestimmte Erfahrungsbereiche – zumindest auf der manifesten

Ebene – als charakteristische und zentrale Merkmale dieser Epoche der Lebens betrachtet. Einzig die Erklärungen ihrer Ursprünge, ihrer Entwicklung und ihrer Signifikanz für Gesundheit und Krankheit variieren mit dem jeweils angewandten theoretischen Bezugsrahmen.

Liebe und Ehe, Elternschaft sowie berufliche und soziale Aktivitäten – Merkmale, die von allen Autoren übereinstimmend in einen Kontinuitätszusammenhang mit dem jungen Erwachsenenalter gestellt werden – nehmen in den mittleren Jahren den größten Raum ein. Insbesondere in der zweiten Hälfte dieser Phase treten weitere spezifische Charakteristika zutage: Sorgen über den künftigen Ruhestand; die wachsende Vereinsamung jener Menschen, die nie verheiratet waren oder geschieden oder verwitwet sind; Krankheiten und die Unausweichlichkeit des Todes werfen ihre Schatten voraus und werden zunehmend bewußter als Bedrohung wahrgenommen.

Der Selbstpsychologie fehlt es nach wie vor an einer umfassenden Entwicklungspsychologie des Erwachsenenalters, die als Grundlage dienen könnte, um diese Erfahrungen unter psychoanalytischem Blickwinkel zu erfassen. Aber wir verfügen über einen guten allgemeinen Bezugsrahmen, der uns nahelegt, zunächst die spezifischen Selbstobjekt-Funktionen zu untersuchen, die in den mittleren Jahren benötigt werden. Mitte bis Ende der 70er Jahre wurde Kohut immer deutlicher bewußt, daß er sein Konzept des archaischen, strukturbildenden Selbstobjekts erweitern mußte, um die von der Geburt bis zum Tod immer vorhandenen Selbstobjekt-Bedürfnisse theoretisch erklären zu können. Er erkannte, daß Selbstobjekte *nicht aufgegeben werden können* und *nicht aufgegeben werden müssen*, notwendig ist vielmehr ihre Transformation von archaischen zu reifen Formen. Für die kommenden Jahrzehnte betrachtete er es als eine der zentralen Aufgaben der Selbstpsychologie, die Selbstobjekt-Bedürfnisse der gesamten Lebensspanne detailliert zu bestimmen. Dieses Projekt steckt noch in den Kinderschuhen, so daß wir uns gegenwärtig mit allgemeinen Grundzügen begnügen müssen (vgl. zum Beispiel Tolpin 1971; Ornstein und Ornstein 1985).

Die spiegelnden, die Alter-ego- und die idealisierenden Selbstobjekt-Funktionen, die für den Aufbau, die Entwicklung und Konsolidierung des Kernselbst notwendig sind, bleiben, abgesehen von phasenspezifischen Veränderungen ihrer Qualität und

Konfiguration, grundsätzlich während der gesamten Lebensspanne die gleichen. Auch wenn sie keine primären strukturbildenden Funktionen mehr erfüllen, tragen sie dennoch wesentlich zur Erhaltung der Kohärenz, Vitalität und Lebenskraft des gesunden erwachsenen Selbst bei. Das konsolidierte Kernselbst mit seinem ihm eingeschriebenen grundlegenden Lebensplan, seinen höherentwickelten Funktionen wie Kreativität, Empathie, Humor, Weisheit und seiner Fähigkeit, sich mit der eigenen Vergänglichkeit gelassen zu konfrontieren, kommt dem Menschen gerade im mittleren und höheren Alter gut zustatten. Warum?

Eine Antwort erhalten wir, wenn wir annehmen, daß die erfolgreiche Entfaltung dieses angeborenen Programms es dem Selbst erheblich erleichtert, die Lebensaufgaben des mittleren Alters unter Wahrung der eigenen Werte und Ideale mit ungeschmälertem Selbstwertgefühl in Angriff zu nehmen, ihnen freudig zu begegnen und noch verbleibende Lebensziele zu verfolgen. In dieser Hinsicht stellen die mittleren Jahre vor allem in bezug auf Liebe und Ehe, Elternschaft sowie berufliche und soziale Aktivitäten besonders hohe Ansprüche an das Selbst.

Anna Ornstein und ich haben begonnen, die Elternschaft als Funktion des erwachsenen Selbst zu untersuchen, die eine optimale Selbst-Konsolidierung voraussetzt (Ornstein und Ornstein 1985). In diesem Zusammenhang verstehen wir unter »optimal« ein Selbst mit der Fähigkeit, sich empathisch auf das kindliche Selbst einzustimmen, das vom Säuglingsalter über die Latenzperiode und Adoleszenz in fortwährender Veränderung und Entwicklung begriffen ist. Ein Versagen der Selbstobjekt-Funktionen manifestiert sich in der Unfähigkeit der Bezugsperson, dem heranwachsenden Kind mit phasenadäquater Responsivität zu begegnen.

Das folgende klinische Beispiel illustriert eine nicht ungewöhnliche Situation.

Klinisches Beispiel: Frau Silver

Frau Silver war einundvierzig Jahre alt, als sie sich wegen depressiver Symptome in Behandlung begab.[1] Seit ca. einem Jahr war sie

1 Dieses Beispiel wurde erstmals in Ornstein und Ornstein (1985) veröffentlicht.

zunehmend reizbar, sie schlief schlecht, konnte für einen Großteil ihrer Aktivitäten kein Interesse mehr aufbringen und war in wachsendem Maße von ihren Sorgen über ganz gewöhnliche Schmerzen und Beschwerden in Anspruch genommen. Schließlich wurde eine stationäre Behandlung erforderlich. In dieser Phase machte sie sich intensive Gedanken über ihren ältesten Sohn, Danny, der sein Jurastudium von heute auf morgen abgebrochen und zu arbeiten begonnen hatte. Im Laufe ihrer Behandlung wurde deutlich, daß Danny für seine Mutter eine vitale Selbstobjekt-Funktion erfüllt hatte.

Die Mutter selbst war eine vielversprechende Studentin gewesen, hatte das College aber verlassen, um Dannys Vater zu heiraten. Während ihrer Schwangerschaft setzte sie ihr Studium fort, schaffte es jedoch nicht, ihren College-Abschluß zu machen; zurück blieb ein Gefühl der eigenen Minderwertigkeit, weil es ihr nicht gelungen war, ihren akademischen Ambitionen gerecht zu werden. Ihre Erwartung, daß Danny, das intelligenteste und aufgeweckteste ihrer Kinder, ihre eigene Selbstentwicklung auf intellektuellem Gebiet vollenden würde, war ihr nicht bewußt. Dies wurde erst klar, als sie im Anschluß an seinen Studienabbruch eine schwere Depression entwickelte. Nachdem sie sich von dieser Depression erholt hatte, ging Frau Silver zurück ans College und arbeitete sehr hart, um sich selbst zu beweisen, daß sie zu herausragenden intellektuellen Leistungen imstande war. Sie verließ das College mit einem sehr guten Abschluß und begann dann, nach anderen Wegen zu suchen, die es ihr ermöglichen würden, den Idealen ihres Kernselbst gerecht zu werden.

Nachdem der entscheidende und unmittelbare Auslöser für Frau Silvers Depression feststand, konzentrierte sich die Behandlung auf den Verlust von Dannys intellektuell-beruflichen Ambitionen. Dies mag, oberflächlich betrachtet, nach einer sehr verkürzten Erklärung ihrer Depression aussehen, durch die eine möglicherweise weit komplexere Verflechtung ursächlicher Faktoren vereinfacht wird. Gewiß waren ihre eigenen widrigen Lebenserfahrungen und die Dynamik ihrer Herkunftsfamilie ebenso wie auch die ihrer eigenen Familie vielschichtig, und sie hatten zweifellos zu der nachfolgenden Depression beigetragen. Der Behandlungsprozeß konnte aber aufdecken, daß Danny für Frau Silver die intellektuell-akademischen Ideale und Ambitionen ihres eigenen Kernselbst verkörperte – Ambitionen und Ideale, die sie aufgegeben hatte, als sie heiratete. Zurück blieb eine Verwundbarkeit, die mit diesen strukturellen Defiziten ihres Selbst zusammenhing. Im Grunde war es ihr nicht gelungen, ihren eigenen Ambitionen und idealisierten Strebungen gerecht zu werden; sie knüpfte sie an ihren Selbstobjekt-Sohn, der sie an ihrer Stelle verfolgen und realisieren sollte. Als er sich von diesen Zielen abrupt abwandte, entwickelte sie eine depressive, in dieser spezifischen Kern-Psychopathologie wurzelnde Reaktion. Als sie dann noch einmal große Anstrengungen unternahm und jene alten intellektuellen Interessen wiederaufgriff, blieben ihre Bemühungen nur teilweise erfolgreich, denn sie waren nicht Ausdruck konsolidierter Ambitionen und Ideale ihres Selbst, sondern ein Versuch, das geschwächte und fragmentierungsanfällige Selbst zu reparieren.

Gleichgültig, welche komplexen dynamischen Verflechtungen man als Ursache oder Auslöser von Frau Silvers Depression vielleicht formulieren könnte – festzuhalten bleibt, daß die wichtige Selbstobjekt-Funktion ihres Sohnes in der anschließenden Phase ihrer Psychotherapie verstanden und gedeutet werden konnte. Die Spezifität dieser Deutungen hatte eine beträchtliche Linderung ihrer Depression zur Folge.

Eine andere Facette des Einflusses, den ein (sowohl im Pol der Ambitionen als auch im Pol der Werte und Ideale) ungenügend konsolidiertes Kernselbst auf die mittleren Jahre ausübt, illustriert das folgende klinische Beispiel.

Klinisches Beispiel: Herr Barnes

Herr Barnes, ein verheirateter Mann Mitte Vierzig, kam wegen einer Vielzahl vager, beunruhigender Gefühle und Gedanken in Analyse. Er klagte, daß seine Frau, mit der er seit einigen Jahren verheiratet war, sexuell eine große Enttäuschung sei; vor allem aber litt er darunter, daß sie sein Erfolgsstreben nicht unterstützte. Er sei, so sagte er, geradezu besessen von der Vorstellung, unbedingt Erfolg haben zu müssen. Er arbeitete sehr produktiv – seine Mitarbeiter und Vorgesetzten hielten ihn nicht nur für gut, sondern waren der Meinung, daß er sich immer noch steigere –, aber es erschien ihm alles sinnlos; er konnte sich über nichts wirklich freuen. Im Erstinterview ließ Herr Barnes, während er die Vielzahl von Aufgaben erläuterte, mit denen er im universitären und öffentlichen Bereich gerade beschäftigt war, eine Bemerkung fallen, die mich aufhorchen ließ, so daß ich sie zur künftigen Klärung vorbehalten wollte. Er berichtete, daß er sich gerade für einen Abendkurs über ein bedeutendes theoretisches Thema eingeschrieben habe, das er im College irgendwann ad acta gelegt hatte – es war schon immer sein Wunsch gewesen, sich noch einmal damit zu beschäftigen. Wie es so häufig mit Unternehmungen geschieht, die unmittelbar vor der Suche nach einem Behandlungsplatz in Angriff genommen werden, kam der spannende Kurs einen Monat später, als Herr Barnes seine Analyse aufnahm, mit keinem Wort mehr zur Sprache. Es stellte sich heraus, daß er gar nicht erst hingegangen war. Später verstanden wir die unmittelbare Bedeutung seiner Ankündigung: Er hatte mich mit seinen hochgestochenen kulturellen Ambitionen beeindrukken wollen, um sich einen Analyseplatz bei mir zu sichern. Aber noch eine weitere signifikante Bedeutung trat zutage: jene Ankündigung hatte seine »Heilungsphantasie« signalisiert (Ornstein und Ornstein 1976), den unbewußten Wunsch, an eine in der Vergangenheit abgebrochene Entwicklung wiederanzuknüpfen. Sie war der vorsichtig-zögernde Ausdruck eines vereitelten Wachstumsbedürfnisses.

Er entwickelte rasch eine starke idealisierende Übertragung, die mit einer im allgemeinen verborgenen und abgewehrten Wiederbelebung des Bedürfnisses, bewundert und bestätigt zu werden, abwechselte. Zu Anfang schien ihn diese Übertragungserfahrung mit beträchtlicher Energie zu erfüllen, so daß er sich voller Begeisterung intensiv mit verschiedenen Projekten beschäftigte; das Resultat waren eine bedeutende Beförderung und ein wichtiger Auftrag, der ihm die Weiterbildung ermöglichte, die er sich immer gewünscht hatte. Aber obwohl er sich ganz in seine neue Arbeit vertiefte, sammelte sich weiterhin ein unvollendetes Projekt nach dem anderen an, er fühlte sich zermürbt, überarbeitet, klagte über zu viele Verpflichtungen und konnte sich über die Ergebnisse seiner Arbeit nicht freuen.

Ich komme nicht umhin, eine Vielzahl komplexer Gesichtspunkte zu straffen, und konzentriere mich deshalb auf eine einzelne zentrale Linie der Übertragung, die einen weiteren Aspekt der Konsequenzen eines ungenügend konsolidierten Kernselbst für das Leben in den mittleren Jahren deutlich macht.

Vor allem dann, wenn sich das Durcharbeiten der Übertragung unmittelbarer und für längere Zeit auf seinen Wunsch verlagerte, zu glänzen, bewundert und geschätzt zu werden – und zwar innerhalb wie auch außerhalb der Übertragung –, trat sein intensives Bedürfnis zutage, durch seine Arbeit zu Ansehen zu gelangen. Einmal sagte er lachend, daß er sich das Prestige wünsche und es unbedingt brauche, noch bevor er es wirklich verdient habe. In seinen Gedanken beschäftigte er sich ständig mit dem Prestigewert seiner Aktivitäten. Wenn er den Eindruck hatte, daß seine augenblickliche Tätigkeit ihm nicht genügend Renommee eintragen würde, empfand er sie als Schinderei – sie war ihm verhaßt, aber er brachte es auch nicht fertig, »nein« zu sagen. Er war einfach nicht imstande, sein Leben so zu organisieren, daß ihn die Arbeit nicht überlastete und seine Tätigkeiten ihm einen gewissen Ruf einbrachten.

Nach und nach konnte sich Herr Barnes an viele Situationen erinnern, in denen er sich »vernachlässigt« und als der, der er war, »nicht geachtet«, »nicht wirklich wahrgenommen« gefühlt hatte. Die Aufmerksamkeit seines Vaters hatte sich ganz auf seine künstlerisch begabte ältere Schwester und einen älteren Bruder konzentriert, der »in seinen Begabungen und Interessen und seinen ganzen Persönlichkeit mehr wie Vater war«, so daß er selbst gar nicht zum Zug kam.

In einer bestimmten Situation hatte Herr Barnes in der Analyse die Wunschphantasie, »alles hinzuschmeißen« und Künstler zu werden, frei zu sein und zu tun, was ihm gefiel, ohne darüber nachdenken zu müssen, ob es seinem Renommee zuträglich wäre. Als er überlegte, wie dies in der Realität aussehen könnte, fiel ihm eine schmerzliche frühe Erinnerung ein, die er chronologisch nicht genau einzuordnen wußte. Seine ältere Schwester hatte ein Pferd gemalt, das der Vater sehr bewunderte. Herr Barnes malte ebenfalls ein Pferd, »aber es sah mehr wie eine Kuh aus« und wurde von seinem Vater überhaupt nicht beachtet. Diese Erinnerung und andere, die sich in rascher Folge anschlossen, ermöglichten es uns, eine entscheidende Bedeutung aufzudekken, die vielen seiner hektischen, zwanghaft durchgeführten und als Belastung empfundenen Aktivitäten innewohnte. Keine dieser Beschäftigungen schien ein inneres Programm seines Kernselbst zu realisieren – wir konnten ein solches Programm anfangs nicht einmal deutlich erkennen. All seine Aktivitäten waren letztlich kompensatorische Bemühungen um die Aufmerksamkeit, Bewunderung und das Lob des Vaters seiner Kindheit – und natürlich des Analytikers in der Spiegelübertragung.

Es hatte den Anschein, als entspräche die Beschäftigung mit dem anspruchsvollen theoretischen Thema des Kurses, den Herr Barnes hatte belegen wollen, jenen Interessen und Aktivitäten, die einem Ausdruck seiner ungenügend konsolidierten Kernambitionen und -ideale am nächsten kamen. Herr Barnes war ein Mann mittleren Alters, der seinen Aufgaben, objektiv betrachtet, vollauf gerecht wurde – dennoch empfand er seine Arbeit als unbefriedigend und versuchte verzweifelt, das »verlorene« innere Programm seines Kernselbst wiederzufinden.

Abschließende Bemerkungen

Diese beiden klinischen Vignetten illustrieren mehrere Facetten von Kohuts Begriff des »tragischen Menschen« – Männer und Frauen, die lebenslang darum ringen, die Ambitionen, Begabungen und Talente, die Werte und Ideale ihres Kernselbst zu realisieren, es aber nie wirklich schaffen. Wenn ihr Scheitern über ein »durchschnittlich erwartbares« Maß hinausgeht, werden sie auch überdurchschnittlich leiden. Dieses Leiden bleibt häufig bis in die mittleren Jahre hinein verborgen – wie es auch in meinen beiden klinischen Beispielen der Fall war. Wenn die Zeit ausläuft und es immer unwahrscheinlicher wird, diese Ambitionen, Begabungen, Talente, Werte und Ideale noch realisieren zu können, setzt die wohlbekannte Midlife-Crisis ein. Ich habe einen Bezugsrahmen dargestellt, der zum Verständnis und zur Behandlung dieser Krise gut geeignet ist.

Übersetzt von Elisabeth Vorspohl

Literatur

Abraham, Karl (1920), »Zur Prognose psychoanalytischer Behandlungen in vorgeschrittenem Lebensjahr«, in: *Gesammelte Schriften*, hg. von J. Cremerius. Frankfurt am Main: Fischer 1982, S. 284-288.

Benedek, T. (1950), »Climacterium: A developmental Phase«, in: *Psychoanalytic Quarterly* 19, S. 1-27.

– (1959), »Parenthood as a developmental phase: A contribution to the libido theory«, in: *Journal of the American Psychoanalytic Association* 7, S. 389-417. Deutsch: »Elternschaft als Entwicklungsphase«, in: *Jahrbuch der Psychoanalyse* 1 (1960), S. 35-61.

Cohler, B. J., und A. M. Boxer (1984), »Middle adulthood: Settling into the world – person, time and context«, in: D. Offer und M. Sabshin (Hg.), *Normality and the Life Cycle: A Critical Integration*, New York: Basic Books, S. 145-203.

Colarusso, C. A., und R. A. Nemiroff (1979), »Some observations and hypotheses about the psychoanalytic theory of adult development«, in: *International Journal of Psycho-Analysis* 60, S. 59-71.

– (1981), *Adult Development*, New York: Plenum Press.

Erikson, E. (1959), *Identity and the Life Cycle*, New York: International Universities Press. Deutsch: *Identität und Lebenszyklus*, übersetzt von K. Hügel, Frankfurt am Main: Suhrkamp 1973.

Freud, S. (1912 c), »Über neurotische Erkrankungstypen«, *G.W.*, Bd. 8, S. 322-330.

Jung, C. G. (1933), *Modern Man in Search of a Soul*, New York: Hartcourt, Brace & World.

King, P. (1980), »The life cycle as indicated by the nature of the transference in the psychoanalysis of the middle-aged and elderly«, in: *International Journal of Psycho-Analysis* 61, S. 153-169.

Kohut, H. (1971), *The Analysis of the Self*, New York: International Universities Press. Deutsch: *Narzißmus*, übersetzt von L. Rosenkötter, Frankfurt am Main: Suhrkamp 1976.

– (1974), »Remarks about the formation of the self«, in: P. H. Ornstein (Hg.), *The Search for the Self*, Bd. 2, New York: International Universities Press 1978, S. 737-770.

– (1977), *The Restoration of the Self*, New York: International Universities Press. Deutsch: *Die Heilung des Selbst*, übersetzt von E. vom Scheidt, Frankfurt am Main: Suhrkamp 1979.

– (1978), »Reflections on advances in self psychology«, in: A. Goldberg (Hg.), *Advances in Self Psychology*, New York: International Universities Press 1980, S. 473-554.

– (1984), *How does Analysis Cure?*, Chicago: University of Chicago Press. Deutsch: *Wie heilt die Psychoanalyse?*, übersetzt von E. vom Scheidt, Frankfurt am Main: Suhrkamp 1987.

Nemiroff, R. A., und C. A. Colarusso (1984), *The Race against Time: Psychotherapy and Psychoanalysis in the Second Half of Life*, New York: Plenum Press.

Neugarten, B. L. (1970), »Dynamics of transition from middle age to old age: Adaptation and the life cycle«, in: *Journal of Geriatric Psychology* 4, S. 71-100.

Offer, D., und M. Sabshin (Hg.) (1984), *Normality and the Life Cycle*, New York: Basic Books.

Ornstein, A., und P. H. Ornstein (1985), »Parenting as a function of the adult self: A psychoanalytic developmental perspective«, in: E. J. Anthony und G. Pollock (Hg.), *Parental Influences: In Health and Disease*, Boston: Little, Brown.

Ornstein, P. H., und A. Ornstein (1976), »On the continuing evolution of psychoanalytic psychotherapy: Reflections and predictions«, in: *The Annual of Psycho-Analysis*, Bd. 5. New York: International Universities Press.

Tolpin, M. (1971), »On the beginnings of a cohesive self«, in: *The Psychoanalytic Study of the Child* 26, S. 316-354.

Ernest S. Wolf
Die Selbstpsychologie und das alternde Selbst im Lebenszyklus

> Das Alter macht nicht kindisch, wie man spricht,
> Es findet uns nur noch als wahre Kinder.
> (Goethe, *Faust. Erster Teil*, Vorspiel auf dem Theater)

Gemessen an anderen Wissenschaften, ist die Psychoanalyse eine noch sehr junge Disziplin – mit ihrer knapp einhundertjährigen Geschichte gewissermaßen ein Kind unter den anderen traditionsreichen und altehrwürdigen Strebungen der Menschheit wie der Religion, der Kunst und der Philosophie. So vermag es kaum zu überraschen, daß Psychoanalytiker der Psychologie des Alterns keine sonderliche Aufmerksamkeit gewidmet haben. Ich glaube nicht, daß ich selbst ohne die entsprechende Bitte der Veranstalter dieser Tagung einen Essay über das alternde Selbst geschrieben hätte. Ich habe mich diesem Thema nur sehr widerstrebend angenähert. Das Alter ist ein weites Feld, voller Leerräume, in denen nur wenige Oasen des Wissens magere intellektuelle Nahrung gewähren. Daß ich mittlerweile selbst alt geworden bin, mag für mein Zögern ebenfalls eine Rolle spielen, denn es wäre ja möglich, daß ich in meinem eigenen Innern Aspekte entdecke, die ich mir nur mit großer Ambivalenz eingestehen kann. Als ich die Literatur über das Altern zu sichten begann, war ich tatsächlich gerade von der konflikthaften Ambivalenz beeindruckt, mit der die Autoren seit den Zeiten der griechischen und römischen Antike bis in die zeitgenössische Moderne hinein auf das Bewußtwerden ihres eigenen Alterungsprozesses reagierten.

Einige unserer Zeitgenossen scheinen voller Wut auf ihre erlittenen Verluste zurückzublicken, zugleich aber bringt ihre Klage eine heimliche Hoffnung auf Heilung oder vielleicht Linderung zum Ausdruck. Andere betonen beinahe vergnügt, daß sie ihren Interessen nun frei und ungehindert durch die Ambitionen und Verantwortlichkeiten, die in jüngeren Jahren auf ihnen lasteten, nachgehen können. Als Psychoanalytiker lese ich solche nachdrücklichen Beteuerungen, auf die bereits das nahende Lebensende seine Schatten wirft, mit einem gewissen professionellen Mißtrauen, einem Verdacht auf Verdrängung, Verleugnung und Verneinung dessen, was sich niemand gerne eingestehen möchte. Vielleicht aber urteile ich vorschnell, wenn ich etwas als Abwehr deute, was sehr wohl Ausdruck authentischer Selbsterkenntnis sein könnte. Aus diesem Grund wollen wir die Phänomene und Erfahrungen des Alters nun einer näheren analytischen Betrachtung unterziehen.

Alter. Ein ehrfurchtgebietendes Wort. Als Gegenstand unseres Versuchs einer psychoanalytisch orientierten wissenschaftlichen Diskussion stellt es uns vor eine schwierige Aufgabe. Wir können »das Alter« noch nicht einmal exakt definieren, sondern müssen uns mit höchst willkürlichen Festlegungen begnügen. Als Jugendlicher hielt ich jeden für alt, der jenseits der Zwanzig war. Im sogenannten reifen Alter veränderte sich mein Urteil natürlich, und ganz in Einklang mit der *U.S. Government's Social Security Administration* dachte ich, daß man alt ist, wenn man 65 wird. Mittlerweile habe ich diese gefürchtete Grenze um nahezu ein Jahrzehnt überschritten und bin bereit zu akzeptieren, daß ich vielleicht alt bin oder allmählich alt werde, ich kann aber nicht sagen, seit wann ich mich in diesem Zustand befinde. Viele Leute behaupten, daß man so alt ist, wie man sich fühlt, aber ich halte dies für ein Ausweichen vor der Wahrheit. Wenn wir uns um ein gewisses Maß an Objektivität bemühen und Willkür vermeiden wollen, müssen wir uns von der Vorstellung des Alters als einer klar definierten Lebensphase trennen. Es wird ergiebiger sein, über den Alterungsprozeß im allgemeinen zu sprechen und, spezifischer, über jene Zeit, in der die Kräfte nach einer Phase größter Vitalität allmählich nachzulassen beginnen. Selbst dies bleibt ein wenig vage, weil ich die Kräfte, die mir als Maßstab für den Niedergang dienen würden, nicht näher bestimme. Es gibt keine absolute wissenschaftliche Objektivität, wenn die Analyse unter dem Blickwinkel der Selbstpsychologie erfolgt, d.h. auf jenem Wissenskorpus beruht, der seine Daten aus Introspektion und Empathie gewinnt und innere Erfahrungen zu ergründen versucht.

Eine weitere Komplikation ergibt sich aus der Tatsache, daß wir keine scharfen Grenzen definieren können, wenn wir einen Prozeß, das Altern, und keinen Zustand, das Alter, untersuchen.

Wann setzt das Älterwerden ein, und wann endet es? Natürlich können wir sagen, daß das Altern mit der Geburt beginnt und mit dem Tode endet. Eine solche Definition mag exakt sein, sie hilft uns aber nur insofern weiter, als sie unsere Aufmerksamkeit auf die Möglichkeit lenkt, das Leben als einen Prozeß zu konzeptualisieren, der auch das Altern, wenngleich als abschließenden Teil, umfaßt. Wenn wir das Leben als Prozeß betrachten, mit einem Anfang, einer Mitte und einem Ende, können wir das psychologische Selbst als Prozeß mit einem Programm begreifen, an dem sich die Lebenskurve orientiert:

»Wenn das Selbst sich in der Wechselbeziehung von ererbten und Umweltfaktoren einmal kristallisiert hat, strebt es nach der Verwirklichung seines eigenen spezifischen Handlungsprogramms – eines Programms, das bestimmt wird durch das spezifische innere Muster seiner Strebungen, Ziele, Fertigkeiten und Begabungen und durch die Spannungen, die zwischen diesen Bestandteilen entstehen. Die Muster von Strebungen, Fertigkeiten und Zielen, die Spannungen zwischen ihnen, das Handlungsprogramm, das sie schaffen, und die Aktivitäten, die nach der Verwirklichung dieses Programms streben, sie alle werden als kontinuierlich in Raum und Zeit erlebt – sie sind das Selbst, ein unabhängiges Zentrum von Antrieben, ein unabhängiger Empfänger von Eindrücken« (Kohut und Wolf [1978] 1980, S. 669).

Kohut hat definiert, was wir unter dem »Lebensplan«, dem »Lebensprogramm« oder auch der »Lebenskurve« verstehen. Als er dieses Konzept 1984 zum letztenmal erläuterte, schrieb er (Kohut [1984] 1987, S. 20 f.), daß das Selbst

»sein Streben mobilisiert, seine Entwicklung zu vollenden, d.h. erneut versucht, einen ununterbrochenen Spannungsbogen von grundlegenden Strebungen über grundlegende Begabungen und Fertigkeiten zu grundlegenden Idealen zu errichten. Dieser Spannungsbogen ist die dynamische Essenz des vollständigen, nicht defekten Selbst; er ist eine Konzeptualisierung der Struktur, deren Herstellung ein kreativ-produktives, erfüllendes Leben ermöglicht.«

Die Lebenskurve entspricht in vielerlei Hinsicht dem, was Erikson (1959) als Lebenszyklus bezeichnete. Im Kontext des Lebensprogramms, das seinen Ausdruck in der Lebenskurve findet, werden wir Aspekte des Alterungsprozesses definieren und erklären können, wie er subjektiv erlebt wird.

Das Konzept der »Lebenskurve« ermöglicht uns, die Geburt oder das Auftauchen des Selbst und sein Lebensprogramm unter zwei eng miteinander zusammenhängenden Blickwinkeln zu betrachten. Man kann sich zum einen auf die biologischen Gegebenheiten und die Konsequenzen eines angeborenen Entwicklungsmusters konzentrieren. Eine andere Beschreibung würde den Einfluß der Umwelt auf das sich entwickelnde Selbst verfolgen und gleichzeitig auch den Einfluß berücksichtigen, den das Selbst auf seine Umgebung ausübt. Eine solche Sichtweise ließe sich noch weiter differenzieren: man kann die Beziehungen zwischen dem Selbst und anderen Individuen untersuchen, die Beziehung zwischen dem Selbst und der Gesellschaft und die Beziehung zwischen dem Selbst und bestimmten Werten. Teil dieser Beziehung wäre das Selbst in seiner Interaktion mit abstrakten und symbolischen Repräsentationen der Vorstellungen, die in der Kultur, der es angehört, lebendig sind. Insoweit einige dieser Werte und Vorstellungen durch Assimilation in die Struktur des Selbst eingehen, lassen sie sich häufig nur schwer von angeborenen biologischen Strukturen unterscheiden. Die Unterschiede beispielsweise zwischen den Haltungen, die der Vater bzw. die Mutter gegenüber ihren Kindern vertreten, scheinen teilweise auf angeborene biologische Unterschiede zurückzuführen zu sein, teilweise auf soziokulturelle Einflüsse und teilweise auf Geschehnisse, die sich in der Vergangenheit der Individuen ereignet haben.

Wir können uns mühelos vorstellen, daß der Mensch mit einem Selbst geboren wird – die meisten Menschen und vor allem die Eltern des Neugeborenen betrachten das Baby intuitiv als eine Person, die über eine Art Selbstgefühl verfügt. Sie sprechen das Kind von Anfang an mit seinem Namen an. Wenn wir jedoch versuchen, das Selbst als wissenschaftliches psychologisches Konzept zu definieren, dann reicht Intuition allein nicht aus. Vielmehr müssen wir eine Struktur definieren, deren Interaktion mit ihrer Umwelt ein Selbst hervorbringt, das heißt ein Selbst, das sich auch in der Fähigkeit des Babys widerspiegelt, sich als Besitzer eines Selbst zu erleben. Es ist in diesem Zusammenhang interessant, sich Kohuts Definition des Selbst in Erinnerung zu rufen, die er im November 1975 in einem Brief an Jürgen vom Scheidt formulierte:

»Ich sehe zwischen dem Konzept des *Selbst* und dem der *Identität* einen klaren Unterschied. Das Selbst ist ein tiefenpsychologisches Konzept und bezeichnet den Persönlichkeitskern, der sich aus verschiedenartigen

Konstituenten der Beziehung zu den ersten Selbstobjekten des Kindes aufbaut. Es umfaßt (1) die basalen Schichten der Persönlichkeit, aus denen das Streben nach Macht und Erfolg hervorgeht; darüber hinaus (2) ihre wichtigsten idealisierten Ziele; und schließlich (3) die elementaren Begabungen und Fertigkeiten, die zwischen Ambitionen und Idealen vermitteln – all dies gebunden an das Gefühl, eine Einheit in Zeit und Raum zu sein, ein Empfänger von Eindrücken und Urheber von Handlungen. Die Identität hingegen ist der Punkt, an dem das entwickelte Selbst (so wie es sich in der späten Adoleszenz und im frühen Erwachsenenalter konstituiert) und der soziokulturelle Standort des Individuums zusammenfallen« (Kohut 1978, S. 471 f.).

Normalerweise geht aus der Wechselwirkung zwischen angeborenen und Umweltfaktoren einerseits und der Erfahrung, die das Kind mit seinen ersten Selbstobjekten macht, das Selbst als kohärente, ausgeglichene, energetische und harmonische Struktur hervor. Kurz, das Selbst wird durch Selbstobjekt-Erfahrungen ins Leben gerufen. Aufgrund unserer Beobachtungen wissen wir, daß bestimmte Selbstobjekt-Erfahrungen für die Entstehung eines starken und gesunden Selbst unverzichtbar sind. Von herausragender Bedeutung sind die spiegelnden, die idealisierenden, die Alter-ego-, die adversativen und vitalisierenden Selbstobjekt-Erfahrungen sowie jene, die das Effizienzgefühl stärken. Sie alle tragen zur Strukturierung des Selbst bei und fördern das subjektive Wohlbefinden, das mit einem gesunden Selbstwertgefühl verbunden ist. Die Schicksale der normalen Selbstentwicklung, die unendliche Vielzahl verschiedenartigster Interaktionen mit mehr oder weniger responsiven Selbstobjekten, konfrontieren jedes auftauchende Selbst mit einem spezifischen Muster von Selbstobjekterfahrungen, die eine unendliche Mannigfaltigkeit normaler Selbstkonfigurationen entstehen lassen – jede eine einzigartige Modifizierung der Grundstruktur, individuelle Persönlichkeiten, die jeweils eigene, unverwechselbare Aspekte ausprägen und in ihrem gemeinsamen Menschsein dennoch grundlegend ähnlich bleiben. Nicht alle Entfaltungspotentiale eines Selbst können im Laufe seiner Entwicklung realisiert werden. Manche Potentiale werden von der Umwelt aufgenommen und optimal gefördert. Andere können verkümmern und praktisch verschwinden, weil die Responsivität der Umwelt ausbleibt. Generell ermöglicht eine optimal angemessene Stimulation optimales Wachstum. Wenn das Selbst eine gewisse Kohärenz und

Ausgeglichenheit erworben hat, werden weitere Regressionen auf frühere Entwicklungsstufen durch diese neugewonnene Stärke verhindert, sofern es nicht pathogenem Streß ausgesetzt ist. An diesem Punkt können wir von einem gesunden Selbst sprechen, das über normale Kohärenz und eine stabile Form und Struktur verfügt. Die Konsolidierung dieses stabilen Selbst setzt vor allem Spiegelungs- und idealisierende Erfahrungen voraus, die ihren Niederschlag in einer für das Individuum charakteristischen, stabilen Konfiguration von Ambitionen und Idealen finden. Die spezifische interaktive Beziehung dieser Ambitionen und Ideale gibt dem Selbst eine Richtung für die Zukunft vor und weist ihm den Weg zu seiner Verwirklichung, das heißt zur Realisierung seiner Ziele. In welchem Umfang, wenn überhaupt, die übrigen grundlegenden Selbstobjekterfahrungen, die auf das auftauchende Selbst einwirken, in seiner heranreifenden Struktur widergespiegelt werden, müssen künftige Forschungen erweisen.

Psychoanalytiker waren seit jeher in der Lage, die Entwicklung vom Säuglings- über das Kindes- bis ins Erwachsenenalter in aufeinanderfolgende Phasen einzuteilen. Erikson (1959) konzipierte einen Lebenszyklus, der acht Phasen umfaßt, die jeweils durch eine spezifische psychosoziale Krise charakterisiert sind. Mahler (Mahler, Pine und Bergman 1975) hat den Entwicklungsprozeß unter dem zentralen Blickwinkel ihrer Separations-Individuationstheorie erforscht. Auch Fairbairn, Balint und Winnicott (vgl. Bacal und Newman 1990), englische Objektbeziehungstheoretiker, haben Entwicklungsschemata konstruiert. In diesem Beitrag werde ich mich weniger mit einzelnen Phasen der Entwicklung beschäftigen als vielmehr mit dem Übergang von einer Entwicklungsstufe zur nächsten. Ich werde kurz die beiden frühen Übergangsphasen in der Entwicklung des Selbst untersuchen und mich im Anschluß daran ausführlicher mit dem letzten Übergang beschäftigen, dem Übergang vom erwachsenen zum alternden Selbst.

Werfen wir zunächst einen kurzen Blick auf den Übergang vom relativ instabilen und unvollkommen organisierten Prä-Selbst-Zustand des Säuglings zum nächsten Stadium, dem voll organisierten, aber nur vorübergehend kohärenten Selbst des Krabbelkindes. Ich kann das Alter, in dem diese Schwankungen zwischen einem Zustand des Prä-Selbst und dem durch ein Selbst-Erleben charakterisierten Zustand stattfinden, nicht exakt angeben. Kohut war der Ansicht, daß sich das Selbst ungefähr im Alter von achtzehn Monaten konsolidiere. Ich neige dazu, mich Stern (1985) und der Mehrzahl zeitgenössischer Forscher anzuschließen, die die Geburt des Selbst früher datieren. Wir beschäftigen uns hier mit einem allmählichen Prozeß der Selbst-Geburt, in dem ein ständiges Oszillieren zwischen Selbst- und Nicht-Selbst-Zuständen vorherrscht. Das junge, gerade erst aufgetauchte Selbst ist eine fragile Struktur, deren Existenz sich durch die Versuche des Kindes zu erkennen gibt, seine Stärke zu erproben. Die Stärke dieses jungen Selbst kann beispielsweise durch Trotz gegenüber der Mutter getestet werden: Jede Mutter kennt diese Herausforderung, wenn das Kind stur und scheinbar unvernünftig zu allem »nein, nein, nein« sagt. Es behauptet seine Autonomie. Der Mutter mag ein solcher Negativismus völlig unangemessen und unbegründet erscheinen. Dem Kind bestätigt er, daß es ein getrenntes Selbst ist. Eine solch negativistische Phase kann sich zu einem frühen oder späteren Entwicklungszeitpunkt einstellen, auf jeden Fall aber tritt sie immer wieder zutage. Hier wird ein Grundprinzip der menschlichen Psychologie in seiner ganzen Macht erkennbar: das Bedürfnis, das Selbst zu behaupten, aufrechtzuerhalten und ihm Ausdruck zu verleihen. Darüber hinaus stellen wir auch fest, daß der Übergang von einer Entwicklungsstufe zur nächsthöheren regelmäßig mit einer Krise verbunden ist, welche die Stabilität des Selbst auf die Probe stellt und aus der es gestärkt hervorgeht.

Im folgenden werde ich den Übergang von der späten Latenz zur Adoleszenz untersuchen. Wir haben üblicherweise angenommen, daß dieser Übergang mit beginnender Pubertät durch einen Reifeschub der Sexualentwicklung eingeleitet werde. Eine selbstpsychologisch orientierte Untersuchung dieses Übergangs ins Adoleszenzalter führt uns in eine andere Richtung (Wolf, Gedo und Terman 1972; Wolf 1982). Das prä-adoleszente Kind wird seine Eltern in aller Regel bewundern und großen Respekt vor ihnen empfinden. Das Selbst des Kindes benötigt diese idealisierende Selbstobjekt-Erfahrung, um seine Stärke und Kohärenz aufrechterhalten und verbessern zu können. Der allmähliche Reifungsprozeß gelangt durch eine normale kognitive Entwicklung zu einem stürmischen Bruch, nämlich durch das Auftauchen des – wie Piaget es genannt hat – Stadiums formaler

Operationen. Urplötzlich erscheinen die Eltern als Götter mit tönernen Füßen, präziser formuliert: Das Kind beginnt, die Ängste und Schwächen seiner Eltern wahrzunehmen, weil es nun die Fähigkeit erworben hat, seine Mitmenschen in einer dreidimensionalen Totalperspektive zu sehen. Das Resultat ist eine plötzliche und rapide Entidealisierung der Eltern. Dieser Verlust der idealisierenden Selbstobjekt-Erfahrung aber bewirkt eine kritische Schwächung des kindlichen Selbst, so daß ein Ersatz, ein idealisierbares Selbstobjekt, gefunden werden muß. Normalerweise wird die Suche nach neuen Helden und Heldinnen durch die Peer-group erleichtert. Indem der Jugendliche Teil seiner Peer-group wird, übernimmt er ihre Ideale und Idole. Die Werte der Gruppe, die den gesellschaftlich anerkennten Normen zumeist zuwiderlaufen, vermitteln dem Heranwachsenden eine wichtige Selbstobjekt-Erfahrung. Erst nach und nach, wenn der Jugendliche zu einem jungen Erwachsenen heranreift, wird erkennbar, daß der junge Mann oder die junge Frau aus den verfügbaren Möglichkeiten und Modellen ein eigenes Wertsystem entwickelt. Begünstigt sind jene jungen Menschen, die die Schöpfer ihres sozio-kulturellen Milieus kennenlernen, weil ihnen Geschichte und Kultur vertraut sind. Auf diese Galionsfiguren ihrer Kultur können sich neue Idealisierungen richten. Die klassischen Helden, seien es Anführer, Soldaten, Künstler, Schriftsteller oder Politiker, werden sich nicht mehr verändern und können keine Enttäuschungen bereiten, weil sie bereits tot sind. Wir beobachten hier ein weiteres Prinzip der Psychologie des Menschen: Die Krise, die den Übergang zu einer höheren, durch gesteigerte Kreativität gekennzeichneten Entwicklungsstufe begleitet, ist eine Krise der Entidealisierung, die durch den Aufbau neuer Ideale und Werte charakterisiert ist. Diese neuen Wertvorstellungen sind in aller Regel Ausdruck idealisierender Selbstobjekt-Erfahrungen, die nun weniger konkret-menschliche als vielmehr abstrakte und symbolische Selbstobjekte repräsentieren. Der Erwachsene läßt sich weniger von anderen Menschen als von Ideen und Vorstellungen leiten.

Schließlich kommen wir zur Untersuchung des Übergangs vom reifen Erwachsenenleben zum Alter. Für sämtliche Übergänge im Laufe des Lebens gelten die gleichen grundsätzlichen Prinzipien, und so begegnet uns auch hier das elementare Bedürfnis, das Selbst zu behaupten, aufrechtzuerhalten und ihm Ausdruck zu verleihen. Zu beobachten ist auch das Prinzip, daß einem Fortschritt zu einer höheren Integrationsstufe und höheren Werten eine Krise vorausgeht, eine vorübergehende Entidealisierung und Regression der bislang vorherrschenden Werte und Ideale und der mit ihnen verbundenen Selbstobjekt-Erfahrungen. Darüber hinaus ermöglicht die Tendenz, konkrete Selbstobjekte, also Personen, zunehmend durch abstrakte und symbolische Selbstobjekte zu ersetzen, verläßlichere und weniger enttäuschungsanfällige idealisierende Selbstobjekt-Erfahrungen. Gefördert wird diese Verlagerung idealisierter Selbstobjekte von der konkreten Person auf Ideen, die durch abstrakte Vorstellungen und Symbole repräsentiert werden, durch die Regression infolge einer desillusionierenden Erfahrung mit der Selbstobjekt-Person. Die Regression lockert all die Bande, welche die Konstituenten des Selbst zu einem kohärenten Ganzen zusammenfassen, und bewirkt so eine größere Flexibilität der Selbst-Struktur. Diese Flexibilität ermöglicht eine Neuordnung der Konstituenten angesichts der veränderten Umstände der neuen Situation, aus der das Selbst gestärkt hervorgeht. Man könnte sagen, daß die größere Elastizität der Komponenten des desorganisierten, regredierten Selbst eine Umordnung und Veränderung ermöglichen, die den neuen Umständen besser entspricht. Ebendieser Prozeß des Bruchs, der Regression, der Neuordnung und Weiterentwicklung zu einer höheren Integrationsebene ist auch der typische Weg, auf dem die therapeutische Analyse durch eine Stärkung des Selbst seine Heilung ermöglicht (Wolf 1993, S. 685).

Vignette 1

Die Patientin, eine Ehefrau und Mutter in fortgeschrittenem Alter, gehört zu jenen Personen, deren frühe Geschichte von traumatischen Ereignissen belastet war; sie wuchs in einer feindseligen, von Verrat geprägten Atmosphäre auf, für die ihre schwergestörte paranoide Mutter und ihr absolut unzuverlässiger und außerordentlich verführerischer, in gewisser Weise hysterischer Vater verantwortlich waren. Man könnte mit Fug und Recht tiefe seelische Wunden und verschiedenartige neurotische Symptome erwarten; auch gravierende Verhaltensstörungen wären nicht verwunderlich. Tatsächlich litt sie in ihren Beziehungen zu anderen Frauen unter sozialer Angst, die das »normale« Maß überstieg, sowie, wenn auch nur selten, unter einer milden Depression. Der Verdacht, daß ihre diversen somatischen Beschwerden psychische Ursachen haben könnten, veranlaßte sie, sich in psychologische Behandlung zu begeben.

Nachdem sie ihre Psychoanalyse aufgenommen hatte, verschwanden die meisten ihrer somatischen Symptome sehr rasch. Nach und nach gewann sie Einsicht, wurde offener und entspannter. Sie konnte die extreme Empfindlichkeit gegenüber Trennung und Verlust auf die sehr problematische Beziehung zu ihrer psychotischen Mutter zurückführen sowie auf die Tatsache, daß der Vater die Familie im Stich gelassen hatte. Die Patientin war damals in der späten Latenz. Das paranoide Mißtrauen ihrer Mutter war ihr peinlich, wenn es zu völlig unangemessenem feindseligen und sogar gewalttätigen Verhalten in der Öffentlichkeit führte.

Das hübsche kleine Mädchen wuchs zu einer sehr attraktiven Frau heran. Kennzeichnend für ihr Gefühlsleben war die beinahe wahnhafte narzißtische Überzeugung, alle anderen Frauen an Schönheit zu übertreffen – eine kompensatorische Struktur, die sie vor latenten, schweren Depressionen schützte. Sie empfand ihre eigene Attraktivität als krassen Gegensatz zu der abstoßenden Unförmigkeit ihrer Mutter. Darüber hinaus aber vermochte sie in sich selbst praktisch nichts Erstrebenswertes wahrzunehmen und hatte den Eindruck, daß andere Frauen sie nicht mochten und um ihre äußere Ausstrahlung beneideten. Sie genoß die Aufmerksamkeit der Männer und gab sich Phantasien hin, in denen diese sie zu verführen versuchten. Sie reagierte erregt, agierte ihre Gefühle aber nie aus. Statt sich unter den Männern, die sie umwarben, für den begehrenswertesten zu entscheiden, heiratete sie einen soliden, zuverlässigen bürgerlichen Mann, der das genaue Gegenteil zu ihrem idealisierten Vaterbild darstellte. Gleichwohl litt sie weiterhin unter der Angst, verlassen zu werden, unter Minderwertigkeitsgefühlen und der Überzeugung, ein schlechter Mensch zu sein – ein Selbstbild, dem die internalisierte Entwertung durch ihre Mutter zugrunde lag. Die Beziehung zu ihrem Mann und ihren Kindern war liebevoll, aber sie bedauerte es, selbst nicht leidenschaftlicher sein zu können. In ihrer Familie galt sie als leicht neurotisch und reizbar.

In fortgeschrittenem Alter, im sechsten Lebensjahrzehnt, verliebte sie sich Hals über Kopf in einen weit jüngeren Mann, der eine Reihe von Aufträgen für sie ausgeführt hatte. Die Intensität ihrer Vernarrtheit und die Leidenschaftlichkeit ihrer unerfüllten Sehnsüchte leiteten eine Phase regressiven Grübelns ein. Sie phantasierte eine wilde, leidenschaftliche Beziehung zu diesem Mann und richtete es so ein, daß sie seine Dienste häufiger, als es eigentlich nötig gewesen wäre, in Anspruch nehmen mußte. Obwohl sie anfangs das Gefühl hatte, ja, eigentlich gar nicht daran zweifelte, daß er ähnlich »verrückt nach ihr« war, wurden die Phantasien nicht ausgelebt, und sie beendete die Beziehung, als er ihr gegenüber eine gewisse Ambivalenz zu erkennen gab.

Aus dieser hoch emotionalen Lebensepisode ging sie als veränderter Mensch hervor. Die Veränderungen sind zweifellos subtil, aber – vor allem in der enthüllenden Intimität einer Psychoanalyse – deutlich wahrnehmbar. Sie fühlte sich weniger angespannt, hatte ihre Ängstlichkeit verloren und war gelassener und nachdenklicher geworden. Die eher kühlen und reservierten Beziehungen zu ihren Töchtern wie auch zu ihrem Mann wurden warmherziger und vertrauter. Sie begann, aktiver am sozialen Leben teilzunehmen, und ging den Frauen aus ihrem Bekanntenkreis nicht mehr aus dem Weg. Man könnte sagen, daß sie von der Peripherie ins Zentrum rückte. Ihre reizbare und mißtrauische Einstellung gegenüber diesen Frauen wich einer einfühlsameren und verständnisvolleren Haltung. Ihr Bedürfnis, überall als hübscheste anerkannt zu werden, trat deutlich in den Hintergrund. In ähnlicher Weise verschwanden auch ihre chronische Eifersucht auf die Mitarbeiterinnen ihres Mannes und ihre Phantasien, daß diese Frauen ihn von ihr weckzulocken versuchten. Man könnte sagen, daß an die Stelle ihrer Selbstidealisierung als »Schönste aller Frauen« eine neue Idealisierung von Werten wie Liebe, Empathie und Mitgefühl getreten war.

Betrachten wir nun die Psychodynamik unter dem Blickwinkel der Selbstpsychologie. Aufgrund der Unfähigkeit ihrer Eltern, ihr adäquate spiegelnde und idealisierbare Selbstobjekt-Erfahrungen zur Verfügung zu stellen, war diese Frau ihrer Kindheit mit einem sehr schwachen Selbst entwachsen. Ihre wahnhafte Selbstidealisierung verlieh ihr das zwar unsichere, häufig aber auch befriedigende Gefühl, gespiegelt und bewundert zu werden. Um ihr schwaches und verletzliches Selbst stärken zu können, mußte sie jene Selbstobjekt-Erfahrungen, die ihr von ihrem

Vater oder ihrer Mutter vermittelt worden waren, durch verläßlichere und idealisierbare ersetzen. In der psychoanalytischen Arbeit fand sie ein Medium, das ihr solche korrigierenden Erfahrungen in Form von Selbstobjekt-Übertragungen zur Verfügung stellte.

Die umfassende Deutung dieser intensiven Selbstobjekt-Erfahrungen stärkte ihre Selbst-Kohärenz und hatte zur Folge, daß ihre Symptome gelindert wurden und bestimmte Persönlichkeitszüge in den Hintergrund traten. Gleichwohl kam die vorherrschende Grundverletzlichkeit ihres Selbst nach wie vor zum Ausdruck. Sie manifestierte sich in einer narzißtischen Überbewertung ihres Körperselbst, in ihrem ständigen Argwohn, ihrer mißtrauischen Zurückhaltung und der Neigung zu oberflächlichen Flirts mit jüngeren Männern. Die meisten dieser Schwächen verloren sich im Anschluß an die intensive Vernarrtheit, die Frustration und Regression, die sie während ihres Übergangs ins fortgeschrittene Alter erlebte.

Nachdem sie ihre »Vernarrtheit« durchgearbeitet hatte und sich stärker fühlte, gelang es ihr immer besser, sich so akzeptieren, wie sie wirklich war. Depressive Symptome tauchten praktisch nicht mehr auf. Die soziale Reaktion auf ihre größere Selbstkenntnis und Selbstsicherheit fand Ausdruck in einem wachsenden Respekt seitens ihrer Kinder und ihres Mannes. Häufig ist nun sie diejenige, an die sich Familienangehörige oder Freude wenden, wenn sie Rat und Hilfe suchen, so daß sie zusätzliche Stärke aus der Idealisierung durch andere Menschen bezieht, mit denen sie bedeutsame Beziehungen verbinden.

Wie können wir diese auffällige Stärkung ihres Selbst im Anschluß an die schmerzliche und frustrierende Verliebtheit während des Übergangs ins fortgeschrittene Alter theoretisch erklären? Ihr chronisches Bedürfnis, einen bestimmten Typ jüngerer Männer zu idealisieren, war ein Relikt der starken Idealisierung ihres Vaters im Latenzalter, die durch sein plötzliches und unerwartetes Verlassen der Familie unwiderruflich zusammengebrochen war. Während ihrer Analyse erlebte sie eine deutbare idealisierende Übertragung, die erotischen Aspekte aber traten nicht zutage und wurden nicht analysiert. Das Altwerden ist offenbar immer mit einer vorbewußten Einsicht verbunden, daß die Zeit beinahe abgelaufen ist und das Ende herannaht, ohne daß man seine kostbarsten Ziele hat erfüllen können. Das kostbarste Ziel dieser Analysandin, an dem sich ihre gesamte Lebenskurve orientiert hatte, war die Verschmelzung mit der idealisierten Vater-Imago. Deshalb reagierte sie gegen Ende ihres Lebens besonders verletzt, als sich ihre Phantasie, ihr Ziel endlich realisieren zu können, solange ihr noch Zeit verblieb, als unerfüllbar erwies. Wie nicht anders zu erwarten, blieb ihr die übliche Frustration und Enttäuschung nicht erspart. Während der daran anschließenden Regression aber gelang es ihr, die Konstituenten ihres Selbst umzuordnen und die Idealisierung ihrer Vater-Imago durch eine Idealisierung der Liebe und Empathie zu ersetzen. Die Gelassenheit und Stärke, nach der sie sich immer gesehnt hatte, vermittelte ihr ein Gefühl persönlicher Erfüllung. An die Stelle der zuvor ersehnten Selbstobjekt-Erfahrung, einen Mann idealisieren zu können und von ihm gespiegelt zu werden, trat die Idealisierung eines Systems von Werten und Idealen, das ihr ein neues Selbstwertgefühl vermittelte und ihr Selbst auf diese Weise stärkte. Und natürlich wirkte sich auch die Tatsache, daß sich die Idealisierungen ihrer Familienangehörigen nun auf sie konzentrierten, positiv auf ihre Selbstkohärenz aus.

Eine zweite Vignette illustriert ein ähnliches Muster.

Vignette 2

Der Patient, dem ich mich nun zuwenden möchte, ist ein hochgeachteter Universitätslehrer in fortgeschrittenem Alter. Er ist seit langem verheiratet und führt eine gute Ehe. Beide Partner konnten eine befriedigende, lustvolle Sexualität genießen. Aus der Ehe gingen mehrere Kinder hervor. Im sechsten Lebensjahrzehnt, auf dem Höhepunkt seiner beruflichen Laufbahn, entwickelte er eine schwere Kreislauferkrankung, die aber erfolgreich behandelt werden konnte. Er erholte sich gut und fühlte sich über ein Jahrzehnt lang in keinerlei Weise beeinträchtigt. Dann begann sich seine Gesundheit durch ein chronisches progressives Leiden ernstlicher zu verschlechtern, und einige Jahre später wurde darüber hinaus eine langsam fortschreitende bösartige Erkrankung diagnostiziert. Gleichwohl hielt er an einem regelmäßigen und recht anstrengenden Arbeitspensum fest und blieb trotz der nicht verwunderlichen Sorge um seine Gesundheit auch seinem sozialen Kreis als aktives und engagiertes Mitglied erhalten. Als guter Familienvater erübrigte er viel Zeit, Energie und Geld, um seine Kinder zu unterstützen.

Er war in einer armen Bauernfamilie aufgewachsen und schon früh um Selbständigkeit und finanzielle Unabhängigkeit bestrebt gewesen. Dieses Ziel hatte er weitgehend erreicht. Er bewunderte erfolgreiche Universitätslehrer, die ihm als Vorbilder für sein eigenes Selbst dienten. Seine beruflichen Aktivitäten brachten ihn auch mit zahlreichen Verwaltungsbeamten zusammen, die er in bestimmten Aspekten ihrer Verantwortlichkeitsbereiche zu beraten hatte, eine Arbeit, die ihm Freude machte und ihn befriedigte. In diesen Beziehungen fand er bestätigende, responsive Selbstobjekte, die seinem Selbst ebenso wie die von ihm idealisierten Mentoren die benötigte Kohärenz und Stärke vermittelten.

Seine entscheidende Schwäche bestand in einer ständig schwankenden Selbsteinschätzung seiner Männlichkeit. Er phantasierte außereheliche Eskapaden, die ihm ein Gefühl der Sicherheit vermittelten, wenn er an sich selbst und seiner Männlichkeit zweifelte, weil eheliche Spannungen die sexuelle Beziehung zu seiner Frau beeinträchtigten. Eine vorübergehende Psychotherapie stärkte sein Selbstwertgefühl, so daß er auf das wilde Phantasieleben verzichten konnte. In seiner Ehe entwickelten sich größere Nähe und tieferes wechselseitiges Verständnis. Nach wie vor jedoch betrachtete er seine sexuellen Fähigkeiten als Maßstab für sein männliches Selbst. Deshalb ist es nicht überraschend, daß er mit dem Übergang ins höhere Alter und dem damit einhergenden Nachlassen seiner Erektionsfähigkeit erneut die Ängste um seine Manneskraft erlebte, die ihn als Jugendlichen geplagt hatten. Die Frustration seiner männlichen Strebungen bewirkte eine Regression und Fragmentierung des Selbst, die sich in Angst, Hypochondrie, Depression, Unruhe und Schlaflosigkeit manifestierten. Diese Symptome aber verschwanden nach kurzer Zeit, da er sich beruhigenden Einflüssen – vor allem seitens seiner Frau – öffnen konnte. Er begann, intensiver über sich selbst nachzudenken, und gab die Idealisierung seines körperlichen Selbst und seiner phallischen Tüchtigkeit nach und nach auf. Er entwickelte eine intensivere Bindung an seine Frau und empfand größeren Respekt für seine Angehörigen und ihre guten Eigenschaften. Auch hier sehen wir, daß eine konkrete Idealisierung, nämlich die seiner phallischen Tüchtigkeit, durch die Idealisierung bestimmter Werte ersetzt wird, die in seinem Fall die Familie symbolisierte. Sein Selbst ging aus dieser Phase nach einer anfänglichen, aber vorübergehenden Regression stärker hervor, als es seit vielen Jahren gewesen war.

Neben individuellen Fallgeschichten wie den soeben geschilderten haben wir auch die Veränderungen in unserer Gesellschaft zu betrachten, die den Status und das Wohlergehen alter Menschen radikal verändert haben. In krassem Gegensatz zu der traditionellen Idealisierung der Alten zeichnet sich in der westlichen Welt – vor allem in den Vereinigten Staaten – eine Tendenz ab, alte Menschen ihrer herkömmlichen Rolle in der Gesellschaftsordnung zu berauben. Zu allen Zeiten sind Gesellschaften so strukturiert gewesen, daß die einzelnen Gruppen voneinander getrennt blieben. Könige gehörten einer anderen Kategorie der Menschheit an als ihre Untertanen. Auch Aristokraten fühlten sich den Nichtadeligen weit überlegen. Das Klassensystem war eine Methode, die Gesellschaft vor den zentrifugalen Kräften des Individualismus zu schützen und sie zu stabilisieren, gleichzeitig aber produzierte es Gruppenspannungen, die das Gesellschaftssystem mitunter zu zerreißen drohten. Ein allgegenwärtiges, starkes Wettbewerbsstreben beherrschte die Individuen innerhalb der Gruppen und setzte die Gruppen in Opposition zueinander. Das Verlangen, besser zu sein als der eigene Nachbar, voranzukommen und Erfolg zu haben, wurde vor allem durch die zunehmende Kommerzialisierung und die industrielle Revolution der letzten zwei Jahrhunderte erheblich verstärkt. Die Besten aus jeder Gruppe oder jedem Tätigkeitsbereich wurden mit Renommee, Geld und Macht belohnt. Ein solches Elitedenken begünstigte die Diskriminierung der weniger Erfolgreichen und schließlich all jener, die der herrschenden Elite nicht angehörten. Vor dem Siegeszug der modernen Medizin bildeten die Alten in einer solchen Gesellschaft eine kleine Minorität, da die Lebensspanne noch immer sehr kurz bemessen war. Im allgemeinen galten die Alten als Weise, da sie ein reifes, hohes Alter erreicht hatten und somit über eine Fülle von Erfahrungen verfügten, die der jüngeren Generation fehlte. Obwohl ihre körperlichen Kräfte nachließen und sie nach und nach auch die politische Macht aus den Händen geben mußten, konnten sich alte Menschen aufgrund des Respekts, den man ihnen als Personifizierungen von Weisheit und idealisierten Werten zollte, ihren Einfluß auf die jüngeren Bürger bewahren und sogar ausbauen. Unter dynamischem, selbstpsychologisch orientiertem Blickwinkel betrachtet, erhielt das hohe Renommee alternder Menschen – eine Form der Spiegelung – ihre Selbststärke und vermochte die mühevollen Beschwerden der letzten Lebensjahre trotz Krankheit, Gebrechen und dem Herannahen des Todes zu lindern. Häufig genossen sie den Status einer hochrespektierten Elite. So stellte Leonard Woolf (1970) fest: »[...] es ist durchaus angenehm, daß man in England, allein weil man nicht stirbt, ein hohes Prestige genießt. Man muß nur alt genug werden, und die Engländer begegnen einem mit immensem Respekt, mit Zuneigung, ja sogar Liebe« (S. 209).

Das traditionelle Elitedenken wies nicht allein für die begünstigten Gruppen große Vorteile auf. Die Aussicht auf Belohnung diente als Antriebskraft für weitläufige kommerzielle und andere kulturelle Aktivitäten, die der ganzen Gesellschaft zugute kamen. Ehrgeizigen und begabten Individuen stand der Weg offen, ihren Status zu verbessern. Die Möglichkeit, dank einer guten Ausbildung auf der gesellschaftlichen Stufenleiter voranzukommen, hob das Erziehungsniveau der Gesellschaft insgesamt und förderte den wissenschaftlichen Fortschritt. Natürlich wurde der allgemeine Gewinn nicht gleichmäßig verteilt; die mächtigen Eliten neigten dazu, einen Großteil für sich selbst zu sichern. Die Anhäufung von Vermögen in den Händen einzelner Individuen und die Akkumulation von Macht und Ansehen innerhalb bestimmter Gruppen fand ihre Kehrseite in einer Destruktivität, die die Gesellschaft vor eine Zerreißprobe stellte. Machtvolle Gruppen und Individuen sahen auf weniger Begünstigte eher mit einer gewissen Verachtung herab, auch wenn sich diese Geringschätzung hinter dem Deckmantel paternalistischer Verantwortlichkeit für die weniger Glücklichen verbarg und dadurch bis zu einem gewissen Grad gemildert wurde. Das Resultat waren die schlimmsten Exzesse dessen, was wir heute als Rassismus, Chauvinismus und Nationalismus bezeichnen würden. Wenn wir diese Situation als Selbstpsychologen betrachten, fällt uns auf, daß die Individuen versucht waren, das geringe Selbstwertgefühl, das sich aus ihrer frühen psychischen Entwicklung herleitete, zu kompensieren. Die Möglichkeit, mit Hilfe der Gruppe sozial aufzusteigen, wirkt dem schmerzvollen Verlust des intrafamiliären Status entgegen. Die Zugehörigkeit zu einer machtvollen Gruppe kann Ersatz bieten für die verlorenen Befriedigungen der infantilen Grandiosität. Es ist eine schmerzliche Erfahrung, in ärmlichen Verhältnissen, ohne soziales Ansehen, aufzuwachsen. Durch den Anschluß an die Clique, die in der Nachbarschaft über Macht verfügt, oder eine nationale politische Organisation kann die Kohärenz eines geschwächten und fragmentierten Selbst gestärkt werden.

Zwangsläufig hat eine Reaktion eingesetzt. Elitedenken und Individualismus werden durch Egalitarismus verdrängt. Die politische Demokratisierung hat allen Bürgern ungeachtet ihres Geschlechts, ihrer Rasse, ihrer Weltanschauung, Hautfarbe oder Religionszugehörigkeit das Wahlrecht zugebilligt. Dadurch wurde die Macht der politischen Eliten beschnitten. Die moderne Kommunikationstechnik hat den Einfluß der Kernfamilie zugunsten einer Beeinflussung durch weitverbreitete kommerzielle Medien geschwächt. Die Möglichkeit, zu reisen und weit entfernt von Wohnort und Familie zu arbeiten, zerreißt nicht nur die Familie, sondern die Gesellschaft insgesamt. Man legt große Strecken zurück und lebt weit entfernt von früheren psychischen Zusammenhängen, die gegen neue emotionale Besetzungen ausgetauscht werden. Traditionelle Eliten, deren Status auf familiären und gesellschaftlichen Strukturen beruht, werden durch solche Umbrüche geschwächt. Betrachten wir die Gruppen, die ihren privilegierten Status, durch den sie sich irgendwie geschützt fühlen konnten, verloren haben, so gehören alte Menschen zu den besonders verwundbaren. Die Zeiten, in denen man sie aufgrund ihrer Weisheit, ihrer Erfahrung, ihrer Ideale und der durch sie repräsentierten Werte idealisierte, gehören der Vergangenheit an. Auch die ökonomischen Verhältnisse haben sich gewandelt, und die städtischen Kleinfamilien sind nicht mehr imstande, die Großeltern und deren Generation bei sich unterzubringen und ihre Versorgung sicherzustellen. Regierungsprogramme versuchen, einen Ersatz für das frühere, auf der Kernfamilie gegründete Milieu zu gewährleisten, der aber unpersönlich bleibt und nicht als befriedigend erlebt wird. Trotz der technischen Errungenschaften im allgemeinen und des medizinischen Fortschritts im besonderen laufen alternde Menschen heutzutage weit eher Gefahr, in Isolation und Einsamkeit zu geraten.

Wie versuchen sie, ihren Statusverlust zu bewältigen? Woher beziehen sie neue spiegelnde und idealisierende Selbstobjekt-Erfahrungen? Hier kann ich mich nur auf die Eindrücke berufen, die ich in meiner jahrelangen psychoanalytischen Praxis gewonnen habe. Alte Menschen scheinen auf den Verlust ihrer respektierten und idealisierten Rolle innerhalb der Familie auf eine Weise zu reagieren, die mich an die Reaktion von Heranwachsenden auf ihre Verluste erinnert: Sie suchen in der Gruppe nach Beziehungen, die als Ersatz dienen können. Die desillusionierenden Erfahrungen, die alte Menschen häufig mit ihren Kindern machen, gleichen den Desillusionierungen, die Jugendliche in der Beziehung zu ihren Eltern erleben. Die Hoffnung, daß ihre Kinder für sie sorgen und ihnen tiefen Respekt entgegenbringen werden, wird in aller Regel enttäuscht, besonders weil die Fragmentierung der Familien den althergebrachten engen Zusammenhalt unmöglich macht. Statt dessen schließen sich die Alten anderen alternden Menschen an und rufen einflußreiche politische Gruppen ins Leben wie beispielsweise die AARP in den USA. Als freiwillige Arbeitskräfte bilden ältere Menschen die Hauptstütze in locker organisierten Gruppen, die sich gemeinnützigen Aktivitäten widmen. In straffer strukturierten Organisationen können sie sich mit den patriotischen, politischen oder religiösen Idealen der Gruppe identifizieren. So finden sie den notwendigen Ersatz für idealisierte Selbstobjekt-Erfahrungen in den Werten und Idealen der Gruppe, der sie sich angeschlossen haben.

Von der dynamischen Verlagerung auf ein höheres Niveau der Werte und Ideale zeugen auch die Tagebücher, Aufzeichnungen oder andere künstlerische Leistungen mancher alternder Menschen. Berman (1994) hat eine Sammlung aufschlußreicher persönlicher Tagebücher zusammengestellt, anhand deren er den Alterungsprozeß des Selbst deutet. Ich möchte mich hier kurz einer amerikanischen Schriftstellerin zuwenden, deren Aufzeichnungen den Alterungsprozeß illustrieren. May Sarton, 1912 in Belgien geboren, ist eine bekannte Autorin, die lyrische Werke, Romane und Geschichten für Kinder veröffentlicht hat. Ihre beiden letzten Romane sind weitgehend autobiographisch. In *Plant Dreaming Deep* (1968) »behandelt sie Themen wie Einsamkeit, Freundschaft, Schönheit und Gewalt der Natur sowie ihr eigenes Ringen, sich selbst und ihr Werk zu schaffen«. *Kinds of Love* (1970) ist Sartons »vielschichtigster und ehrgeizigster Roman«. In diesem Werk skizziert sie das zentrale Thema ihres lebenslangen Strebens, ihr Selbst hervorzubringen: »Was letztlich interessiert, ist die Erzeugung eines Selbst, eine Art Schöpfungsakt wie jeder andere, der ein gewisses Maß an bewußter Arbeit erfordert« (Sarton 1970, S. 32). Dieses Werk hat heftige Kritik ausgelöst und Sarton meiner Ansicht nach in jene typische Krise gestürzt, die sich so häufig als traumatischer Auslöser der psychischen Weiterentwicklung erweist. Sarton war am Boden zerstört, nach einer Phase der Selbstreflexion aber reagierte sie mit der Veröffentlichung ihres *Journal of a Solitude* (1973), in dem sie sich als »weise Alte« mit sich selbst und ihrer falschen Selbstidealisierung (S. 142) zu konfrontieren vermochte. Und sie setzte sich mit ihren Qualen, ihrer Wut und ihrem destruktiven Zorn auseinander. Ihr Selbst aber gewann neue Kraft aus ihrer Fähigkeit, sich dem Ideal vertrauensvoller Liebesbeziehungen zu widmen und gleichzeitig anzuerkennen, daß sie, um arbeiten zu können, auch die Einsamkeit brauchte. Dieses Tagebuch sowie sechs weitere veröffentlichte Werke stehen als Ausdruck ihrer Kreativität ergänzend neben ihrer Lyrik und ihren Romanen. Ihre kritische psychologische Einsicht offenbart sich in ihrer Erklärung: »Die beiden tiefsten Sehnsüchte des Menschen sind vielleicht die Sehnsucht nach Zugehörigkeit und die Sehnsucht nach Getrenntsein« (Sarton 1980, S. 142). Ich interpretiere sie nicht falsch, wenn ich dies, in die Sprache der Selbstpsychologie übersetzt, als die Sehnsucht bezeichne, ein sicheres Selbst aufzubauen (Sartons »Getrenntsein«), und als das damit einhergehende Bedürfnis nach Selbstobjekt-Erfahrungen der Vertrautheit (Sartons »Zugehörigkeit«), die jene gesteigerte Selbstkohärenz ermöglichen. Deutlich wird, daß Sartons Übergang zu einem kreativeren und stärkeren Selbst des Alters durch eine Krise eingeleitet wurde, die ihr Selbst durch verletzende Kritik bedroht hatte.

Ein weiteres Beispiel für die Dynamik des Alterns gibt uns Leonard Woolf (1970) in seiner Autobiographie. Er ist als Schriftsteller, Verleger und politischer Journalist berühmt geworden. Vor allem aber geleitete er seine Frau Virginia durch die Höhen und Tiefen ihrer literarischen Kreativität, die durch ihre schweren psychischen Erkrankungen immer wieder beeinträchtigt wurde. Ihr Selbstmord – sie ertränkte sich in der Ouse[1] – löste in ihm eine Art »schwerer Betäubung« aus. »Ich fühlte mich geprügelt und geschlagen, wie ein gejagtes Tier, das sich in seiner

1 Südenglischer Fluß.

Erschöpfung nur instinktiv in sein Loch oder seine Höhle zurückziehen kann« (S. 95). Der Tod seiner Frau und die Schrecken des Krieges, vor allem die Bombardierungen Londons, machten aus Woolf, der gerade einundsechzigjährig war, einen alten Mann. Er beschreibt sein Gefühl, »einen Schlag sowohl auf den Kopf als auch aufs Herz bekommen zu haben. Wochenlang waren Denken und Fühlen betäubt« (S. 127).

Nach und nach trat neben die Regression eine Neueinschätzung der Leistungen, die er im Laufe seines Lebens erbracht hatte, und stellte schließlich ein neues Gleichgewicht her: »Was war das Ziel dieser ›Arbeit‹, dieser Stunden und Jahre der Mühen und Beschwerden? ... Was hatte diese Arbeit erreicht, und wie schätzten wir ihren Erfolg ein?« (S. 148) »Natürlich liegt in dem Gefühl männlicher Wichtigkeit eine Art kindischer oder unehrenhafter Selbstgefälligkeit ...« (S. 152). »Wozu war all diese Arbeit nütze? Hatte sie auch nur die geringste Bedeutung?« (S. 158) »Wenn ich nun im Alter von 88 Jahren zurückblicke [...] sehe ich klar, daß ich praktisch nichts erreicht habe.« »Angesichts der heutigen Welt empfinde ich tiefen Schmerz, in den sich, wie ich glaube, Enttäuschung und Schrecken und Unbehagen und Abscheu mischen« (S. 169). Woolf war zweifellos desillusioniert. Das universale Bedürfnis nach zuverlässigen idealisierten Selbstobjekt-Erfahrungen war durch den freiwilligen Tod seiner Frau plötzlich und traumatisch enttäuscht worden. Erschwerend kam der Zusammenbruch seiner idealistischen politischen Weltanschauung hinzu, als die Schrecken der von Hitler entfesselten Kriege ihm seine Mitmenschen in bislang unbekanntem Licht zeigten.

Dennoch merkt Woolf, daß er sich aus der realen Welt nicht völlig lösen kann. »Ich kann mich nicht ganz und gar dem Schicksal ergeben; irgendwo in der Magengrube glüht noch ein Funken Feuer oder Hitze, der in jedem Moment zu einer Flamme emporschlagen und mich mit Gewalt dazu zwingen kann, irgendeinen Weg einzuschlagen oder irgendein Ziel zu verfolgen. Aber noch der flüchtigste Schatten genügt dem menschlichen Esel als Möhre und läßt ihn weiterlaufen ...« (S. 171). Hier hat Woolf meiner Ansicht nach die unbewußte Lebenskurve entdeckt, der das Streben nach einem Ziel von Werten und Idealen nicht verwehrt wird. Und schließlich erreicht Woolf eine neue Ebene:

»*Sub specie aeternitatis*, im Auge Gottes oder, besser, des Universums, besitzt nichts Menschliches auch nur die geringste Bedeutung; aber im eigenen, persönlichen Leben, das Teil der Menschheit ist, Teil der menschlichen Geschichte und der menschlichen Gesellschaft, sind bestimmte Dinge von immenser Bedeutung: menschliche Beziehungen, Glück, Wahrheit, Schönheit oder Kunst, Gerechtigkeit und Gnade. Deshalb wird ein weiser Mann in seinem privaten und persönlichen Leben niemals die Waffen gegen ein Meer von Schwierigkeiten ergreifen; er würde die Schlingen und Pfeile eines empörenden Schicksals erleiden und sich sagen: ›Diese Dinge sind im Augenblick von schrecklicher Bedeutung und dennoch morgen und in alle Ewigkeit von keinerlei Bedeutung.‹ Und in einem größeren Kontext betrachtet, war alles, was ich politisch zu tun versucht habe, auch wenn es völlig sinnlos und ineffektiv und unwichtig war, für mich persönlich richtig und wichtig, auch wenn mir im Hinterkopf durchaus bewußt ist, daß es ineffektiv und unwichtig war. Indem ich dies sage, pflichte ich Montaigne bei, dem ersten zivilisierten modernen Menschen, der gesagt hat: ›Nicht die Ankunft, sondern die Reise ist das, was zählt‹« (S. 172).

Dem möchte ich abschließend ein Zitat von Heinz Kohut ([1966] 1975, S. 161) hinzufügen:

»Die Fähigkeit des Menschen, die *Endlichkeit seiner Existenz* zu sehen und im Einklang mit dieser schmerzlichen Erkenntnis zu handeln, ist vielleicht seine größte psychische Errungenschaft, obwohl man oft beweisen kann, daß die scheinbare Hinnahme der Vergänglichkeit mit deren heimlicher Verleugnung Hand in Hand geht.«

Übersetzt von Elisabeth Vorspohl

Literatur

Bacal, H., und K. Newman (1990), *Theories of Object Relations: Bridges to Self Psychology*, New York: Columbia University Press. Deutsch: *Objektbeziehungstheorien. Brücken zur Selbstpsychologie*, übersetzt von E. Vorspohl, Stuttgart: frommann-holzboog 1994.

Berman, H. (1994), *Interpreting the Aging Self: Personal Journals of Later Life*, New York: Springer.

Erikson, E. H. (1950), *Childhood and Society*, New York: W. W. Norton. Deutsch: *Kindheit und Gesellschaft*, übersetzt von M. von Eckardt-Jaffé, Stuttgart: Klett-Cotta [11]1992.

– (1959), *Identity and Life Cycle*, New York: International Universities Press. Deutsch: *Identität und Lebenszyklus*, übersetzt von K. Hügel, Frankfurt am Main: Suhrkamp 1966.

Kohut, H. (1957), »Death in Venice by Thomas Mann«, in: ders., *The Search for the Self*, Bd. 1, hg. von P. Ornstein, New York: International Universities Press 1978. Deutsch: »Thomas Manns ›Tod in Venedig‹. Zerfall einer künstlerischen Sublimierung«, übersetzt von K. Hügel, in: ders., *Introspektion, Empathie und Psychoanalyse*, Frankfurt am Main: Suhrkamp 1977
– (1966), »Forms and Transformations of Narcissism«, in: *The Search for the Self*, Bd. 1, New York: International Universities Press 1978. Deutsch: »Formen und Umformungen des Narzißmus«, übersetzt von L. Köhler, in: ders., *Die Zukunft der Psychoanalyse*, Frankfurt am Main: Suhrkamp 1975.
– (1971), *The Analysis of the Self*, New York: International Universities Press. Deutsch: *Narzißmus*, übersetzt von L. Rosenkötter, Frankfurt am Main: Suhrkamp 1976.
– (1977), *The Restoration of the Self*, New York: International Universities Press. Deutsch: *Die Heilung des Selbst*, übersetzt von E. vom Scheidt, Frankfurt am Main: Suhrkamp 1979
– (1978), *The Search for the Self*, Bd. 1, hg. von P. Ornstein, New York: International Universites Press.
– (1978), *The Search for the Self*, Bd. 2, hg. von P. Ornstein, New York: International Universities Press.
– (1984), *How Does Analysis Cure?* Chicago: University of Chicago Press. Deutsch: *Wie heilt die Psychoanalyse?*, übersetzt von E. vom Scheidt, Frankfurt am Main: Suhrkamp 1987
– (1985), *Self Psychology and the Humanities*, hg. von C. Strozier, New York: W. W. Norton.
– (1987), *The Kohut Seminars on Self Psychology and Psychotherapy with Adolescents and Young Adults*, hg. von M. Elson, New York: W. W. Norton.
– (1990), *The Search for the Self*, Bd. 3, hg. von P. Ornstein, New York: International Universities Press.
– (1991), *The Search for the Self*, Bd. 4, hg. von P. Ornstein, New York: International Universities Press.
– und E. Wolf (1978), »The Disorders of the Self and their Treatment: An Outline«, in: *International Journal of Psycho-Analysis* 59, S. 413 bis 425. Deutsch: »Die Störungen des Selbst und ihre Behandlung«, übersetzt von E. vom Scheidt, in: *Die Psychologie des 20. Jahrhunderts*, Bd. 10, München: Kindler 1980.
Mahler, M., F. Pine und A. Bergman (1975), *The Psychological Birth of the Human Infant: Symbiosis and Individuation*, New York: Basic Books. Deutsch: *Die psychische Geburt des Säuglings. Symbiose und Individuation*, übersetzt von H. Weller, Frankfurt am Main: Fischer 1980.
Sarton, M. (1968), *Plant Dreaming Deep*. New York: Norton.

– (1970), *Kinds of Love*, New York: Norton.
– (1973), *Journal of a Solitude*, New York: Norton.
– (1980), *Recovery: A Journal*, New York: Norton.
Stern, D. (1985), *The Interpersonal World of the Infant*, New York: Basic Books. Deutsch: *Die Lebenserfahrung des Säuglings*, Stuttgart: Klett-Cotta 1992.
Wolf, E. (1982), »Adolescence: Psychology of the Self and Selfobjects«, in: *Adolescent Psychiatry* 10, S. 171-181.
– (1993), »Disruptions of the Therapeutic Relationship in Psychoanalysis: A View from Self Psychology«, in: *International Journal of Psycho-Analysis* 74, S. 675-687.
–, J. Gedo und D. Terman (1972), »On the Adolescent Process as a Transformation of the Self«, in: *Journal of Youth and Adolescence* 1, S. 257-272.
Woolf, L. (1970), *The Journey Not The Arrival Matters*, London: Hogarth Press.

Virginia Hunter
Interview mit Ernest S. Wolf

Ernest Wolf ist Verfasser zahlreicher Werke über die Funktionen des Selbstobjekts. Er berichtet in diesem Interview ausführlich über seine Entwicklung zum Psychoanalytiker und gewährt Einblick in die Ursprünge seiner außergewöhnlichen Empathiefähigkeit.

Das Interview fand am 14. und 15. September 1990 im Haus von Ernest Wolf und seiner Frau Ina statt. Als Lehranalytiker und Supervisor gehört Ernest Wolf dem Chicago Institute of Psychoanalysis an. Darüber hinaus nimmt er eine Lehrtätigkeit in der Abteilung für Psychiatrie der Northwestern University wahr. Seine Gelehrsamkeit erstreckt sich, wie seine Publikationen zeigen, über weite Wissensbereiche und umfaßt neben Übersetzungen aus dem Deutschen Aufsätze über Freuds intellektuelle Entwicklung, Studien über die Theorie und klinische Praxis der Psychoanalyse, insbesondere der Selbstpsychologie, sowie über die Anwendung psychoanalytischer Konzepte auf das Literatur- und Kunstverständnis. Seine Frau teilt sein literarisches Interesse und hat mit ihm gemeinsam eine Arbeit über Virginia Woolf verfaßt.

Nachdem wir das erste Interview beendet hatten, zeigte mir Ernest Wolf, dessen Haus eine beeindruckende Bibliothek beherbergt, Bücher und Photographien, die für ihn eine besondere Bedeutung haben; und er war so großzügig, mir auch seine eigene Videoaufnahme von Kohuts letztem Vortrag in Berkeley vorzuführen; er kommentierte die Bilder sehr warmherzig und war von seinen Erinnerungen und dem durch sie geweckten Verlustgefühl so berührt, daß ihm Tränen in die Augen traten. Das Geschenk, das er mir bereitete, indem er mir diese Aufnahme zeigte, ohne mir seine eigene emotionale Reaktion zu verhehlen, ist für den Charakter des Menschen Ernest Wolf bezeichnend. Seine Wärme, Großzügigkeit und Gastfreundschaft, aber auch die Leichtigkeit des intellektuellen Austauschs mit ihm und seiner Frau vermitteln einen Einblick in seinen Werdegang und zeigen, daß sein Glaube an Responsivität und Empathie auch für sein eigenes Leben und für seine persönlichen Beziehungen Gültigkeit hat.

Virginia Hunter: Wie kam es zu Ihrem Entschluß, Analytiker zu werden?
Ernest Wolf: 1951 war ich 30 Jahre alt. Ich arbeitete auf einer psychiatrischen Station in Cincinnati, als ich beschloß, Analytiker zu werden, weil die wichtigen Leute, jene, vor denen ich Achtung empfand, ausnahmslos Analytiker waren.
VH: Wer waren diese Leute, und womit haben sie Sie beeindruckt?
EW: Leiter der Abteilung war Maurice Levine; er hatte wahrscheinlich die beste psychiatrische Abteilung, die es damals in Cincinnati gab, und war eine sehr, sehr beeindruckende Persönlichkeit. Einmal wöchentlich hielt er Fallkonferenzen ab, an denen sämtliche Mitarbeiter der Abteilung teilnahmen; wir stellten Fälle vor und diskutierten sie in der Gruppe. Seine Fähigkeit, die Konflikte oder Symptome des Patienten blitzschnell zu erfassen, war beeindruckend. In seiner Abteilung arbeitete auch Milton Rosenbaum, als stellvertretender Leiter. Er war ebenso herausragend. Später übernahm er die Leitung am Albert Einstein und noch später wurde er Leiter der Psychiatrie an der Hebrew University von Jerusalem. Er hatte bereits eine erstklassige Karriere hinter sich, und wir haben zusammen gearbeitet. Einer Ihrer [Virginia Hunters] Supervisoren, Lou Gottschalk, gehörte ebenfalls zur Abteilung. Er war ein hervorragender Lehrer und Forscher. Er kam aus dem Öffentlichen Gesundheitsdienst, und dort hatte man ihn gedrängt, die analytische Ausbildung zu machen; später war er dann einer meiner Supervisoren. Und dann gab es noch Luis Wise, der später nach Seattle, Washington, ging, sowie Phil Piker, der in Cincinnati blieb, und Fred Kapp, Donald Ross und Henry Lederer. All diese Leute waren Psychoanalytiker. Und all diese Lehrer und Studenten waren stolz darauf, von Cincinatti nach Chicago gependelt zu sein.
VH: Wie weit mußten sie fahren?
EW: Ungefähr 300 Meilen, und da die Veranstaltungen des Instituts jedes zweite Wochenende, den ganzen Freitag und den halben Samstag, stattfanden, konnten sie jedes zweite Wochenende hinfahren und dann wieder zurückkommen und wie gewohnt weiterarbeiten. Franz Alexander [der die Ausbildung an dem Institut leitete] hatte es so eingerichtet, um Leuten aus anderen Städten die psychoanalytische Ausbildung zu erleichtern. Heute gibt es Institute in Denver, in St. Louis und in Cincinnati. Sie alle

sind ursprünglich aus kleinen Gruppen von Leuten hervorgegangen, die sich für die Psychoanalyse interessierten und deswegen nach Chicago fuhren – sie wurden zu regelrechten Chicagoer Kolonien. Sobald sie mindestens fünf Lehranalytiker hatten, konnten sie ihr eigenes Institut eröffnen. Heute haben wir eine solche Beziehung zu Minneapolis und Milwaukee.

VH: In welchem Jahr haben Sie sich um die Zulassung zur psychoanalytischen Ausbildung beworben?

EW: Ich bewarb mich, glaube ich, 1954, nachdem ich meine medizinische Ausbildung 1952 hatte unterbrechen müssen. Mit der Assistenzzeit begann ich im Juli 1951. Im Dezember 1952, also in meinem zweiten Jahr, fand die jährliche Röntgenuntersuchung der Lunge statt. Im Januar erfuhr ich, daß ich eine Läsion hatte und daß es sich um Tuberkulose oder Histoplasmose oder Kokzidioidomykose handeln könnte, letztere eine Pilzerkrankung, die im Ohio Valley ziemlich verbreitet ist. Sie packten mich ins Bett, und nach drei Monaten im Bett war der Hauttest auf Histoplasmose positiv. Aber die Meerschweinchen, denen sie mein Sputum injiziert hatten, starben an Tuberkulose. Folglich haben sie eine Tuberkulose diagnostiziert, was bedeutete, daß ich in ein Sanatorium geschickt wurde. Ich kehrte zu meiner Familie nach Baltimore zurück, um dort in ein Sanatorium zu gehen. Und da ich nach wie vor Bürger von Maryland war, war der Sanatoriumsaufenthalt dort kostenlos. Ich war einer der ersten Patienten, die Isoniazid und Streptomycin bekamen, also wirksame Medikamente gegen Tuberkulose. Jedenfalls ging die Läsion ein wenig zurück, und im Sputum gab es keinen positiven Befund mehr. Monate später wurde ich entlassen. Wir, Ina und ich, waren damals schon verlobt; und zwei Tage, nachdem ich im Oktober 1953 aus dem Krankenhaus entlassen wurde, haben wir in Baltimore geheiratet; nach Cincinnati kehrte ich im November zurück, um das letzte Jahre meiner Assistenzzeit zu absolvieren. Im gleichen Jahr habe ich mich um die Zulassung zur Ausbildung am Chicagoer Institut beworben. Die Daten liegen ganz dicht zusammen.

VH: In welchem Alter sind Sie aus Deutschland gekommen?

EW: Ich wurde im Februar 1939 achtzehn und kam am 30. März 1939 in die Vereinigten Staaten.

VH: Könnten Sie diese Geschichte erzählen?

EW: Ich bin in Deutschland aufgewachsen, als ältestes von drei

Kindern. Ich habe zwei Schwestern, eine ist zwei Jahre, die andere sechs Jahre jünger als ich. 1933, ich war damals zwölf, kamen die Nazis an die Macht. Von da an war klar, daß ich in Deutschland keine Zukunft hatte. Keinerlei Ausbildungsmöglichkeiten. Juden durften keine Universitäten mehr besuchen. Keine Chance, irgendeinen Beruf auszuüben. Sie machten es sehr schwierig. Als ich fünfzehn war, beschloß ich deshalb, Deutschland zu verlassen und in die Vereinigten Staaten auszuwandern. Ich reiste nach Stuttgart, wo sich das amerikanische Konsulat befand, und beantragte ein Visum. Es dauerte drei Jahre, bis man eines bekam, weil es ebenso wie heute eine Quote gab. In den dreißiger Jahren betrug die Quote für Deutschland, glaube ich, 27 000 Personen jährlich. Als ich 1936 meinen Antrag stellte, war sie schon erfüllt. Sie war für das nächste Jahr erfüllt, und meine Nummer kam erst im März 1939 an die Reihe.
VH: Wo sind Sie geboren und aufgewachsen?
EW: In Aachen. Der französische Name ist Aix-la-Chapelle. Die Stadt liegt an der Grenze von Deutschland, Holland und Belgien. Wenn Sie sich den Punkt, an dem diese drei Länder aneinanderstoßen, vorstellen – genau dort, auf der deutschen Seite, liegt Aachen. Wir wohnten so dicht an der Grenze, daß wir sie zu Fuß überqueren oder mit der Straßenbahn hinüberfahren konnten.
VH: Und was hat Ihr Vater dort gemacht?
EW: Mein Vater arbeitete in einem Geschäft, das Stoffe für Herrenanzüge verkaufte, an Schneider und Kaufhäuser. Es war seit den neunziger Jahren des vergangenen Jahrhunderts in Familienbesitz. In den zwanziger Jahren hatte es der ältere Bruder meines Vaters übernommen, für den mein Vater dann arbeitete. Anfang der zwanziger Jahre, nach dem Ende des Ersten Weltkriegs, hatte mein Vater noch vier Geschwister, sie waren insgesamt drei Jungen und zwei Mädchen. Mein Vater übertrug seinen Geschäftsanteil seinem künftigen Schwager, weil junge Mädchen damals, zumindest in Deutschland, eine Mitgift brauchten, um heiraten zu können. Sie bekam also ihre Mitgift und heiratete den Buchhalter des Geschäfts. Dann gründete mein Vater in einer anderen Stadt, in Gelsenkirchen, ein eigenes Geschäft, und dort wurde ich 1921 geboren.
VH: Wie stellt sich die Persönlichkeit Ihres Vaters für Sie dar? Es war eine große Familie, aber trotzdem – so, wie Sie es beschrei-

ben, hat er irgendwie auf sein Geburtsrecht verzichtet. Wie erklären Sie sich das?

EW: Ich war immer der Meinung, daß er sich sehr großzügig verhalten hat und sich offenbar für seine Familie verantwortlich fühlte. Und dann war er vermutlich auch ein bißchen abenteuerlustig. Statt im Geschäft der Familie zu arbeiten und alles genauso wie die anderen machen zu müssen, wollte er lieber seinen eigenen Weg gehen. Deshalb gründete er ein eigenes Geschäft. Leider ist es in der großen Depression pleite gegangen. Deshalb mußte er in seine Heimatstadt zurückkehren und als einfacher Angestellter im Familienbetrieb arbeiten.

VH: Hatte das Auswirkungen auf Sie selbst?

EW: Es hatte Auswirkungen – in gewisser Weise vermittelte es mir ein Minderwertigkeitsgefühl. Ich habe mich nicht richtig – ich konnte nicht so stolz auf ihn sein, wie ich es gerne gewesen wäre. Er war eben nur ein Angestellter in der Firma, in der mein Onkel und meine Tante das Sagen hatten. Sie waren die Besitzer, und er war nur angestellt. Es lief auch nicht sehr gut.

VH: In einigen Ihrer Artikel haben Sie über Entidealisierung geschrieben. Wenn ich Sie richtig verstehe, haben Sie selbst so etwas erlebt.

EW: Ja, ja, ja. Es war eine Art Entidealisierung, eine Desillusionierung. Mein Vater war ein guter Kumpel; aber als sein Geschäft Bankrott machte, begann ich, seine Kompetenz in Frage zu stellen, trotz der großen Wirtschaftskrise. Es war ja nicht unbedingt ein Beweis für persönliches Versagen. Aber daß er dann für seinen Bruder arbeiten mußte, war alles andere als bewundernswert. Das war mir schon als Jugendlichem bewußt. Ich fühlte mich meinen Cousins deshalb unterlegen.

VH: Wie hat Ihre Mutter reagiert? Wie war sie?

EW: Ich glaube nicht, daß sie – also wenn sie darauf reagiert hat, dann weiß ich es nicht. Wie sie war? Eine sehr warmherzige, fast hätte ich gesagt: zärtliche Frau. Ich war ihr Liebling. Ich war der Älteste, und ich war der einzige Junge. Natürlich war ich ihr Liebling. Es gab zwei Lieblinge. Meine jüngste Schwester war auch ein Lieblingskind, weil sie das Baby war. Sie genoß alle möglichen Vorrechte, sie war eben das Baby. Ich war sechs Jahre älter als sie, und es stand mir eigentlich gar nicht mehr zu. Ich konnte ja schon auf sie aufpassen. Soweit ich weiß, haben meine Eltern eine gute Ehe geführt. Meine Mutter hat sich meinem

Vater extrem untergeordnet. Wenn er zu Hause war, war er eindeutig der Boß. Sie war eine sehr gute Hausfrau. Im Gegensatz zu ihm hatte sie eine höhere Schule besucht; er nicht. Er hatte als Jugendlicher ein Nierenleiden, deshalb mußte er die Schule verlassen. Damals, im November 1938, in der »Kristallnacht«, haben die Nazis sozusagen für ihre späteren Greueltaten »geprobt«. Sie brachen in alle jüdischen Häuser ein, verhafteten die Männer und schlugen sie zusammen. Mein Vater war gerade unterwegs und wurde verhaftet, also mußte meine Mutter die Familie durchbringen. Sie war einfach ungemein tatkräftig und sehr kompetent, was mich damals, das muß ich zugeben, überraschte. Ich hatte es nicht erwartet.
VH: Was hatten Sie erwartet?
EW: Ich hatte eher damit gerechnet, daß sie die Hände ringen und nicht ein noch aus wissen würde. Aber sie überraschte mich. Ich hatte nie wirklich Gelegenheit gehabt, sie außerhalb des Hauses zu beobachten. Außerhalb des Hauses war sie auch nie aktiv, höchstens in Gesellschaft. Ich hatte keine Ahnung, daß sie imstande war, sich mit irgendwelchen Bürokraten anzulegen. Ich hatte keine Ahnung, daß sie den Mut aufbringen würde, zur Polizei zu gehen, auf den Tisch zu hauen und zu verlangen, daß man ihr den Aufenthaltsort meines Vaters mitteilte. Solche Dinge. Ich hatte keinen Schimmer, daß so etwas in ihr steckte. Sie hatte vorher nie Gelegenheit gehabt, etwas Vergleichbares zu tun.
VH: Haben sie Ihren Vater wieder freigelassen? Was ist mit ihm geschehen?
EW: Oh, die Polizei in Gelsenkirchen. Er hatte seine Cousins besucht. Er und einige andere Männer wurden zusammengeschlagen und ins Gefängnis gesperrt. Am nächsten Morgen sollten sie alle in ein Konzentrationslager gebracht werden. Aus irgendeinem Grund kam die Polizei in dem Gefängnis zu dem Ergebnis, daß er nach den Schlägen für den Transport zu krank sei. Deshalb haben sie ihn drei, vier oder fünf Tage im Gefängnis behalten. Danach ließen sie ihn gehen.
VH: Was geschah dann?
EW: Er kam nach Hause.
VH: Und dann?
EW: Nichts.
VH: Aber was geschah im Krieg? Was wurde im Krieg aus der Familie, ihren Schwestern?

EW: Damals waren wir bereits weg. Sie leben heute beide in Baltimore.
VH: Sie kamen also ebenfalls hierher, in dieses Land.
EW: Sie kamen ebenfalls, aber erst später. Ich kam als erster, im März 1939. Sie sind nach Schweden gegangen, ungefähr ein oder zwei Monate, bevor ich im März in die Vereinigten Staaten emigrierte. Sie kamen im Januar oder Februar mit einem Kindertransport nach Schweden. Zwei- oder dreihundert jüdische Kinder wurden von den Schweden aufgenommen.
VH: Ohne ihre Eltern?
EW: Ohne ihre Eltern.
VH: Ihre Eltern haben Deutschland ebenfalls verlassen.
EW: Ich bin im März gegangen. In Schweden gab es Menschen, die Kinder, die ohne ihre Eltern gekommen waren, als Flüchtlinge aufnahmen. Solche Leute haben versucht, meine Eltern nachzuholen. Sie hatten Erfolg. Im August 1939 gingen auch mein Vater und meine Mutter nach Schweden. Im September brach der Krieg aus.
VH: Sind all ihre fünf Brüder und Schwestern aus Deutschland herausgekommen, oder sind sie dort geblieben?
EW: Meinen Sie die Brüder und Schwestern meines Vaters?
VH: Ja, die Geschwister Ihres Vaters und die Ihrer Mutter.
EW: Sie waren auf beiden Seiten zu fünft. Weniger als die Hälfte von ihnen kam heraus, die anderen haben es nicht geschafft. Ein Bruder meines Vaters, sein ältester Bruder, kam heraus. Die anderen drei Geschwister nicht. Sie wurden umgebracht. Auf der Seite meiner Mutter konnte ein Bruder entkommen, er ging nach Brasilien. Ein anderer Bruder ging nach Holland. Als die Deutschen Holland besetzten, haben sie ihn sozusagen wieder eingefangen. Ihre beiden Schwestern haben es nicht geschafft. Diese drei wurden umgebracht. Von den insgesamt fünf Geschwistern auf beiden Seiten haben also jeweils zwei überlebt. Beide Eltern hatten nur ein überlebendes Geschwister.
VH: Wie hieß Ihre Mutter vor ihrer Heirat?
EW: Hoffmann.
VH: All diese Onkel und Tanten, Menschen, die Ihnen nahestanden, wurden ermordet. Welche Folgen hatte das für Sie selbst?
EW: Auch meine Großmutter, der ich sehr nahestand, wurde umgebracht.
VH: Die Mutter Ihrer Mutter oder Ihres Vaters?

EW: Die Mutter meiner Mutter. Meine Großmutter väterlicherseits war bereits um 1931 gestorben. Ich habe sie zwar noch gekannt, aber sie starb in den dreißiger Jahren. Für mich war all dies sehr folgenreich. Ich hatte ungeheure Angst vor den Deutschen und habe sie zutiefst gehaßt. Und erst heute beginne ich, mich davon zu erholen. Fünfzig Jahre später. Viel mehr weiß ich darüber nicht zu sagen.
VH: Reisen Sie manchmal nach Deutschland?
EW: Ja. Ich werde Ihnen erzählen, wie intensiv dieses Gefühl war. Als Ina und ich zum erstenmal nach Europa reisten, haben wir in Amsterdam, in Holland, ein kleines Auto gemietet. Ich wollte ihr zeigen, wo wir in Deutschland gelebt hatten. Es war ja direkt an der Grenze. Wir fuhren also los, und als wir die Grenze erreichten, konnte ich nicht weiterfahren. Sie mußte fahren. Ich hatte panische Angst davor, auch nur das geringste Verkehrsdelikt zu begehen und dann einem deutschen Polizisten gegenüberstehen zu müssen.
VH: Wie alt waren Sie damals?
EW: Das war 1967, vor einundzwanzig Jahren; ich war also sechsundvierzig.
VH: Und hatten sie Angst davor, Wut zu bekommen, oder Angst, daß Ihnen etwas zustoßen könnte?
EW: Bewußt fürchtete ich, nichts sagen zu können, gelähmt zu sein. Das ist Angst vor der Wut, nicht wahr? Ich wollte gerade sagen: das erinnert mich sehr an Gerhart Piers. Sie kennen Maria Piers und Gerhart Piers. Gerhart Piers war der Direktor des Instituts hier in Chicago. Als er zum erstenmal zurückkehrte, als Erwachsener von Mitte Vierzig zum erstenmal wieder nach Deutschland wollte, schaffte er es einfach nicht, seinen Fuß in dieses Land zu setzen. Er blieb in der Schweiz, und seine Frau reiste ohne ihn hin und her.
VH: Ich habe gerade an Kestenbergs Forschungsprojekt gedacht. Ich habe eine Reihe von Patienten behandelt, deren Eltern in Konzentrationslagern waren. Wie haben Ihre Eltern reagiert, als Sie Ihnen eröffneten, daß sie Deutschland verlassen und in die USA gehen würden?
EW: Sie waren dagegen. Ich war ja erst fünfzehn. Sie hielten diesen Mann, Hitler, für einen Wahnsinnigen und waren der Meinung, daß das jedem klar sein müsse. Schließlich lebten sie im Land Beethovens und Mozarts, Kants und Schillers, in einem

zivilisierten Land, und ein zivilisiertes Land würde keinen Wahnsinnigen längere Zeit als Regierungsoberhaupt dulden. Irgendwie, so glaubten sie, könne das nicht von Dauer sein. Niemand ahnte, was dann wirklich geschah.

VH: Es war zu schrecklich, um es voraussehen zu können.

EW: Ja. Bis zu diesem Zeitpunkt war in keinem zivilisierten Land jemals etwas Vergleichbares geschehen. Es gibt unzivilisierte Regionen in der Welt, wo wir uns solche Dinge vielleicht vorstellen könnten. Aber niemals hätten wir gedacht, daß es in Deutschland passieren würde. Sie waren gegen meine Auswanderungspläne. Bis ich erwachsen wäre, so erklärten sie, hätten sich die Verhältnisse wieder normalisiert. Ich blieb jedoch bei meiner Meinung. Ich beantragte das Visum. Und nicht nur das. Wenn man auf dem amerikanischen Konsulat ein Visum beantragt, erhält man eine Nummer auf der Warteliste. Ich drängte sie, ebenfalls einen Antrag zu stellen und sich auf die Liste setzen zu lassen. Sie haben es nicht getan. Schließlich, ungefähr ein Jahr später, konnte ich meine Mutter überreden; aber die Nummer, die sie dann bekam, war höher als meine. Meinen Vater konnte ich erst viel später überzeugen. Deshalb hatten wir drei vom amerikanischen Konsulat unterschiedliche Nummern zugeteilt bekommen. Ich hatte ungefähr die Nummer 5.960. Die Nummer meiner Mutter lag um 11.000, die meines Vaters weit über 20.000. Das zeigt Ihnen, was damals in den Menschen vorging. Als sie später, 1939, nach Schweden emigrierten und von dort aus in die Vereinigten Staaten wollten, mußte sich mein Vater als Abhängiger meiner Mutter ausgeben, weil sie die niedrigere Nummer hatte. Sonst wären sie nicht aus Schweden herausgekommen.

VH: Wie beeinflußte es ihre Ehe, wenn sie sagte: »Ich gehe«, und er: »Ich gehe nicht«?

EW: Er war kein Tyrann. Wahrscheinlich hat er gesagt: »Wenn du es unbedingt willst, meinetwegen, aber ich werde es nicht tun. Ich halte es für sinnlos. Ich halte es für überflüssig.« Ungefähr so wird er sich geäußert haben. Aber er gab ihr nach.

VH: Also kamen sie zu guter Letzt ebenfalls hierher?

EW: Ja, sie trafen ein Jahr nach mir ein.

VH: Nur ein Jahr. Als sie Deutschland mit achtzehn verließen – wie wollten Sie sich denn durchschlagen? Hat die Familie gesammelt und gesagt: »Wir wollen Ernest unterstützen und schicken ihn fort«?

EW: Nein, nein, nein. Erstens gab es, selbst in Deutschland, Devisenbewirtschaftung. Man durfte nicht mehr als 10 Mark mitnehmen, damals ungefähr soviel wie vier US-Dollar.
VH: Vier Dollar!
EW: Vier Dollar, um in New York an Land zu gehen. Glücklicherweise hatte mein Vater einen Cousin, der Arzt war und in New York lebte. Er hatte für mich gebürgt, damit ich überhaupt herkommen konnte.
VH: Wie hieß er?
EW: Sein Name war Paul Weil. Er lebt nicht mehr. Er war ein Cousin ersten Grades und hatte eine allgemeinärztliche Praxis in Brooklyn. Strenggenommen war er selber Flüchtling. Er war ebenfalls aus Deutschland ausgewandert und lebte erst seit 1934 oder '35 in den Vereinigten Staaten. Damals, 1939, hatte er sich eine eigene kleine Praxis aufgebaut. Außerdem hatte er einen Lehrauftrag an einer der Medical Schools. Ich weiß nicht, weshalb er so früh aus Deutschland fortging. Die Nazis waren schon an der Macht, jedenfalls – er mußte gehen. Irgend etwas war passiert, so daß er wegmußte. Er kam durch unsere Stadt, und wir schmuggelten ihn über die Grenze.
VH: Und Sie wissen noch immer nicht, was passiert war?
EW: Was passiert war? Weshalb er wegmußte? Nein, ich wußte es nicht. Sehen Sie, ich war ein Junge von vierzehn Jahren, als er bei uns auftauchte. Ich habe an der Schmuggelaktion teilgenommen. Ich habe die Augen aufgehalten, bin voraus gelaufen. Wir kannten die Grenze sehr gut, weil wir dort jeden Sonntag radelten.
VH: Durch die Wälder.
EW: Durch die Wälder nach Holland oder Belgien.
VH: Aber als Sie schließlich nach New York kamen, haben Sie ihn da nicht gefragt: »Also, Cousin, was ist damals in Deutschland passiert?«
EW: Nein. Weil zu diesem Zeitpunkt bereits jeder wegmußte. Ich nahm einfach an, daß er gegangen sei, weil er Jude war und wußte, daß unter den Nazis irgend etwas Schreckliches passieren würde. Wenn ich aber jetzt zurückdenke, dann muß er 1934, als er wegging, entweder sehr weitsichtig gewesen sein, oder aber es war etwas geschehen, das ihn zwang, zu gehen.
VH: War er in Deutschland Arzt?
EW: Ja. Wie dem auch sei, er war uns gewissermaßen verpflichtet, weil wir unseren Kopf hingehalten hatten, um ihn über die Gren-

ze zu schmuggeln. Deshalb bürgte er für mich, als ihm mein Vater schrieb, daß ich ein Affidavit benötigte, um ein amerikanisches Visum zu bekommen. Das erhielt ich also, und im März 1939 kam ich in New York an. Ich muß noch etwas erklären, um mich verständlich zu machen. Irgendwann, Anfang dieses Jahrhunderts, war eine Tante meines Vaters nach Baltimore emigriert. Er wußte das. Das war aber auch alles, was wir wußten, und daß sie mit Nachnamen Strauss hieß. Ich weiß nicht, ob wir ihren Vornamen kannten, wahrscheinlich nicht. Nachdem mein Cousin, Paul Weil, für mich gebürgt hatte, bemühten wir uns auch um Affidavits für meine beiden Schwestern. Deshalb schrieb mein Vater an das Council of Jewish Women – so heißt es, glaube ich – in Baltimore: »1900 so und so emigrierte eine meiner Tanten nach Baltimore. Können Sie mir helfen, sie ausfindig zu machen, damit ich Affidavits für meine beiden kleinen Töchter bekommen kann?« Sie antworteten aber, daß sie meine Tante nicht hätten finden können. Wie es der Zufall wollte, hieß die Vorsitzende des Councils ebenfalls Strauss. Und sie hatte eine Cousine, die auch Strouse hieß. Die beiden Damen beschlossen, selbst zu bürgen. Sie gaben also die Affidavits für meine beiden Schwestern und erklärten, daß sie sie bei sich aufnehmen wollten. Meine Schwestern waren ungefähr zwölf und sechzehn Jahre alt. Sie sollten in den Familien der beiden Damen leben, bis meine Eltern schließlich nachkommen würden. Deshalb wollte ich nach meiner Ankunft in New York natürlich nach Baltimore fahren und mir das künftige Zuhause meiner Schwestern ansehen. Auch meine Eltern wollten Bescheid wissen.
VH: Sie müssen sich unendliche Sorgen gemacht haben.
EW: Ja. Sie mußten ihre kleinen Mädchen zu Fremden schicken. Ich blieb also eine Woche lang in New York und fuhr dann mit dem Greyhound weiter nach Baltimore, um mir diese beiden Familien anzusehen. Sie waren sehr freundlich und sehr gütig und sehr großzügig, und ich blieb in Baltimore. Ich blieb anstelle meiner Schwestern bei ihnen, bis die beiden Mädchen ein Jahr später eintrafen. Sie haben mich bei sich aufgenommen.
VH: Sie mochten sie also lieber als Ihren Cousin?
EW: Ja.
VH: Weshalb? Wo lag der Unterschied?
EW: Mein Cousin war ein Junggeselle, der sich abmühte, und New York war ein – die Wirtschaftskrise war 1939 ja noch nicht

vorbei. Es war extrem schwierig, Arbeit zu finden. Als ich nach Baltimore kam, sagten sie: »Wir werden einen Job für dich finden; du wirst bei uns wohnen.«

VH: Waren sie herzlicher, oder gütiger, oder gastfreundlicher?

EW: Ja, sie waren eben Amerikaner. Mein Cousin war ein Flüchtling, der sich abrackerte. Sie waren etablierte Amerikaner, obere Mittelschicht, ziemlich vermögend. Ich wohnte in ihrem Haus, und als ich eines Tages, nachdem ich aus irgendeinem Grund in der Stadt gewesen war, zurückkam, lagen auf meinem Bett lauter Kleidungsstücke – Unterwäsche, Hemden, Socken.

VH: Sie haben Sie regelrecht adoptiert.

EW: Ja, sie haben mich adoptiert. Dem konnte ich mich kaum widersetzen, und sie besorgten mir auch Arbeit.

VH: Was war das für ein Job?

EW: Ich mußte Möbelpolitur in Flaschen füllen, diese in Kartons verpacken und die Kartons dann auf Lastwagen laden; keine Arbeit, mit der ich reich werden konnte, aber immerhin Arbeit. Ich verdiente 11 Dollar die Woche, ungefähr 22½ Cent Stundenlohn, glaube ich. Damals hatte man noch eine 44-Stunden-Woche. Das war der erste Job, den sie mir besorgt haben. Nachdem ich ungefähr zwei oder drei Monate in dieser Familie war, hörte einer ihrer Freunde, der Chirurg an der Johns Hopkins University war, von einer freien Technikerstelle in einem der Hopkins-Labors.

VH: Sie wußten also damals schon, daß sie Arzt werden wollten.

EW: Nein, aber ich hatte in Deutschland eine Ausbildung als Labortechniker absolviert.

VH: Mit achtzehn?

EW: Ja, weil ich die Schule mit fünfzehn verlassen mußte. Die Situation war damals schon ziemlich unerträglich.

VH: Sie haben die Schule abgebrochen?

EW: In gewisser Weise, ja. Ich wurde zu oft verprügelt.

VH: Weil Sie Jude waren.

EW: Ja, ja. In meiner Klasse gab es zwei jüdische Jungen, und wir wurden regelmäßig verprügelt. Ich wollte mich dem nicht länger aussetzen, deshalb verließ ich die Schule. Es gab ein örtliches Labor, das sämtliche Wasseranalysen und -proben für die Stadtwerke vornahm. Sie führten auch Analysen von Erz und Metallen für verschiedene Industrieunternehmen durch. Und der Besitzer, Dr. Heinrich Justen, ein Chemiker, der dieses Labor und die Schule leitete, setzte sein Leben aufs Spiel, indem er einen Juden, mich, in die Lehre nahm. Die Nazis hätten ihn ohne weiteres einsperren, vielleicht sogar in ein Konzentrationslager schikken können. Wahrscheinlich war ihm das Risiko, das er einging, indem er mir die Lehrstelle gab, gar nicht in vollem Umfang bewußt, aber irgendwie fühlte er sich dazu auch verpflichtet, weil ihm ein jüdischer Arzt zwanzig Jahre zuvor, während des Ersten Weltkriegs, sein Leben und seine Gesundheit gerettet hatte, als er im Artilleriefeuer der Alliierten schwer verwundet worden war.

Dr. Justen war ein schlanker, freundlicher, kluger und mutiger Mann, den ich sehr bewunderte. Daraus entwickelte sich eine sehr warmherzige Beziehung. Als ich nach dem Krieg zum erstenmal wieder nach Deutschland kam, 1966, also 27 Jahre, nachdem ich ausgewandert war, habe ich ihn in Aachen besucht. Mittlerweile war er ein alter Mann. Bei einer Flasche Mosel tauschten wir unsere Erinnerungen aus. Er leitete auch eine Schule, ein Art Ausbildungsprogramm für angehende Labortechniker. An einem solchen Kurs nahm ich teil. Deshalb hatte ich bei meiner Ankunft in den Vereinigten Staaten eine gewisse Vorbildung als Chemielabortechniker. Das reichte, um einen Job in einem der Labors der Hopkins University zu bekommen, wo ich dann chemische Tests für ein Chirurgenteam durchführte, das über Schocks forschte. Sie testeten das Blut der Hunde, mit denen sie arbeiteten. Das war mein zweiter Job, und diese Arbeit weckte meine Begeisterung für die Medizin. Weil, und dies klingt heute reichlich dumm, aber Sie werden es verstehen, wenn ich es Ihnen erkläre – der Anblick dieser Assistenzärzte, die in ihren weißen Kitteln herumliefen, das Stethoskop um den Hals gehängt und oder einer Tasche herausbaumelnd, war für mich das absolut Größte. »Das wäre was für mich«, dachte ich. So beschloß ich, eine Medical School zu besuchen.

VH: Aber Sie mußten doch noch einen Schulabschluß nachholen, bevor sie Ihr Studium aufnehmen konnten, nicht wahr? Sie hatten die Schule doch mit fünfzehn verlassen.

EW: Nun ja, im Herbst 1939, als ich seit ungefähr sechs Monaten in Baltimore war, begann ich Abendkurse an der Hopkins zu belegen. Es gab dort auch ein Abendkolleg. Ich hatte meine Zeugnisse aus Deutschland mitgebracht und reichte sie ein. Ich wollte wissen, welche Kurse ich belegen mußte, um an der

Hopkins als Student zugelassen zu werden. Mir fehlten drei oder vier Gymnasialjahre.
VH: Eine ganze Menge.
EW: Ja, aber als sie diese Zeugnisse prüften, haben sie sie entweder falsch übersetzt oder sonst etwas – ich weiß nicht, was geschehen ist. Sie gaben mir einfach aufgrund dieser Zeugnisse einen Studienplatz. Und ich sagte natürlich nicht nein.
VH: Aber Sie müssen sich wie ein kleiner Hochstapler gefühlt haben.
EW: Ich fühlte mich wie ein Hochstapler, bis ich die Medical School absolviert hatte. Wie ein absoluter Hochstapler, Sie haben recht. Ich begann an der Hopkins mit den Abendkursen in Chemie, Mathematik, Algebra, Wahrscheinlichkeitsrechnung, Trigonometrie usw. Nach drei Jahren bekam ich ziemlich gute Noten, so daß die fehlenden Schuljahre mich nicht mehr sonderlich bekümmerten. Aber eines Tages rief mich der Chemieprofessor zu sich ins Büro. Ich hatte in diesen Chemiekursen glatte A's bekommen. Er bestellte mich in sein Büro und erkundigte sich nach meinen Plänen. Ich hatte mich als Chemieingenieur eingeschrieben. Und ich wollte mir einen entsprechenden Job suchen. Er bestellte mich zu sich und erklärte, daß von den letzten zehn jüdischen Graduierten dieses Chemieingenieurprogramms der Hopkins University nur einer einen Job als Chemieingenieur bekommen habe. Die übrigen neun verdienten ihr Geld auf andere Weise. Einer sei Versicherungsmakler, jeder mache irgend etwas anderes. Ob mir klar wäre, daß es für einen Juden sehr schwierig sei, eine Stelle als Chemieingenieur zu bekommen? Das war ein regelrechter Schock. Ich hatte von all dem überhaupt keine Ahnung, kam aber zu der Einsicht, daß ich am falschen Ausbildungsprogramm teilnahm. Ich machte eine Ausbildung in einem Beruf, in dem ich keinen Job bekommen würde. Nebenbei bemerkt, schockierte es mich zu hören, daß es auch in Amerika Antisemitismus gab.

Damals also war ich von der Idee erfüllt, Arzt zu werden; aber ich sah keine Möglichkeit, in den Vorbereitungskurs zu kommen oder die Medical School zu finanzieren. Sie dürfen nicht vergessen, ich hatte ja nur das Geld, das ich als Techniker verdiente. Das waren 18 Dollar pro Woche. Ich glaube, damals war es von 11 Dollar auf 18 Dollar gestiegen. Ich beschloß, zunächst eine Pharmacy School zu besuchen, und hatte die Vorstellung, mich der

Medizin und dem Bereich, der mir gefiel, auf diese Weise anzunähern. Außerdem konnte ich dabei auch einen weißen Kittel tragen. Rückblickend erscheint mir dies ziemlich blöde, aber ich wollte es so und nicht anders. Ich erinnere mich, daß auch Dr. Justen immer einen weißen Kittel trug, wenn ich ihn im Labor sah. Ich verließ also die Hopkins University, wo ich die Abendkurse machte, bewarb mich bei einer jüdischen Wohltätigskeitsorganisation um ein Stipendium und ging an die Pharmacy School der University of Maryland. Aufgrund der Kurse, die ich an der Hopkins absolviert hatte, konnte ich gleich in das zweite Jahr der insgesamt vierjährigen Ausbildung einsteigen. An der Pharmacy School blieb ich zwei Jahre. Es hat mir dort gut gefallen. Im vierten Jahr, ein Semester vor dem Abschlußexamen, wurde ich zur U.S. Army eingezogen. Wie sollte ich mich nicht als Hochstapler fühlen! Ich hatte all diese Ausbildungen angefangen, aber nie etwas abgeschlossen – kein High-School-Diplom, keinen Collegeabschluß. Ich war zwei Jahre lang in der Armee, und als ich fertig war, bekam ich natürlich mein Entlassungsgeld. Nun hatte ich die finanziellen Mittel, um die Medical School zu besuchen.

VH: Was haben Sie bei der Army gemacht?

EW: Da ich von der Pharmacy School kam, steckten sie mich zuerst in die Apotheke eines Krankenhauses. Dort gab es nur zwei Pharmazeuten.

VH: Zuerst steckten sie Sie ins Ausbildungslager!

EW: Ja, zuerst machte ich die Grundausbildung, die ich wahrlich nicht liebte. Wir waren in Texas, in der Wüste. Ich weiß genau, wie sich die Leute in Kuwait in der Wüste [Operation Desert Storm] fühlen.

VH: Wo in Texas?

EW: Camp Barkley, Abilene.

VH: Ah ja.

EW: Kennen Sie den Ort?

VH: Ich kenne die Ecke, eine gottverlassene Gegend.

EW: Richtig. Wir krochen zusammen mit den Klapperschlangen auf den Bäuchen.

VH: Ja. Sie veranstalten dort Rodeos für die Klapperschlangenjagd!

EW: Ja. Einige Rekruten wurden sogar von Klapperschlangen getötet. Die Grundausbildung war also nicht mein Fall. Danach steckten sie mich in das Glenna General Hospital, Okmulgee, Oklahoma. Das liegt ungefähr 40 Meilen von Tulsa entfernt, einer Indianersiedlung, Okmulgee. Ich war einer der beiden Pharmazeuten, die es in dem Krankenhaus gab. Da wir nur zu zweit waren, hatten wir abwechselnd jede zweite Nacht Dienstbereitschaft. Diese Vorstellung gefiel mir nicht besonders. In dem klinischen Labor des Krankenhauses gab es acht oder zehn Techniker. Sie hatten also nur jede achte oder zehnte Nacht Dienst. Für die Apotheke und für das Labor war ein und derselbe Arzt verantwortlich. Ich hatte in Deutschland Laborerfahrungen gesammelt. Ich lernte, wie man Blut testet und analysiert, und so konnte ich ihn überreden, mich ins Labor statt in die Apotheke zu stecken.

VH: Und als sie aus dem Dienst entlassen wurden, gingen Sie an die Medical School?

EW: Nach meiner Entlassung – ich kam am 5. Mai nach Hause.

VH: Sie haben eine Menge Daten im Kopf.

EW: Bestimmte Daten sind biblische Daten. Ich rief einen meiner Klassenkameraden aus der Pharmacy School an. Er fragte: »Was machst du?« Ich antwortete: »Nun, ich glaube, ich möchte an die Medical School gehen. Ich habe genügend Erspartes, aber ich schätze, daß es für die Bewerbung in diesem Jahr schon zu spät ist.« Sie hatten ihre Klasse mittlerweile voll. Er antwortete: »Oh nein, heute hat Dr. Wiley [der Dekan und Professor für Biochemie] gesagt, daß sich jemand aus der Klasse, die in diesem Herbst anfängt, abgemeldet hat und ein Platz frei ist.« Ich ging also hin, und sie wollten mir zuerst kein Bewerbungsformular geben. Sie erklärten mir, die Klasse sei voll. Ich sagte, daß ich auf jeden Fall trotzdem ein Formular ausfüllen wolle. Ich bestand darauf; sie gaben mir einen Anmeldebogen, und ich füllte ihn aus. Sie nahmen mich.

VH: Wie erklären Sie sich das, was Ihnen dann zugestoßen ist – die Tuberkulose-Erkrankung? Das war vor Ihrer Analyse. Wenn man Sie heute sieht, käme man nie auf die Idee, daß Sie TB bekommen könnten.

EW: Nun, ich hatte als Junge von acht oder neun Jahren einen Ghon-Herd, also eine tuberkulöse Primärinfektion, gehabt. Aber diese Geschichte war offenbar ausgeheilt.

VH: Nichtpasteurisierte Milch?

EW: Nichtpasteurisierte Milch. Die spätere Geschichte war also

eine Sekundär-TB, ein Wiederaufflackern dieses alten Ghon-Herdes. Warum flackerte er wieder auf? Ich hatte vorher immerhin einiges durchgemacht. Vermutlich hing es mit einer Tätigkeit während meines ersten Assistenzjahres in der Psychiatrie zusammen. In diesem ersten Jahr wechselten wir uns turnusmäßig im Kinderheim ab, was bedeutete, daß wir abends, wenn wir mit allem anderen fertig waren, in das Heim gehen und helfen mußten, die Kinder ins Bett zu bringen. Haben Sie eine Vorstellung, wie sich Kinder in einem Heim verhalten? Es war eine ähnliche Einrichtung wie das Heim, das Bettelheim hier in Chicago leitete, mit stationären Patienten, älteren Kindern. Insgesamt müssen es etwa ein Dutzend gewesen sein. Sie blieben sechs Monate lang dort oder auch ein, zwei Jahre. Es waren schwergestörte Kinder.
VH: Was war die häufigste Diagnose?
EW: Ich weiß es nicht. Es waren Acting-out-Kinder. Zwei Assistenten von der Psychiatriestation wurden dem Kinderheim zugeteilt, um den Abend über dort zu bleiben, die Gören ins Bett zu bringen und dabei etwas über Kinder zu lernen. Man betrachtete das als einen Teil der Ausbildung. Natürlich brauchten sie dort abends Hilfe. Diese Gören haben sich köstlich amüsiert, indem sie das Personal provozierten, vor allem die jungen Assistenten, die keine Ahnung hatten und nicht berechtigt waren, irgend etwas zu tun. Im schlimmsten Fall konnten wir so ein Kind festhalten. Wir konnten nicht zurückschlagen. Manche dieser Kinder waren sehr ungezogen. Ich weiß nicht, was ich mir zuschulden kommen ließ; jedenfalls handelte ich mir eine Verwarnung des Direktors dieses Kinderheims ein. Er ließ mich zu sich kommen und hielt mir eine Standpauke. Er warf mir unangemessenes Verhalten vor. Offenbar hatte ich zu streng mit einem der Kinder gesprochen. Ich hatte mich wahrscheinlich provozieren lassen. Der ganze Vorfall hat mich sehr verunsichert, und ich glaube, daß die TB in diesem Zusammenhang wieder aufflackerte.
VH: Eine Art Demütigung?
EW: Es war sehr demütigend, und irgendwie gefährdete es ja auch meine Karriere. Schließlich hatte ich gerade erst mit meiner Psychiatrieassistenz angefangen. Ich war erst ein paar Monate dort, und dann bekam ich diese gravierenden Vorwürfe wegen meines Verhaltens zu hören. Ich entwickelte schwere Selbstzweifel.
VH: Und vermutlich auch Angst, oder?

EW: Ja, auch Angst. Heute würde man sagen, daß ich fragmentierte und dem Tuberkelbazillus die Chance gab, aktiv zu werden.
VH: Könnten Sie vielleicht etwas über Fragmentierung oder Somatisierung sagen?
EW: Meiner Ansicht nach gibt es im Körper eine Balance zwischen allen erdenklichen Bakterien- oder Vireninvasionen, also Infektions- und Abnutzungserkrankungen einerseits und dem Immunsystem des Körpers, der sich dagegen wehrt, andererseits. Das ist die gesunde Reaktion. Manchmal gewinnt der eindringende Organismus die Oberhand, dann muß das Immunsystem aktiv werden, und man bekommt Fieber; die weißen Blutkörperchen vermehren sich, eine Entzündungsreaktion, die den Eindringling bekämpft. Das ist die gesunde Reaktion. Nun, diese Entzündungsreaktion, diese Reaktion des Immunsystems, welche die Eindringlinge abwehrt, kann durch psychische Belastung beeinträchtigt oder außer Kraft gesetzt werden, zumindest vorübergehend. Wenn das Immunsystem tatsächlich geschädigt ist, entwickelt man einen Zustand, der mit AIDS vergleichbar ist.
VH: Auf welches Hilfssystem konnten Sie sich damals stützen?
EW: Hilfe?
VH: Primäre Objekte?
EW: Ich war in einer fremden Stadt, Cincinnati, weit weg von meiner Familie, die in Baltimore lebte. An der Universität kannte ich nur einen einzigen Menschen. Ich war von anderen Assistenzärzten umgeben, die ich gerade erst kennengelernt hatte. Im Grunde gab es keine Gruppe, bei der ich hätte Beistand finden können. Die Situation war für mich neu, es gab fast nur Fremde um mich herum.
VH: Meines Wissens haben Sie keine Beiträge über Somatisierung verfaßt.
EW: Richtig.
VH: Und dennoch sollte man angesichts dieser Erfahrung vermuten, daß dieser Aspekt Sie besonders interessiert hätte.
EW: Er hat mich durchaus interessiert. Ich entwickelte ein großes Interesse an der Traumatisierung. Als meine Tuberkulose auskuriert war und ich auf die Station zurückkehrte, habe ich ein Jahr lang in der Psychosomatik assistiert. Damals war ich von Franz Alexander und seinem Verständnis der psychosomatischen Medizin sehr beeindruckt. Das hat mich sehr interessiert. Aber seit-

her habe ich mich intensiv mit der Psychoanalyse im engeren Sinn beschäftigt, und gleichzeitig haben Franz Alexanders Theorien ihren wissenschaftlichen Rang verloren. Damals hat mich das alles ungeheuer interessiert, aber ich bin später nicht mehr darauf zurückgekommen. Hätte ich die Zeit, würde das Interesse wahrscheinlich wieder erwachen. Um ihm aber wirklich nachgehen zu können, muß man in einem Krankenhaus mit psychosomatischen Patienten arbeiten. Auf einer solchen Station hat man Gelegenheit, zu forschen und sich eingehend mit Psychosomatikern zu beschäftigen. Die Patienten, die zu mir kommen, sind an Forschungen nicht interessiert. Und psychosomatische Erkrankungen spielen bei ihnen nur selten als wichtige Symptome eine Rolle. So hat sich einfach keine Gelegenheit ergeben.
VH: Weshalb ist das in Ihrer Praxis so? Viele meiner eigenen Patienten nämlich haben psychosomatische Krankheiten. Woran liegt es, daß es sich bei Ihren Patienten anders verhält?
EW: Ich weiß es nicht. Die Leute kommen zu mir, weil sie depressiv oder ängstlich sind oder das Gefühl haben, mit anderen Menschen nicht zurechtzukommen. Sie kommen nicht zu mir, weil sie unter Migräne leiden oder –
VH: Oder unter Bauchschmerzen.
EW: Nein, der Haupt...
VH: Oder Krebs.
EW: Nein. Woran das liegt, weiß ich nicht. Ich weiß es wirklich nicht.
VH: Haben Sie eine Theorie über Krebs?
EW: Ich glaube, daß es genetische Faktoren gibt und daß die karzinogenen Faktoren im Körper von antikarzinogenen Faktoren in Schach gehalten werden. Und ich halte es durchaus für möglich, daß der Körper durch emotionale oder psychische Faktoren in seiner Fähigkeit, den Krebs abzuwehren, geschwächt wird, so daß er sich ausbreiten kann. Ich glaube, daß dabei wichtige psychische Auslöser eine Rolle spielen. Aber meines Erachtens hängt der eigentliche Kampf mit einem Virus zusammen oder einem Gen oder etwas Ähnlichem. Das ist nur eine allgemeine Einschätzung. Ich bin kein Fachmann.
VH: Wie haben Ihre Psychiatriesupervisoren auf die Tuberkulose reagiert? Ich erinnere mich nämlich, daß ich auf einer psychosomatischen Station gearbeitet habe, als ich im VA-Hospital war. Ich hatte, wenn ich mich nicht täusche, sogar die ersten Gruppen

auf einer TB-Station. Damals, es ist mindestens 30 Jahre her, arbeiteten sie mit einer Art Profil, und es wurden jede Menge Persönlichkeitsprofile über TB-Kranke geschrieben. Sicher haben Sie solche Profile schon einmal gesehen. Wurden Sie in irgendeiner Weise anders behandelt? Ist man fürsorglicher mit Ihnen umgegangen, gab es irgendwelche Veränderungen in ihrer Haltung Ihnen gegenüber?

EW: Ich weiß nicht, ob man mich anders behandelt hat – wenn ja, dann bestimmt nicht deshalb, weil ich Psychiater war. Sie haben mich genauso wie die meisten anderen TB-Patienten behandelt – oder vielleicht ein wenig anders, weil ich eben Arzt war. Aber ich habe im Grunde keine Vergleichsmöglichkeiten. Ich lebte auf der Station und hatte dort ein eigenes kleines Zimmer. Ich bekam viel Besuch von den anderen Assistenzärzten, vom Personal, Leute, die mich sehen wollten. Ich werde nie vergessen, wie einer meiner Kollegen hereinkam und sagte, er sei als Air-Force-Colonel zu unserem Ausbildungsprogramm abkommandiert worden, um etwas über Psychatrie zu lernen. Er war ein netter Kerl, und der einzige, der wirklich ehrlich war. Er sagte: »Wolf, ich bin froh, daß es Sie und nicht mich getroffen hat.« Er war ehrlich. Ich weiß, daß die anderen genauso dachten. Aber er hätte es nicht unbedingt aussprechen müssen. Sie haben mich sehr gut behandelt.

VH: Als Sie dann später Assistenzarzt in der Psychiatrie waren – aus meiner Zeit am Reiss-Davis weiß ich noch, daß über unsere eigene persönliche Dynamik und die unserer Lehrer sehr viel geklatscht wurde. Haben Sie wegen der TB besonders viel abbekommen?

EW: Nein, dafür war die Krankheit zu ernst. Sie dürfen nicht vergessen, damals war es noch nicht sicher, ob die Medikamente wirklich helfen würden. In dem Sanatorium, in das ich ging, gab es Leute, die seit 25, 30 Jahren dort Patient waren. Nein, sie brachten mich dazu, Thomas Manns Roman *Der Zauberberg* zu lesen, der in einem Lungensanatorium spielt. Es war eine ernste Krankheit. Heute ist das anders, man bekommt einfach ein gutes Antibiotikum. Damals wurde nur Bettruhe verordnet. Die Frage war, ob ich nach Baltimore zurückkehren und dort ins Sanatorium gehen sollte oder aber nach Saranac, New York, wo ich als Arzt kostenlos behandelt worden wäre, in den Bergen. Sobald man aber geheilt war, mußte man als Arzt noch einmal genauso

lange in diesem Sanatorium arbeiten, das heißt, man mußte jeden einzelnen Tag abarbeiten. Wenn Sie drei Jahre als Patient dort waren, mußten Sie drei Jahre als Arzt bleiben. Ina und ich haben darüber gesprochen und beschlossen, nach Baltimore zu gehen.
VH: Aber damals, vor 30 Jahren, reagierte die Umwelt auf Tuberkulose fast paranoid. Jeder, der TB gehabt hatte, weckte Unsicherheit und Beklommenheit. Nicht so schlimm, wie es heute mit AIDS ist, aber doch ähnlich.
EW: Ja, ja.
VH: Und ich könnte mir vorstellen, daß man sich gerade unter Medizinern sehr kontrollierend und beunruhigt verhielt.
EW: Ja, aber ich muß sagen, daß mir 1953, als ich aus dem Sanatorium zurückkam ... also mir ist nichts dergleichen begegnet. Zu Anfang habe ich nur teilzeit gearbeitet. In dieser Hinsicht kam man mir sehr entgegen. Ich arbeitete vormittags ein paar Stunden, ging dann heim und machte ein Nickerchen. Nachmittags habe ich dann noch einmal ein paar Stunden gearbeitet. Nach drei oder vier Monaten erlaubten meine Ärzte mir, ein wenig länger zu arbeiten. Ich brauchte ungefähr ein Jahr, bis ich wieder voll bei Kräften war und meine Assistenzzeit beenden konnte.
VH: Herr Dr. Wolf, ich danke Ihnen sehr, daß Sie mir und unseren Lesern so ausführlich über Ihr Leben erzählen. Es ist eine anregende Geschichte, wie man sie in der analytischen Literatur nur selten findet. Was taten Sie, nachdem Sie die Medical School abgeschlossen hatten?
EW: Ich absolvierte ein Medizinalpraktikum am Jewish Hospital in Cincinnati. Während dieser Zeit bewarb ich mich um eine Assistenz in der Psychiatrie und um eine Assistenz in der Allgemeinmedizin – mein Entschluß, Psychiater zu werden, stand noch nicht fest. Ich entschied mich für eine der Psychiatriestellen. Das geschah, nachdem Maurice Levine, der Leiter, ein Bewerbungsgespräch mit mir geführt hatte. Ich hätte auch in Topeka an der Menninger Clinic eine Stelle bekommen können, zog aber Cincinnati vor.
VH: Warum?
EW: Ich habe mir von Cincinnati mehr versprochen. Als ich zu dem Bewerbungsgespräch nach Topeka fuhr, dachte ich: »Topeka ist ein Kuhdorf, eine Kleinstadt, in der nicht viel los ist!« Cincinnati ist eine Großstadt mit einer Oper und eigenem Symphonieorchester. Ich beschloß, in Cincinnati, wo ich mittlerweile auch

einige Freunde gewonnen hatte, zu bleiben, und habe es nicht bereut. Ich habe in meiner Assistenzzeit viel gelernt. Direkt im Anschluß daran ging ich ebenso wie die übrigen Stationsärzte nach Chicago, um meine Analyse zu machen. Seit ich Tuberkulose gehabt hatte, konnte ich nicht mehr wie die anderen am Wochenende pendeln.

VH: Weil Sie Ruhe brauchten.

EW: Ich war sehr, sehr ruhebedürftig. Deshalb mußte ich nach Chicago umziehen, um meine Ausbildung machen zu können.

VH: Wer war Ihr Analytiker?

EW: Der erste war Maxwell Gitelson. Er war ein ungeheuer bekannter Analytiker. Damals, als ich bei ihm Analyse machte, war er Präsident der Amerikanischen Psychoanalytischen Vereinigung. Ich blieb zwei Jahre lang bei ihm in Analyse.

VH: Nur zwei Jahre? War das Ihre Lehranalyse?

EW: Er war mein erster Lehranalytiker.

VH: Aha, dahinter steckt also eine Geschichte.

EW: Ja. Er war ein klassischer Analytiker. Er gehörte zu den Analytikern, die unter Umständen zwei oder drei Sitzungen hintereinander kein Wort sagten. Er beschwerte sich über meine Frau. Er sagte: »Am Ende der Sitzung gehen Sie weg, und ich denke, daß ich Sie endlich wirklich in der Analyse habe. Dann gehen Sie nach Hause, und Ihre Frau setzt Sie wieder zusammen. Am nächsten Tag muß ich ganz von vorne anfangen.« Verstehen Sie, was er meinte? Er versuchte, mich mit seinen Deutungen zu fragmentieren. Und dann setzte sie mich wieder zusammen. Es gab entweder feindseliges Schweigen oder feindselige Deutungen. Diese zwei Analysejahre waren die zwei schlimmsten Jahre meines ganzen Lebens.

VH: An wie vielen Tagen pro Woche gingen Sie zu ihm?

EW: Viermal wöchentlich. Das machte mich, ohne daß ich es damals wußte, zum Selbstpsychologen. Damals habe ich gelernt, wie man als Analytiker nicht sein sollte.

VH: Können Sie das näher erläutern?

EW: Es zeigte mir, daß langes Schweigen etwas Feindseliges ist und die Analyse nicht voranbringt. Es zeigte mir, daß es der Analyse und dem Patienten nicht weiterhilft, wenn man ihn angreift und ihm alle möglichen schlimmen Dinge über seine Persönlichkeit sagt. Die Abwehrmechanismen zu untergraben, indem man sie auf diese oder jene Weise mißbraucht, ist keine

Hilfe. Er war ein klassischer Ich-Psychologe.
VH: »Böse« oder »Ich«?[1]
EW: Beides.
VH: Aber wie ist er Lehranalytiker geworden?
EW: So gut bin ich über die Geschichte des Chicagoer Institutes nicht informiert.
VH: Sie sagten, er sei auch Präsident der Amerikanischen Vereinigung gewesen.
EW: Er genoß hohes Ansehen. Wenn ich mich bei anderen Leuten über meine schauderhafte Analyse beklagte, sahen sie mich an, als sei ich nicht ganz richtig im Kopf. »Du hast einen der besten Analytiker der Welt«, sagten sie. »Jeder würde gerne bei ihm Analyse machen! Worüber beschwerst du dich?« Ich glaubte es. Ich dachte, daß irgend etwas nicht in Ordnung sei. Wirklich, irgend etwas schien mir absolut nicht in Ordnung zu sein. Ich wurde immer depressiver und immer fragmentierter. Es ging mir unentwegt schlecht.
VH: Ihre Frau muß Todesängste ausgestanden haben, daß die TB wieder aufflackern würde.
EW: Ich weiß nicht, ob sie sich darüber Gedanken gemacht hat.
VH: An ihrer Stelle hätte ich mir große Sorgen gemacht.
EW: Das war also eine sehr, sehr unangenehme Erfahrung, als ich schließlich aufhörte.
VH: Sie sagten, Sie hörten auf, aber Sie waren doch in Ausbildung?
EW: Die Ausbildung habe ich auch nicht hingeschmissen.
VH: Es muß wirklich schauderhaft gewesen sein. Wie verhalten sich die Institute, wenn ein Ausbildungskandidat, der bei einem berühmten Analytiker in Lehranalyse ist, sagt: »Ich schmeiß' die Analyse hin«? Hat er Berichte über Sie geschrieben und dem Institut mitgeteilt, daß Sie für die Ausbildung nicht geeignet seien?
EW: Nein, nein. Am Chicagoer Institut gibt es die Regel, daß der Analytiker nicht über Analysanden berichtet. Natürlich wird diese Regel nicht immer befolgt.
VH: Ohne daß man selber davon weiß?
EW: Ja. Aber ich glaube, Gitelson hat nichts unternommen.

1 Ernest Wolf sagte im Original, Gitelson sei »a classical ego-type psychologist« gewesen; Virginia Hunter glaubte offenbar, sich verhört zu haben, und fragte nach: »›Evil‹ or ›ego‹?« [A.d.Ü.]

VH: In dieser Hinsicht war er also vertrauenswürdig.
EW: Er war ein vertrauenswürdiger Mensch, hoch angesehen. Er hätte dieses Ansehen nicht durch einen Vertrauensbruch aufs Spiel gesetzt.
VH: Ich vermute, daß er mittlerweile tot ist?
EW: Ja. Als ich zu ihm kam, hatte er bereits einen Herzinfarkt hinter sich. Einmal hörte ich hinter mir Geräusche, die tief aus seiner Kehle kamen, und dachte: »Mein Gott, er wird tot umfallen!« Ich sah mich um. Er wußte genau, was mir durch den Kopf ging, und er sagte: »Ich werde noch nicht tot umfallen«, oder so ähnlich.
VH: Hat er Ihr Verhalten als Feindseligkeit gedeutet, als etwas, daß Sie in die Übertragung einbrachten? Es kann den Analysanden tief beeindrucken, wenn man ihm sagt, es sei seine Übertragung.
EW: Ja. Nein, er machte es an der Übertragung fest. Er behauptete unbeirrt, daß ich eigentlich gar nicht analysiert werden wolle. Er sagte: »Sie wollen Analytiker werden, aber Sie wollen nicht analysiert werden.«
VH: Traf das zu?
EW: Ja und nein. Bewußt wollte ich natürlich analysiert werden. Das war klar. Bewußt wollte ich auch Analytiker werden. Aber ich wollte auch eine Beziehung haben. Ich wollte das Gefühl haben, mit jemandem gemeinsam zu arbeiten, und dieses Gefühl hatte ich bei ihm nie. Er erklärte mir ständig, daß ich ihn nicht leiden könne; das sei wichtiger als mein Wunsch, analysiert zu werden.
VH: Hat er das irgendwie mit Ihrem Vater in Verbindung gebracht? Hat er gedeutet, daß Sie Ihren Vater nicht leiden konnten, oder hat er es auf sich selbst bezogen?
EW: Auf sich. Bis zu einer genetischen Deutung sind wir nie gekommen. Wir haben zwei Jahre lang gekämpft, und die Analyse kam nie in Gang. Niemals während dieser gesamten zwei Jahre. Die meiste Zeit habe ich in der Erwartung verbracht, daß er tot umfallen würde.
VH: Furchtbar.
EW: Furchtbar. Als es dann schließlich zu Ende war – und die Beendigung erfolgte in gegenseitigem Einverständnis, wir haben uns geeinigt ...
VH: ... daß Sie gemeinsam nicht vorankamen.

EW: Daß wir nicht vorankamen. Und daß zwei Jahre als Versuch ausreichten. Er stimmte mir zu. Dann warf ich ihm vor, daß es seine Schuld sei. Ich hätte erwartet, daß er sich freundlich, responsiv verhalten würde usw. Und er gab zu, daß dies womöglich eine Rolle gespielt habe. Danach wandte ich mich an den Dekan des Instituts.

VH: Wer war das?

EW: Joan Fleming, eine überaus energische, sehr resolute Dame; und ich hatte, wie Sie sich vorstellen können, Todesangst, daß sie mich aus dem Institut herauswerfen würde. Sie sagte – und das war das Beste, was mir überhaupt jemand sagen konnte –, also sie hörte mich an, und dann sagte sie: »Nun, Sie haben ihn nicht verstanden, und er hat Sie nicht verstanden.« Und das war's. Danach begann ich, nach einem anderen Analytiker zu suchen.

VH: Sie haben mit der Lehranalyse also wieder bei Null angefangen.

EW: Keine Lehranalyse, ich wollte einfach eine weitere Analyse machen.

VH: Das muß eine Menge Geld ...

EW: Da seine häufigsten Deutungen lauteten: »Sie wollen nicht analysiert werden, Sie wollen nur Analytiker werden. Deshalb sind Sie hier. Deshalb kommt die Analyse nicht voran«, ging ich bei diesem zweiten Anlauf zu jemanden, der nicht Lehranalytiker war. Ich habe mir gedacht: »Wenn er kein Lehranalytiker ist, werden wir diesen Widerstand, der mich seiner Meinung nach an der Analyse hindert, beseitigen können.« Das erschien mir logisch.

VH: Dann wurde Ihnen die erste Analyse als Lehranalyse angerechnet?

EW: Nein.

VH: Sie haben also diese Analyse gemacht, und dann gingen Sie zu einem anderen Analytiker, der kein Lehranalytiker war. Sie wollen sagen, daß Ihnen die Lehranalyse noch bevorstand?

EW: Ja, das war mein Plan.

VH: Das bedeutet drei Analysen?

EW: Richtig. Aber wenn der Mann, den Sie respektieren, weil ihn jeder respektiert und jeder ihn für großartig hält ...

VH: ... sagt, Sie sollten ...

EW: ... dann heißt es: »Es ist allein Ihre Schuld. Es liegt an Ihrem spezifischen Widerstand.« Was soll man anderes tun, als zu glauben, daß er recht hat, auch wenn es sich nicht so anfühlt?

VH: Sie wollten die Sache also für sich selbst klären, bevor Sie Ihre Lehranalyse aufnahmen. Sehr gut, okay. Das leuchtet mir ein.

EW: Ich bin ein Sturkopf, und das zeigt, daß ich wirklich Analytiker werden wollte, nicht wahr?

VH: Ja, auf jeden Fall.

EW: Ich ging also zu Charles Kligerman in Analyse. Er arbeitete am Institut, war aber kein Lehranalytiker.

VH: Warum haben Sie ihn gewählt?

EW: Wenn Sie wollen, kann ich dazu ebenfalls eine Geschichte erzählen.

VH: Fangen Sie an!

EW: Nachdem ich bei Gitelson aufgehört hatte, ging ich zunächst zu einem anderen Lehranalytiker, nämlich zu Sam Lipton, und zwar aus folgendem Grund: Ein guter Freund von mir war bei Sam Lipton in Analyse und kam gut voran; noch wichtiger aber war, daß Sam Lipton seine Assistenz oder einen Teil seiner Assistenz in Cincinnati absolviert hatte. Cincinnati war für mich zu einem zweiten Zuhause geworden. Ich liebte die Abteilung für Psychiatrie. Maurice war wie mein Vater gewesen, Lipton würde sozusagen wie ein älterer Bruder sein. Ich ging fünf- oder sechsmal zu ihm, wie ein guter Soldat. Und dann waren wir uns einig, daß ich wieder Analyse machen sollte. Er nannte mir drei Namen.

VH: Aber er war offenbar ebenfalls der Meinung, daß Sie mit ihrer Lehranalyse noch warten sollten.

EW: Ja, er stimmte mir zu. Er nahm Gitelsons Meinung, daß mein Widerstand auf meinen Wunsch zurückginge, Analytiker zu werden, sehr ernst. Deshalb teilte er meine Meinung, daß ich nicht zu einem Lehranalytiker gehen sollte.

VH: Hatten Sie damals, abgesehen von der Depression, irgendwelche Symptome?

EW: Nein, und vor dieser Analyse hatte ich überhaupt keine Symptome gehabt. Deshalb – ich entsprach genau dem Bild, das Gitelson einmal in einem Beitrag beschrieben hat, ich war der »normale Kandidat«. Ich paßte perfekt in dieses Bild. Er sagte, diese Leute seien in Wirklichkeit sehr krank und nahezu unanalysierbar.

VH: Das ist auch die gängige Meinung über Sozialarbeiter.
EW: Ich war also der »normale Kandidat«. Ich war so krank, daß ich meine Symptome noch nicht einmal registrierte. Was ich ebenfalls nicht wußte, als ich zu Sam Lipton ging, war die Tatsache, daß er selbst gerade eine Re-Analyse machte.
VH: Bei wem?
EW: Gitelson.
VH: Oh! Wie inzestuös!
EW: Wenn ich das gewußt hätte, wäre ich ganz gewiß nicht zu ihm gegangen. Aber er hörte mir auf jeden Fall zu und befürwortete meinen Wunsch, eine weitere Analyse zu machen, allerdings nicht bei einem Lehranalytiker. Er nannte mir drei Namen von Personen, die nicht Lehranalytiker waren.
VH: Politisch gesehen, war das kein guter Schachzug.
EW: Nein, ich habe überhaupt nie gute politische Schachzüge gemacht.
VH: Offenbar war es auch nicht nötig.
EW: Nein. Ich möchte dazu noch kurz etwas sagen. Was die Verbandspolitik angeht, so wurde ich in Chicago niemals in irgendein Amt gewählt, weder innerhalb des Instituts noch in der Gesellschaft. Politisch gesehen, ist mein Name absolut unbekannt.
VH: Warum?
EW: Ich weiß es nicht. Vermutlich bin ich einfach ein unpolitischer Mensch. Mir fehlt all das, was Menschen politisch beliebt macht. Ich habe zwei- oder dreimal für die Wahlen zum Ausbildungsausschuß kandidiert und bin nie gewählt worden. Ich bin politisch einfach unbegabt. Meine Karriere ist durchaus zufriedenstellend verlaufen, wenn man von dem politischen Aspekt absieht. Was die Amerikanische Psychoanalytische Vereinigung betrifft, so bin ich ein Niemand. Mich hat das nicht gestört. Ich habe nicht den Wunsch, Präsident oder Schatzmeister der Gesellschaft zu sein oder dergleichen. Deshalb war das alles vielleicht durchaus folgerichtig. Auf jeden Fall nannte er mir drei Namen. Da mir keiner von ihnen etwas sagte, wählte ich mehr oder weniger blind einen aus. Und irgendeine gute Fee oder vielleicht mein Schutzengel hat mich behütet – wenn ich bedenke, wie oft ich wirklich Glück gehabt habe, bin ich sicher, daß ich einen Schutzengel habe. Einer der beiden anderen verabschiedete sich ein Jahr später von der Psychoanalyse, der zweite bekam einen Herzin-

farkt und starb. Ich hatte mich also für den Überlebenden entschieden. Ich wählte Kligerman und war sechs Jahre lang bei ihm in Analyse.

VH: Vier- oder fünfmal pro Woche?

EW: Viermal und eine Zeitlang auch fünfmal. Während ich bei ihm in Analyse war, wurde er zum Lehranalytiker ernannt. Deshalb wurde mir die Analyse angerechnet, obwohl sie schon vor seiner Ernennung begonnen hatte.

VH: Er war aber eindeutig kein Kohutianer.

EW: Nein, er war kein Kohutianer.

VH: Was war er denn?

EW: Er war ein klassischer Analytiker, wie es damals, in den fünfziger und frühen sechziger Jahren, alle waren. Sie waren alle gleich. Der Unterschied zwischen ihm und Gitelson bestand darin, daß ich mich durch Gitelsons Deutungen kritisiert und zurechtgewiesen fühlte. Wenn Kligerman mir die gleiche Deutung gab, konnte ich sie akzeptieren. Ich konnte mich mit ihr auseinandersetzen; er hatte einfach eine andere Art.

VH: Sie paßten besser zusammen.

EW: Wir paßten viel besser zusammen.

VH: Wer waren Ihre Supervisoren? Von wem wurden Sie ausgebildet?

EW: Meine erste Supervision machte ich bei Therese Benedek.

VH: Ach ja. Sie soll sehr klug gewesen sein, ausgesprochen scharfsinnig.

EW: Ja, sie war scharfsinnig – vorausgesetzt, man verstand Ungarisch! Ich mache Witze ...

VH: Was wollen Sie damit sagen?

EW: Als ich zu ihr in Supervision ging, war sie bereits eine alte Dame. Sie war halb taub und sprach mit einem so unglaublichen Akzent, daß ich oft überhaupt nicht verstand, was sie sagte. Aber noch häufiger verstand sie nicht, was ich sagte. Dennoch haben wir diesen ersten Fall miteinander durchgestanden. Es war eine zeitlich begrenzte Analyse, aber sie wurde anerkannt. Das war also der erste Fall. Mit dem zweiten Fall war ich bei Fred Robbins in Supervision. Ich habe ihn heute morgen in einem Café getroffen. Fred Robbins war ein sehr, sehr guter Supervisor. Er hatte sehr klare Vorstellungen darüber, wie eine Analyse aussehen und wie sie durchgeführt werden sollte. Er konnte es erklären. Ich mochte ihn, und er mochte mich. Wir mögen uns noch immer.

Das war eine sehr schöne, sehr gute Erfahrung. Meine dritte Supervisorin war Helen McLean, damals bereits eine alte Dame. Ich glaube, daß sie zu den ersten Analytikern in Chicago gehörte, zu den Gründern des Instituts.

VH: War sie Ärztin?

EW: Ja. Als junge Frau war sie an eine Medical School in Peking gegangen, um einen Anfang zu machen. So haben es damals viele gemacht. Sie hatte dort eine Weile gelehrt. Ich glaube, sie stammte aus einer bekannten Chicagoer Familie, aus der amerikanischen Aristokratie sozusagen.

VH: Ging ihr Mann auch nach China?

EW: Ja, sie ging zusammen mit ihrem Mann. Ich kann mich nicht an seinen Vornamen erinnern. Ja, ich glaube, daß sie beide in Peking an der Medical School unterrichteten.

VH: War Benedek eigentlich verheiratet?

EW: Benedek war verheiratet, oh ja. Sie hatte auch Kinder. Ich weiß nicht, was ihr Mann gemacht hat. Sie hatte ihren eigenen Kopf. Sie hat eine Reihe von Beiträgen verfaßt, vor allem über Frauen. Sie hatte ein Forschungsprojekt und führte Tag für Tag Interviews mit Frauen über deren Menstruationszyklus durch und ließ sich ihre Träume erzählen. Das war ein riesiges Forschungsprojekt. Irgendwann war sie so weit, daß sie sich nur einen Traum erzählen lassen mußte, um sagen zu können, in welcher Zyklusphase sich die Frau befand. Offenbar gibt es da eine direkte Beziehung.

VH: Das hat aber niemand aufgegriffen.

EW: Nein, soweit ich weiß, hat sich niemand dafür interessiert. Sie arbeitete auch über Elternschaft. Sie gehörte nicht zu den engstirnigen, rigiden Ich-Psychologen. Sie hatte einen wesentlich weiteren Horizont.

VH: Ebenso wie Sie.

EW: Ja, und ich habe von ihr gelernt, auch wenn ich gesagt habe, daß ich kein Ungarisch verstand. Ich erinnere mich an eine Bemerkung, die sie machte, als ich mich offenbar besonders dumm anstellte. Sie sagte: »Sie haben keine Empathie.« Ich glaube, daß sie sich irrte. Damals aber wußte ich das noch nicht. Bei Helen McLean herrschte in der Supervision eine ausgesprochen angstlindernde Atmosphäre. Irgendwie war sie mit der Art, wie ich diese Analyse durchführte, einverstanden, sie gefiel ihr. Ich kann mich noch daran erinnern, daß sie mich auf einige Aspekte aufmerksam machte, die mit der Trennungsangst dieses Patienten zusammenhingen. Ich glaube nicht, daß ich wahnsinnig viel bei ihr gelernt habe, aber ich fühlte mich in ihrer Gegenwart sehr wohl. Der vierte Supervisor war Heinz Kohut.

VH: Erinnern Sie sich an Ihre erste Begegnung? Hatten Sie ihn sich ausgesucht?

EW: Ja, inzwischen wußte ich, was ich wollte. Ja, ich habe ihn mir ausgesucht. Unsere erste Begegnung aber fand lange vorher statt. Damals war das Institut noch in dem alten Gebäude an der Michigan Avenue, 664 North Michigan. Es bestand aus zwei Stockwerken, ich glaube, es waren die beiden obersten. Jedenfalls kam ich gerade aus meiner Analysestunde bei Kligermann, der im Institut behandelte. Ich stand am Aufzug, zusammen mit vier oder fünf anderen, und zwar im oberen der beiden Stockwerke. Kohut kam vorbei und sagte: »Um ins Parterre zu fahren, kann man ruhig den Aufzug benutzen. Wenn Sie aber nur ein Stockwerk tiefer wollen, zu den übrigen Institutsräumen und Toiletten, dann sollten Sie wirklich zu Fuß gehen.«

VH: Weil ...

EW: Weil es gut für den Charakter ist. Verstehen Sie, was ich meine?

VH: Ja.

EW: Man sollte sich nicht sosehr verwöhnen und mit dem Aufzug fahren, wenn es sich nur um ein Stockwerk handelt. Man sollte die Treppe benutzen und zu Fuß gehen. Ich habe darauf sehr negativ reagiert. Ich wußte, daß er Heinz Kohut war. Ich war ihm nie zuvor begegnet. Ich hielt es für eine sehr autoritäre, deutsche Art zu sprechen – wie der Leutnant, der mit der Peitsche knallt. Das war meine erste Begegnung mit Heinz Kohut. Sie stand unter negativem Vorzeichen. Ein wenig besser lernte ich ihn kennen, als ich ungefähr zehn Jahre später als Kandidat ein Theorieseminar bei ihm machte. Damals war ich in meinem zweiten Ausbildungsjahr. Es war das beste Seminar des ganzen Curriculums, das wußte jeder. Ein wunderbares Theorieseminar. Er beherrschte die klassische Analyse vorwärts und rückwärts. Damals war er Präsident der APA und viel unterwegs. Phillip Seitz pflegte ihn zu vertreten, auch er ein ungemein klarer Denker. Damals habe ich Kohut wirklich kennengelernt. Ich erkannte seine Begabung und begann, ihn zu bewundern. Er war nicht sonderlich warmherzig, schon gar nicht in seinen Seminaren.

Aber er war der Lehrer. Er war da, um zu lehren. Und wir hörten zu. Er trug vor, wir hörten zu. So sahen die ersten Begegnungen mit Heinz Kohut aus. Als ich dann soweit war und für meinen vierten Fall eine Supervision brauchte, wußte ich, daß ich zu Kohut gehen wollte. Das muß, da ich 1968 fertig war, ungefähr 1967 gewesen sein.

VH: War es schwer, bei ihm einen Platz zu bekommen?

EW: Oh ja. Er war sehr begehrt, aber ich habe es geschafft. Ich weiß nicht, ob ich einfach Glück hatte. Wahrscheinlich bekam ich den Platz, weil ich schon lange, lange, bevor ich einen vierten Supervisor brauchte, nachgefragt hatte. Er hat mich wohl auf seine Liste gesetzt.

VH: Was war das für ein Fall, mit dem Sie zu ihm gingen?

EW: Es handelte sich um eine junge Frau, Anfang Zwanzig, die vor allem unter Schüchternheit litt, scheu war und leicht depressiv. Es war interessant, weil ich auf eine narzißtische Persönlichkeitsstörung tippte. Ich trug Kohut vor, und er hörte mir eine Weile zu. Dann sagte er: »Nein, das ist ein ödipales Problem.«

VH: Verblüffend! Stimmten Sie ihm zu?

EW: Damals stimmte ich zu, weil er es gesagt hatte. Ich war nur ein Kandidat, und ...

VH: Ja, aber das war bereits Ihr vierter Fall. Sie waren Psychiater.

EW: Ja, aber ich akzeptierte es, sagen wir es so. Heute weiß ich, daß ich recht hatte und er sich irrte. Damals übernahm ich seine Meinung. Ich werde Ihnen ein wenig darüber erzählen, wie ich in die Selbstpsychologie-Gruppe hineinkam, ja?

VH: O ja.

EW: Ende der sechziger Jahre begann er, das erste Buch zu schreiben, *The Analysis of the Self* (1971).[2] Zu diesem Zeitpunkt hatte er zwei oder drei Artikel zum Narzißmus veröffentlicht, die einige seiner neuen Überlegungen enthielten. Seine guten Freunde, Analytiker seiner Generation, begannen unangenehm zu reagieren.

VH: Wer war das?

EW: Nun, da gab es einen Typ namens Martin Stein, ein bekannter New Yorker Analytiker, der persönlich mit Kohut befreundet war. Und dann Kurt Eissler, der wirklich ein guter Freund gewe-

2 Deutsch: *Narzißmus. Eine Theorie der psychoanalytischen Behandlung narzißtischer Persönlichkeitsstörungen*, übersetzt von L. Rosenkötter, Frankfurt am Main: Suhrkamp 1973.

sen war. Sie blieben sogar später noch befreundet. Die Eisslers – Eisslers Frau hieß Ruth Eissler – leben beide noch. Bei Ruth Eissler hatte Kohut seine dritte Analyse gemacht. Sie lebten in Chicago und zogen später nach New York.
VH: Wer waren seine ersten beiden Analytiker?
EW: Der erste war August Aichhorn, der das Buch *Verwahrloste Jugend* (1925) geschrieben hatte. Oben habe ich ein Photo, auf dem er zusammen mit Eissler zu sehen ist. Der zweite Analytiker hieß Marseille oder so ähnlich. Sein Vorname ist mir nicht bekannt, der Nachname aber klang wie die französische Stadt. Über diese Analyse weiß ich kaum etwas. Er hat nicht viel darüber gesprochen. Die erste, bei August Aichhorn, war vermutlich eine sehr gute Analyse. Aichhorn hat ja viel mit Kriminellen gearbeitet. Er war der erste, der sich für kriminelle Jugendliche interessierte. Und die Art und Weise, wie er sie behandelte, bestand darin, ihre Idealisierung seiner Person zu fördern. Er tat alles erdenkliche, damit sie ihn idealisierten und er wichtig für sie wurde, indem er die Übertragung manipulierte. Wenn er es so weit geschafft hatte, nutzte er seinen Stellenwert aus, um sie zu beeinflussen und dazu anzuhalten, ihr delinquentes Verhalten aufzugeben.
VH: Hat er Analyse oder Psychotherapie mit ihnen gemacht?
EW: Psychotherapie. Es waren Psychotherapien, weil er diese Übertragung, diese idealisierende Übertragung, nicht deutete. Aber er benutzte die Übertragung als Möglichkeit, um sie zu beeinflussen. Das war in den zwanziger Jahren, wissen Sie, als Analyse und Psychotherapie noch weitgehend in eins fielen. Auf jeden Fall ist dies ein ziemlich wichtiges historisches Faktum, weil Heinz Kohut demnach 18 oder 19 Jahre alt war, als er zu Aichhorn in Analyse ging. Aber er muß über Aichhorns Fähigkeit, sich idealisieren zu lassen und die idealisierende Übertragung zu manipulieren, Bescheid gewußt haben. Denn idealisierende Übertragungen sind auch ein wichtiger Aspekt der Kohutschen Selbstpsychologie. Der Unterschied besteht darin, daß Kohut die Übertragung nicht zur Manipulation benutzte, sondern sie gemeinsam mit dem Patienten analysierte.
VH: War Kohut als Jugendlicher kriminell?
EW: Nein, o nein. Das genaue Gegenteil! Er erzählte eine kleine Anekdote über seine Analyse bei Aichhorn. Kohut war offenkundig das Gegenteil eines Kriminellen. Er war ein sehr netter

Junge, sehr brav, obere Mittelschicht. Er war so brav, daß Aichhorn sich darüber ärgerte, bis ihm schließlich der Kragen platzte und er zu Kohut sagte: »Ich wolle, ich könnte ihnen eine kleine Dosis von diesem Delinquenzserum injizieren.«
VH: Warum machte er mit 18 Jahren Analyse?
EW: Das weiß ich nicht. Aber ich kann mir vorstellen, daß Kohut ein ziemlich neurotischer Teenager war. Er war Einzelkind, geboren 1913. Der Krieg brach 1914 aus. Sein Vater wurde zur österreichischen Armee eingezogen. Folglich war er während seiner ersten Lebensjahre zumeist abwesend. Das allein kann bestimmte Störungen erklären. Über seine Mutter weiß ich nicht viel, aber er stand ihr sehr nahe. Später folgte sie ihm nach Chicago. Sie lebte in einem Altersheim und starb in Chicago. Ich habe sie nie kennengelernt, deshalb weiß ich nicht, was es war. Aber er war ihr einziges Kind. Sein Vater war eine Art Konzertpianist, aber seine Karriere wurde durch den Krieg beendet, weil er zum Dienst eingezogen wurde. Als er zurückkam, konnte er nicht an die alten Zeiten anknüpfen. Ich weiß nicht, was er danach machte. Als Kohut im Teenageralter war, engagierten seine Eltern einen Privatlehrer für ihn. Er hat als Jugendlicher niemals eine öffentliche Schule besucht.
VH: Weil sich seine Mutter nicht von ihm trennen konnte?
EW: Irgendwie war er etwas Besseres. Den genauen Grund kenne ich nicht. Heinz Kohut war ein zurückhaltender Mensch, und er sprach kaum über seine Kindheit, praktisch gar nicht. Wir wissen nur sehr wenig über seinen Hintergrund. Ich kann nur kleine Ausschnitte wiedergeben. Jedenfalls ließen sie ihn keine öffentliche Schule besuchen, und er lernte nie, sich in der Gemeinschaft anderer Kinder zu bewegen, da er zu Hause ein Einzelkind war und keine Möglichkeit hatte, sich in der Schule anderen Kindern anzuschließen. Sie hatten diesen Privatlehrer, der jeden Tag kam und ihn unterrichtete. Aus diesem Grund, so glaubte er selbst, konnte er nie wirklich lernen, mit Altersgenossen umzugehen. In sozialer Hinsicht empfand er sich als ein wenig schwierig.
VH: Offensichtlich war er das auch.
EW: Ja, zu einem gewissen Grad. Aber er gehörte zu dem engeren Kreis um Anna Freud. Anna Freud war eine enge Freundin; und immer, wenn sie nach Chicago kam, was gelegentlich der Fall war, wohnte sie bei den Kohuts, in deren Haus. Über Anna Freud erzählte er unter anderem folgende Anekdote: Sie trug eine sehr

schöne Bernsteinkette. Und Betty, Heinz' Frau, bewunderte diese Kette. Eines Tages bewunderte sie die Kette ganz besonders, und als es dann für Anna Freud an der Zeit war, zu gehen und sich zu verabschieden, nahm sie die Kette ab und hängte sie Betty um den Hals, als Zeichen ihrer Dankbarkeit für die Gastfreundschaft. Sie waren also gute Freunde. Und sie korrespondierten und schickten sich Karten zu Geburtstagen und anderen Festtagen. Mit Eisslers war es genauso, als sie in Chicago lebten und als sie nach New York umzogen. Sie unterhielten eine freundschaftliche Korrespondenz. Er war eng mit Heinz Hartmann befreundet. Einmal zeigte er mir sogar einen Brief, den er von Heinz Hartmann bekommen hatte, den letzten Brief, den er überhaupt von ihm bekam. Hartmann starb kurze Zeit später. Soweit ich mich erinnere, beschäftigte sich Hartmann in diesem Brief hauptsächlich mit den Gebrechen des Alters. Etwas Gutes aber hat auch das Alter, die Weine werden immer besser. Die Weine, die wir uns leisten können. Kohut war ein Weinkenner. Nun, das alles vermittelt Ihnen eine gewisse Vorstellung von seinen Freunden und von den Kollegen, denen er nahe stand. Und nachdem er Präsident der American Psychoanalytic Association gewesen war, wurde er Vizepräsident der International Psychoanalytic Association. Und dieser Kreis betrachtete ihn offensichtlich als eine Art Kronprinz. Er war jünger als Anna Freud, Heinz Hartmann, Kris und diese Leute; und er war der designierte Präsident der Internationalen Vereinigung. Zu diesem Zeitpunkt begann er, seine Überlegungen zu veröffentlichen. Und noch bevor er es selbst wußte, war er nicht länger Vizepräsident der IPV. Zum Präsidenten ist er nie gewählt worden; und wenn er Konferenzen besuchte, gingen ihm Leute, mit denen er zusammengearbeitet hatte, die ihn kannten und normalerweise grüßten oder eine Tasse Kaffee oder ein Bier mit ihm tranken – was man halt unter Kollegen so macht –, also diese Leute gingen ihm jetzt aus dem Weg. Er erzählte von Leuten, die wegsahen, wenn sie ihm zum Beispiel im Hotelfoyer begegneten, verstehen Sie – sie gaben vor, ihn nicht zu kennen. Psychoanalytische Macht!

VH: Und Anpassungsdruck.

EW: Heinz war ein Mensch, der Beziehungen zu anderen brauchte. Zum Einzelgänger war er nicht geschaffen. Trotz seiner Zurückgezogenheit hielt er es im Grunde nicht aus, wirklich allein zu sein.

VH: Wenn ich es richtig verstehe, war er sehr auf Spiegelung angewiesen.
EW: Ja, das ist richtig.
VH: Ist das fair?
EW: Ich denke, ja. Zu einem gewissen Grad wollen wir alle uns gespiegelt sehen. Er mußte also dafür sorgen, einen neuen Kollegenkreis aufzubauen, der dann allerdings aus lauter jüngeren Leuten bestand.
VH: Wer gehörte zu seinem engeren Kreis?
EW: Der engere Kreis, das waren John Gedo, Paul Tolpin, David Marcus, Arnold Goldberg und Paul Ornstein. Später, ungefähr in der Zeit, als ich hinzukam, oder etwas später, tauchten dann auch Marian Tolpin und Anna Ornstein auf. Und John Gedo schied aus, so daß die »geheiligten Sieben« übrig blieben, wie ich mich erinnere.
VH: Wer?
EW: Meine Frau Ina nannte sie (uns) »die heiligen Sieben«. Als er das Buch zu schreiben begann, brauchte er doch jemanden, mit dem er darüber diskutieren konnte.
VH: Warum?
EW: Er mußte es Leuten vorlesen und ihre Reaktion sehen. Und ihr Reaktion mußte gut sein – er brauchte eine positive Reaktion, keine allzu scharfe Kritik. So war er. Deshalb schuf er sich einen Kreis von Leuten, denen er das Buch, Kapitel für Kapitel, vorzulesen begann, als er es verfaßte.
VH: Und Sie?
EW: Nein, zu Anfang war ich nicht dabei. Wenn es andere gab, weiß ich es nicht. Vielleicht gab es andere. Vielleicht George Klumpner, ich weiß nicht. Etwas später, als das Manuskript fast fertig war, bat er mich aus ganz speziellen Gründen, mich der Gruppe anzuschließen. Ich war mittlerweile sehr eng mit John Gedo befreundet. Sie werden Gedos Material zum Teil kennen.
VH: Ja, und ich würde gerne etwas von Ihnen über Gedo hören.
EW: Uns beiden hat es viel Spaß gemacht, Freuds frühe Geschichte zu erforschen und Beiträge darüber zu verfassen, wofür natürlich Kohut in gewisser Weise verantwortlich war – es ging nämlich um die Korrespondenz, die Freud als Jugendlicher mit Fluss geführt hatte. Harry Trosman hatte sie irgendwo im Nachlaß von Ernest Jones gefunden, und dann wurde sie in der *Psyche*, der deutschen Zeitschrift, veröffentlicht. Und sie baten Heinz

Kohut, einen Kommentar zu dieser Korrespondenz zu verfassen, der gleichzeitig mit ihrer Publikation erscheinen sollte. Heinz Kohut war damals gerade ganz und gar mit seinen neuen Ideen beschäftigt und wollte sich nicht darum kümmern. Der Kollege, der ihm damals unter all seinen jüngeren Mitarbeitern am nächsten stand, war John Gedo. Aber John Gedo konnte Deutsch weder lesen noch schreiben.

VH: Deshalb brauchte er Sie!

EW: Deshalb brauchte er mich. John Gedo und ich bekamen also die Korrespondenz und verfaßten unter dem Titel »Die Ichthyosaurus-Briefe«[3] einen hübschen kleinen Artikel dazu. Es war ein netter kleiner Beitrag. Anschließend haben Gedo und ich noch andere Projekte zusammen gemacht. Dann wurde Kohut nach Berlin eingeladen, um dort einen Vortrag zum Jubiläum der Eröffnung des Berliner Instituts zu halten. Ich weiß nicht, wo es sich genau befindet. Er war jedenfalls der Ehrengast und hielt einen Vortrag. Gedo hatte die Idee, daß es eine nette Geste wäre, wenn wir diesen Vortrag, den er auf deutsch hielt, für ihn ins Englische übersetzen und ihm bei seiner Rückkehr aus Europa überreichen würden. Gesagt, getan. Ich habe den Vortrag ins Englische übersetzt. Gedo hat einige stilistische Verbesserungen vorgenommen, und dann haben wir Heinz das Manuskript gegeben. Er hätte diese Arbeit natürlich ohne weiteres selbst erledigen können. Aber es war angenehm für ihn, eine Übersetzung zu haben, mit der er arbeiten und die er selbst für die Publikation noch perfektionieren konnte. Er war sehr gerührt.

VH: Es war ein akzeptables Geschenk.

EW: Es war ein akzeptables Geschenk, und ich glaube, daß Gedo ihn nun drängte, mich in die Gruppe aufzunehmen. Ich war ein netter, intelligenter junger Mann usw.

VH: Ist Gedo älter als Sie?

EW: Nein, er ist sogar jünger.

VH: Das dachte ich mir.

EW: Ja. Gedo muß vier oder fünf Jahre jünger sein als ich. Ich weiß nicht genau, wie alt er ist. Aber er war derjenige, der Kohut in jener Zeit am nächsten stand.

VH: Warum hat er die Gruppe verlassen?

3 John E. Gedo und Ernest Wolf, »Die Ichthyosaurusbriefe«, in: *Psyche* 24 (1970), S. 785-797.

EW: Dazu komme ich später. Wie dem auch sei, auf diese Weise kam ich in die Gruppe. Man bat mich, an jenen Treffen in Kohuts Haus teilzunehmen, die regelmäßig stattfanden. Bei diesen Treffen diskutierte er seine aktuelle Arbeit usw. Gelegentlich wurde die ganze Gruppe zum Dinner eingeladen. Kohuts Frau, Betty, war eine erstklassige Köchin. Es war sehr schön. Kohut war 1913 geboren, folglich feierte er 1973 seinen sechzigstem Geburtstag. Sein Buch, *The Analysis of the Self*, erschien 1971, und kurze Zeit später war er aufgrund seiner Schriften unter seinen Kollegen vollkommen isoliert.
VH: Nicht hier am Ort, aber ...
EW: ... national. Auf nationaler Ebene. Er erhielt keine Gelegenheit mehr, in der Öffentlichkeit zu sprechen, Vorträge zu halten usw. Deshalb beratschlagten John und ich, John Gedo und ich, was wir tun könnten, um ein Forum zu organisieren, vor dem er über seine Ideen würde sprechen können. Und ich glaube, es war meine Idee, aber ich erinnere mich nicht ganz genau, zu Ehren von Heinz Kohut eine Feier zu seinem sechzigsten Geburtstag zu veranstalten. Mir erschien das vollkommen logisch. Er war, wie ich dachte, das Genie der Psychoanalyse. Er war der einzige, der wirklich neue und allem Anschein nach gute Ideen hatte. Er war der bekannteste Analytiker in Chicago. Er war Präsident der APA gewesen. Er war der designierte Präsident der Internationalen Vereinigung. Meiner Meinung nach hatte er es verdient, durch die Psychoanalytische Gesellschaft geehrt zu werden. Zufällig gehörte ich dem Komitee der Analytischen Gesellschaft an, das für Programme zuständig war.
VH: In ein Komitee hat man sie also doch aufgenommen.
EW: Ja, aber genau darum geht es mir. Ich weiß nicht mehr, um welches Komitee es sich handelte. Jedenfalls, ich ergriff das Wort auf einer Versammlung der Psychoanalytischen Gesellschaft Chicago und hielt eine kleine Ansprache über den bedeutenden Mann, den wir in unserer Mitte hatten. Sein sechzigster Geburtsstand stehe bevor. Die Gesellschaft solle eine psychoanalytische Tagung zu Ehren von Heinz Kohut veranstalten. Wo Engel zögern, sind die Narren zur Stelle. Sie würgten meinen Vorschlag ab. Es war einfach furchtbar. Es gab eine Gruppe, die sich über meinen Vorschlag schrecklich aufregte. In gewisser Weise hatten sie recht, denn die Gesellschaft hatte noch niemals, wirklich niemals irgend jemanden anläßlich eines Geburtstages oder aus wel-

chem Grund auch immer geehrt. Warum sollte man bei diesem Mann anders verfahren? Das war lachhaft.
VH: Um Gottes willen nicht an den Traditionen rütteln!
EW: Genau, ganz genau. Wir sollten einen Analytikerkollegen, auf den wir ohnehin schon eifersüchtig und neidisch sind, ehren? Das haben sie natürlich so nicht gesagt. Aber ich blieb stur. Ich suchte ca. zwanzig Kollegen auf. Ich sagte: »Wenn sie diese Konferenz nicht finanzieren wollen, dann machen wir es selbst.« Wir brauchten ein wenig Geld, um loslegen zu können, Startkapital sozusagen. Deshalb ging ich zu ca. zwanzig Kollegen und überredete jeden einzelnen, 150 Dollar zu spenden. Dieses Geld reichte für den Anfang. Paul Tolpin, George Pollock und ich bildeten das Komitee, das für alles zuständig war. Wir überredeten Pollock zur Teilnahme an diesem Komitee, weil er der Direktor des Instituts war. Ohne seinen Segen, ohne seine passive Akzeptanz, hätten wir nichts tun können. Er war sehr freundlich. Er sagte, wir sollten weitermachen. Wir könnten uns auf die Kooperation des Instituts jederzeit verlassen. Macht weiter! Nun, Sie wissen ja, wer die ganze Arbeit erledigt hat.
VH: Ina?
EW: Genau. Sie hat alles gemacht, und wir haben Leute angeschrieben und sie eingeladen, sich am Programm zu beteiligen. Natürlich hat Kohut die Leute ausgesucht. Er wußte, wen er haben wollte. Wir erhielten Reaktionen von hochkarätigen Leuten wie Carl Schorske, Professor für Geschichte, der über Freud in Wien geschrieben hatte. Er erklärte sich bereit, über sein Thema zu sprechen. Lawrence Friedman aus New York sagte zu, er wollte über Theorie sprechen. Alexander Mitscherlich, der die Psychoanalyse in Deutschland nach dem Krieg wieder zum Leben erweckt hatte, kam zusammen mit seiner Frau. Er war ein bekannter Analytiker. Paul Parin kam aus der Schweiz. Es lief alles sehr gut.
VH: So, wie Sie es anfingen, wäre es den Leuten schwergefallen, abzusagen.
EW: Nein, sie hätten alle absagen können.
VH: Aber ich meine, sobald sie es zusammengestellt hatten, war es ein ziemlich hochkarätiges Programm.
EW: Das stimmt. Wir hatten ein wirklich hochkarätiges Programm. Es kamen mehr als 600 Teilnehmer. Der Erfolg überstieg all meine und Heinz' Erwartungen. René Spitz kam aus Denver.

Wir bekamen einen sehr netten Brief von Anna Freud. Sie konnte nicht kommen, hat uns aber ermuntert und Heinz gratuliert. Es war eine sehr erfolgreiche wissenschaftliche Veranstaltung, mit enormer Beteiligung. Und Heinz erkannte meine Bemühungen an. Ich hielt diesen Mann wirklich für ein Genie. Ich war der Meinung, er sei der bedeutendste Analytiker seit Freud. Das denke ich nach wie vor.

VH: Ja, das sagten Sie, ich habe es gelesen. Giovacchini hat heftig protestiert und eine ganze Abhandlung geschrieben, um diese Ansicht zu widerlegen.

EW: Ich weiß. Giovacchini und ich sind Freunde, aber in diesem Punkt ist er anderer Meinung als ich. Ich denke das wirklich. Und damals dachte ich ganz gewiß so. Deshalb habe ich es gemacht, nicht aus politischen Gründen. Heinz wußte, daß ich so empfand. Er erkannte es an. Das war die erste große Selbstpsychologie-Tagung, 1973. Danach sagte Kohut: »Wir brauchen ein Fallbuch.« Damals begann er sich selbst für einen bedeutenden Mann zu halten, ein bißchen zumindest. Da Freud all diese Fallgeschichten verfaßt hatte, war er der Meinung, ebenfalls Fallgeschichten zu benötigen. Und so wurde aus unserer kleinen Gruppe eine Fallbuch-Gruppe. John Gedo war der Leiter, und wir trafen uns einmal im Monat im Institut. Die Gruppe traf sich mit Kohut, und jeder von uns trug einen Fall vor, einen der eigenen Fälle, den er unter selbstpsychologischem Blickwinkel analysiert hatte. Alle gemeinsam haben wir diese Fälle sehr detailliert diskutiert: Geschichte, Diagnose. Jeweils nur einen Fall pro Sitzung. Manchmal benötigten wir sogar zwei Sitzungen. Aus jenem Fallbuch ging das Buch mit dem Titel *The Psychology of the Self: A Casebook* (1978) hervor. Ihnen wird aufgefallen sein, daß nicht John Gedo, sondern Arnold Goldberg der Herausgeber war.

VH: Ja, das ist mir aufgefallen.

EW: Gut. Wie dem auch sei, jeder in dieser Gruppe stellte seinen eigenen Fall vor.

VH: Wer hat die Schreibarbeiten erledigt? Hatte die Gruppe ein eigenes Sekretariat? Offensichtlich, oder?

EW: Nein, wir haben unsere Fallberichte selbst geschrieben.

VH: Oh.

EW: Dann haben wir sie in der Gruppe vorgestellt. Und anschließend hörten wir uns die kritischen oder weniger kritischen Kommentare der anderen an, machten uns noch einmal an die Arbeit

und formulierten die Berichte neu, bis sie der Gruppe akzeptabel erschienen.
VH: Wie nett.
EW: Es war viel Arbeit. Aber Sie können sich bestimmt auch vorstellen, daß diese Falldiskussionen mit den eigenen Geschwistern ziemliche Spannungen schufen. Wer hat es schon gern, wenn seine eigenen Fälle so genau unter die Lupe genommen und kritisiert werden?
VH: Vermutlich kann man dabei sehr viel lernen.
EW: Ja. Egal, wie vorsichtig man ist – man wird unweigerlich jemanden verletzen. John Gedo fühlte sich verletzt, und deshalb zog er sich aus der Gruppe zurück.
VH: Blieben Sie Freunde?
EW: Nicht mehr sehr lange.
VH: Wie denken Sie über das Ende dieser Freundschaft?
EW: Wie ich darüber denke? Ich bedauere es zutiefst, Johns Freundschaft verloren zu haben. Wir haben einfach wunderbar zusammengearbeitet. Und er war, wie ich denke, auch insofern wichtig, als er mich in die Gruppe hineinbrachte, so daß ich in ihrer Anfangszeit als Mitglied akzeptiert wurde. Sie hatte ja schon existiert, bevor ich hinzukam.
VH: Aber warum trennte er sich auch von Ihnen?
EW: Weil ich Kohut gegenüber loyal war. Wir erhielten unsere persönliche Beziehung noch ein oder zwei Monate lang aufrecht, aber schließlich …
VH: Hat er das Institut verlassen?
EW: Nein, nicht gleich, aber mittlerweile schon. Er ist nicht sofort gegangen, aber er hat die Gruppe verlassen. Er ist ein ungemein begabter Mensch und war ein sehr wertvolles Gruppenmitglied. Sein Weggang war für uns alle ein Verlust.
VH: Viele narzißtische Kränkungen?
EW: O ja. Ungefähr zur selben Zeit gaben John und ich gemeinsam ein Buch heraus. Wir hatten Beiträge von verschiedenen Leuten gesammelt und wollten sie bei der Johns Hopkins University Press veröffentlichen. Von ihm waren zwei Artikel dabei, von mir waren zwei Artikel dabei. Außerdem Artikel von anderen Beiträgern. Jedenfalls waren bei der Hopkins Press bestimmte Entwicklungen im Gang, politische Entwicklungen, und infolgedessen hieß es ganz plötzlich, daß sie das Buch nicht publizieren würden. Das war ungefähr im selben Zeitraum. John

gab mir die Schuld an dem Debakel, und noch bevor sie das Projekt fallenließen, beanspruchte er für sich den Status eines Hauptherausgebers. Ich sagte, daß ich auf Gleichrangigkeit bestünde. Auch wenn er schon länger dabei war, wollte ich doch gleichrangig mit ihm genannt werden. Er hielt mich für unverschämt, und das war das Ende unserer Freundschaft. Aber dieser Narzißmus – es war mein Narzißmus, gleichrangig mit ihm genannt werden zu wollen. Es war sein Narzißmus, sich mir gegenüber derart aufzuspielen. So kam einiges zusammen, und seither habe ich mit John Gedo keine zehn Worte mehr gewechselt. Das liegt nun fast fünfzehn Jahre zurück.

VH: Und sie mochten ihn wirklich sehr.

EW: Ja, ja, ja.

VH: Was halten Sie heute von seiner Arbeit?

EW: Meiner Meinung nach ist er im wesentlichen Selbstpsychologe geblieben. Ich glaube nicht, daß er sich von seiner gemeinsamen Arbeit mit Kohut entfernt hat. Er hat bestimmte Aspekte in ein neues Licht gerückt, aber das ändert nichts Wesentliches. Von einem »Selbst-System« zu sprechen statt vom Selbst usw. verändert nichts Grundsätzliches. Er hat behauptet, daß er auf Beziehungen zu anderen angewiesen gewesen sei, nachdem er mit der hiesigen Selbstpsychologie-Gruppe nichts mehr zu tun hatte. Und deshalb versuchte er, sich auf der nationalen Szene, in der APA, stärker zu engagieren und dort Freunde zu finden, was hieß, daß er die Differenzen zum Teil herunterspielen mußte.

VH: Was halten Sie für Ihren wichtigsten Beitrag? Welche Artikel mögen Sie am liebsten?

EW: Ich mag meinen Beitrag zur Behandlungstheorie, zu technischen Aspekten, meine Betonung der psychoanalytischen Atmosphäre, der Behandlungsatmosphäre. Ich habe bereits 1976 einen Artikel über »Atmosphäre und Abstinenz« geschrieben.[4] Diese Arbeit mag ich, glaube ich, sehr, und sie hat auch Kohut gut gefallen. Ihr lagen die negativen Erfahrungen meiner ersten Analyse zugrunde. Sie betont die Wichtigkeit, die der Responsivität des Analytikers zukommt, die Wichtigkeit einer freundlichen,

4 Ernest Wolf, »Atmosphäre und Abstinenz«, übersetzt von G. Theusner-Stampa, in: P. Kutter, R. Páramo-Ortega und P. Zagermann (Hg.), *Die psychoanalytische Haltung. Auf der Suche nach dem Selbstbild der Psychoanalyse*, München und Wien: Verlag Internationale Psychoanalyse 1988, S. 187-206.

urteilsfreien Atmosphäre in der analytischen Situation. Wenn diese Atmosphäre nicht vorhanden ist, spielt es keine Rolle, wie richtig oder falsch Ihre Deutungen sind – der Patient kann sie nicht hören. Eine effektive Behandlung setzt eine bestimmte Atmosphäre voraus. Andernfalls wird der Patient vielleicht analysiert, aber es geht ihm kein bißchen besser. Er spürt keine Besserung. Am zweitliebsten von all meinen Veröffentlichungen ist mir der Beitrag, in dem ich die drei Formen der Selbstobjekt-Übertragungen um weitere Übertragungstypen ergänzt habe. Kohut sprach von der spiegelnden Übertragung, der idealisierenden Übertragung und der vorübergehenden Alter-Ego-Übertragung. Ich habe die Verbündeter-Antagonist-Übertragung hinzugefügt, die adversative Übertragung, die ich für einen wesentlichen Aspekt einer wichtigen Selbstobjekt-Erfahrung halte. Ich habe das Konzept der Effektanz-Erfahrung formuliert – die Erfahrung, Eindruck machen zu können, eine Spur in der Welt hinterlassen zu können, ist eine für die Selbstkohärenz notwendige Erfahrung, die das Selbst erweitert.

VH: Was hat es mit der adversativen Übertragung auf sich?

EW: Meiner Ansicht nach ist die Fähigkeit, sich gegenüber einer anderen Person, einem – wenn auch wohlmeinenden – Antagonisten, mit seiner eigenen Meinung zu behaupten, eine notwendige Entwicklungserfahrung. Der Zweijährige, der »Nein« sagt, durchläuft das Stadium des Negativismus. Er muß dies tun, wenn sein Selbstgefühl aufzutauchen beginnt und er sich vergewissern muß, daß er eine Person ist. Die einzige Möglichkeit, das wirklich zu überprüfen, besteht in der Fähigkeit, »nein« zu jemandem zu sagen. Nur so kann er herausfinden, daß er nicht nur eine Erweiterung des anderen darstellt, sondern selbst eine getrennte Person ist.

VH: Aber hat Freud nicht dasselbe gemeint, als er von Autonomie sprach und von der Fähigkeit, negative Gefühle zum Ausdruck zu bringen?

EW: Ja, das könnte man sagen. Aber Freud hat dies nicht als eine notwendige Übertragungserfahrung verstanden. Freud hat ohnehin nicht vom Selbst gesprochen.

VH: Können Sie das bitte näher erläutern?

EW: Die Selbstobjekt-Erfahrung ist eine Erfahrung, die das Selbstgefühl weckt. Ein Beispiel für eine notwendige Selbstobjekt-Erfahrung wäre das Erleben, gespiegelt zu werden, als

Selbst bestätigt zu werden. Dann gibt es die Erfahrung, Teil von etwas Großem zu sein, an jemand anderem Anteil zu haben, also die idealisierende Erfahrung. Es gibt die Erfahrung, jemand anderen zu sehen, der genauso ist wie man selber. Es ist in Ordnung, *so* zu sein, also ist es in Ordnung, wie ich zu sein. Dann gibt es die Verbündeter-Antagonist-Erfahrung. Die Erfahrung, daß ich mich gegenüber jemand anderem behaupten kann und weiß, daß es nicht schlimm ist. Es bedeutet nicht, daß die Welt untergehen wird. Und schließlich die Effektanz-Erfahrung. Man erklärt dem Analytiker etwas, das ihn veranlaßt, seine Meinung zu ändern und zu sagen: »Ja, ich habe mich geirrt.« Und noch immer geht die Welt nicht unter. Ich übe Einfluß auf die Welt aus; also muß ich existieren, oder?

VH: Ich besitze Urheberschaft.

EW: Ich besitze Urheberschaft? Ja, Urheberschaft. So kann man es auch formulieren. Genau das meine ich. Die beiden letztgenannten Erfahrungen also, Verbündeter-Antagonist- und Effektanz-Urheberschaft-Erfahrung, sind Übertragungserfahrungen. Ich habe die Liste der Selbstobjekt-Erfahrungen erweitert, und meiner Ansicht nach wird man diese Ergänzungen früher oder später allgemein anerkennen. Wir haben noch eine Ergänzung vorgenommen, die aber …

VH: Worum handelt es sich?

EW: Die Vitalisierungs-Einstimmungs-Erfahrung. Sie müssen Sterns Buch lesen, um wirklich zu begreifen, um was es geht. Ich kann keinen absoluten Originalitätsanspruch geltend machen. Lichtenberg hat dieses Konzept ungefähr zur gleichen Zeit entwickelt. Zwischen Säuglingen und Müttern spielen sich bestimmte Vorgänge ab. Stern beschreibt zwei Arten von Affekten. Er spricht von kategorialen Affekten. Damit meint er unterschiedliche Affektkategorien. Unterschiedliche Kategorien also, nämlich Wut, Erregung, Traurigkeit, Abscheu; das sind Affektkategorien. Abgesehen von den kategorialen Affekten aber spricht er auch von Vitalitätsaffekten.

VH: So wie: »Oh, du wunderbares Kind!«

EW: Nein, nein. Vitalitätsaffekte sind die formalen Qualitäten eines Affekts. Die Erregungssteigerung und -dämpfung. Der formale Aspekt. Jeder auftauchende Affekt, in jeder Kategorie, steigert sich und fällt dann wieder ab. Er hat die formale Qualität eines Crescendo und Decrescendo.

VH: Das wollte ich sagen. Es scheint, als könne man dies am besten mit Hilfe musikalischer Begriffe beschreiben.
EW: Wenn die Mutter auf das Crescendo-Decrescendo eingestimmt ist, dann wird sie sich vielleicht, wenn der Affekt des Säuglings ansteigt, körperlich aufrichten. Verstehen Sie, was ich meine?
VH: Ja.
EW: In einem vollkommen andersartigen Erfahrungsbereich, aber die Abstimmung orientiert sich an dem Crescendo und Decrescendo.
VH: Es erfüllt den Affekt also mit Leben.
EW: Ja, deshalb sprechen wir ja von »Vitalisierung«.
VH: Und wirkt schizoiden Abwehrmechanismen entgegen.
EW: Ja. Diese vitalisierenden Affekte sind, wie Lichtenberg und ich glauben, eine in der analytischen Situation notwendige Erfahrung.
VH: Die nicht als Verführung verstanden wird.
EW: Nein, nein. Diese Erfahrung findet statt, wenn der Patient einen Affekt wahrnimmt und der Analytiker darauf mit einer empathischen Spiegelung reagiert. Das heißt, er sagt nicht nur einfach »ja« zu dem Patienten.
VH: Nicht oberflächlich.
EW: Der Analytiker ist eingestimmt auf das Crescendo-Decrescendo des Patienten, für den die Beziehung dadurch zu einer vitalisierenden, lebendigen Erfahrung wird. Das ist wichtig und notwendig.
VH: Ich denke an Winnicotts Formulierung – man hat darüber diskutiert, ob es sich überhaupt um eine Deutung handelt –, so ähnlich wie: »Ich bin weder so verwirrt wie Sie noch so erregt wie Sie.« Aber das, was Sie sagen, könnte das genaue Gegenteil bedeuten. Daß man die Erregung teilen sollte, aber nicht …
EW: Nicht unbedingt. Man muß nicht ebenso erregt sein, damit der Patient spürt, daß man auf ihn eingestimmt ist.
VH: So als ob Sie hingingen und sagten: »Oh, mein Artikel wurde veröffentlicht.«
EW: Richtig.
VH: Er würde sagen: »Oh, tatsächlich!«
EW: Genauso. Genauso. Gut. Wir haben nun also drei Selbstobjekt-Erfahrungen. Drei Dinge, die man erlebt; und die das Selbst stärken, wenn man sie erlebt.

VH: Aber ist das nicht Einstimmung?
EW: Es ist eine Einstimmung, ja.
VH: Sie haben aber einen neuen Begriff gewählt. Warum?
EW: Es ist mir egal. Ich habe nichts dagegen, wenn Sie es als Einstimmung bezeichnen. Was ich sagen will, ist nur, daß diese spezifische Art der Einstimmung das Selbstgefühl stärkt.
VH: Mit Ihrem Beitrag widersprechen Sie Ihrem ersten Analytiker, der sie aufforderte, oberflächlich zu sein.
EW: Ganz richtig. Aber ich meine es in wesentlich breiterem Sinn. Ich spreche über die Grundlagen eines gesunden, starken Selbst. Ein gesundes, starkes Selbst wird durch bestimmte Erfahrungen erzeugt, die das Selbst organisieren. Diese organisierenden Erfahrungen werden als »Selbstobjekt-Erfahrungen« bezeichnet. Und diese spezifische Art der Einstimmung ist eine Selbstobjekt-Erfahrung, so wie auch die Spiegelung eine Selbstobjekt-Erfahrung darstellt. Daneben gibt es viele andere Erfahrungen, die keine Selbstobjekt-Erfahrungen bilden.
VH: Herrje, es wird eine Menge Patienten geben, die ihre Analytiker zu heilen versuchen, nicht wahr?
EW: Ja, vielleicht. Aber ich glaube auch, daß eine gute therapeutische Situation ein Hin und Her, ein Geben und Nehmen, ist. Sie ist reziprok, und der Patient muß lernen, den Analytiker empathisch wahrzunehmen, so wie der Analytiker ihn empathisch wahrnimmt. Erst wenn beide eine gewisse wechselseitige Empathie entwickeln, wird analytischer Fortschritt möglich. Der therapeutische Prozeß ist keine Einbahnstraße.
VH: Haben Sie jemals daran gedacht, einen Artikel über die Nachkommenschaft oder die Genealogie von, sagen wir, Analytikern mit flachen Affekten zu schreiben? Wie viele Patienten hat ihr Analytiker mit diesen immer gleichen, hohlen Sprüchen bearbeitet? Wer sind seine Nachfolger? Kann man sie am Institut ausmachen? Verstehen Sie, was ich meine? Sie kennen all die Gerüchte über die New Yorker, die angeblich so streng sind usw. Ich meine, könnten Sie einen Artikel über diese alten Verflechtungen schreiben?
EW: Eher nicht.
VH: Nein? Aber es muß die Patienten doch beeinflussen?
EW: Ich glaube nicht, denn ich weiß nicht, wer seine Analysanden waren. Ich weiß nicht, wen er in Behandlung hatte. Ich kenne nur drei oder vier, und sie haben ihre Ausbildung abgebrochen.

VH: Das ist interessant. Trotzdem weiß man über die Nachkommenschaft von Analytikern nur wenig.
EW: Sehr wenig, ja.
VH: Also im Sinne von: »Wer war dein Analytiker?« Es wäre interessant zu wissen, was von einer Generation an die nächste weitergegeben wurde, denn solche Dinge üben auf uns alle in unterschiedlichster Weise Einfluß aus. Diese Sachen interessieren mich, weil sie kaum untersucht worden sind. Wer also ist der junge Selbstpsychologe, den Sie am meisten bewundern? Was ist in der letzten Zeit veröffentlicht worden?
EW: Diese jungen Selbstpsychologen sind mittlerweile alle über sechzig.
VH: Gibt es denn unter den jüngeren Kollegen niemanden, den sie bewundern?
EW: Nein, nein, wir sprechen doch über diese Gruppe. Sie alle waren damals, als sie sich um Kohut zusammenfanden, junge Männer, aber heute sind sie alle über sechzig. Ich bin neunundsechzig. Ich bin der Älteste von allen. Ach, ich habe Michael Basch vergessen zu erwähnen. Er gehörte zu den allerersten. Er ist sogar bei Kohut in Analyse gewesen.
VH: Angeblich soll Kohut ziemlich unfreundlich mit den Leuten umgegangen sein. Stimmt das? Oder nicht?
EW: Nein, das ist nicht wahr. Als er starb, kamen einige seiner Patienten zu mir, ich habe sie übernommen. Keiner von ihnen war schlecht behandelt worden. Sie alle waren voller Bewunderung. Sie hatten Achtung vor ihm. Ich habe von ihnen niemals gehört, daß er kein guter Therapeut gewesen sei. Ich kenne die Gerüchte, auf die Sie anspielen. Manche Leute halten sich für große Theoretiker, sind aber als Therapeuten alles andere als großartig. Nach den Erfahrungen zu urteilen, die ich mit seinen Patienten gemacht habe, kann ich das von Kohut nicht behaupten.
VH: Sie müßten es wissen.
EW: Ich denke schon.
VH: Wo, glauben Sie, abgesehen von diesen drei Übertragungen – in welcher Hinsicht ist Ihre eigene Arbeit aus seinem Werk hervorgegangen, oder wo weichen Sie von ihm ab?
EW: Ich habe mit diesen drei Übertragungen eine Ergänzung vorgenommen. Ich glaube nicht, daß ich von ihm abweiche. Doch, in einer Hinsicht weiche ich tatsächlich von ihm ab. Er hat

von der umwandelnden Verinnerlichung gesprochen. Seiner Meinung nach wird der Patient im Laufe des Prozesses etwas vom Analytiker aufnehmen – internalisieren.

VH: Eine Funktion.

EW: Eine Funktion, die seinem Repertoire, seiner Struktur hinzugefügt wird und zur Folge hat, daß es ihm bessergeht. Ich glaube nicht, daß so etwas stattfindet. Ich glaube nicht, daß der Patient irgend etwas vom Analytiker in sich aufnimmt.

VH: Nichts ist Introjektion, nicht einmal die Funktion?

EW: Nein. Introjektion ist das falsche Wort. Internalisierung ist das falsche Wort. Was meiner Meinung nach stattfindet, ist folgendes: Während solcher intensiver Analysemomente, wenn der Patient regrediert, löst sich die innere Struktur weitgehend auf.

VH: Sie fragmentiert.

EW: Ja. Und während dieser Auflösung kann sie wie ein Puzzle neu arrangiert werden. Nachdem man sie durcheinandergeschüttelt hat, kann man sie neu arrangieren. Man kann sie besser zusammensetzen als vorher. Aber ich glaube nicht, daß man neue Teile hinzufügt.

VH: Das ist sehr interessant, aber »neu arrangieren« klingt doch sehr harmlos, wenn man die Intensität des Prozesses bedenkt.

EW: Nun, ich würde sagen, daß die Veränderungen, die durch die Analyse zustande kommen, in Wahrheit tatsächlich minimal sind.

VH: Meinen Sie wirklich?

EW: Ja. Es ist doch bemerkenswert, daß die Veränderungen, wenn sie einen Patienten vor und nach der Analyse sehen, nicht allzu groß sind. Niemand würde sagen: »Ich erkenne diesen Menschen nicht wieder.« Man weiß sofort, daß er derselbe ist. Die Veränderungen sind also minimal, aber – soweit sie stattgefunden haben – von größter Bedeutung. Ebendiese Veränderungen sind das, was der betreffenden Person dabei hilft, auf bestimmte Abwehrmechanismen zu verzichten, auch wenn sie sich ansonsten kaum verändert. Wir haben dies und jenes neu arrangiert, und nun kann sich der Patient dem Leben besser anpassen, er entwickelt menschliche Empathie und empfindet weniger Angst. Ich denke, das sind sehr wichtige Veränderungen.

VH: Die gewiß organisierter sein könnten.

EW: Gewiß. Aber wenn Sie die gesamte Persönlichkeit berücksichtigen, dann ist die Veränderung nur gering. Was ich unter

Charakterstruktur verstehe, ist das gleiche, wie wenn man in der klassischen Analyse vom oralen, analen Charakter spricht oder vom zwangsneurotischen Charakter. Dieser Charakter wird sich sehr oft gar nicht verändern. Wenn der Patient vorher hysterisch war, wird er auch nachher hysterisch bleiben.
VH: Die moralische Einstellung verändert sich. Glauben Sie nicht, daß sich manchmal die Moral ein klein wenig wandelt, auch wenn sich die Charakterstruktur kaum verändert?
EW: Ja. Die moralische Haltung verändert sich, weil sich die Person nach der Analyse empathischer gegenüber anderen verhalten kann als vorher, und das bewirkt auch eine Veränderung der moralischen Einstellung, ja. Der Mensch ist nach der Analyse immer noch derselbe. Er sieht genauso aus wie vorher. Sein Verhalten bleibt im wesentlichen gleich. Wenn er ein zwanghafter Typ war, wird er zwanghaft bleiben. Wenn er eher hysterisch war, bleibt er hysterisch.
VH: Wenn er eine Borderline-Persönlichkeit war oder ein Psychotiker, wird er eine Borderline-Persönlichkeit oder ein Psychotiker bleiben?
EW: Die Wahrscheinlichkeit eines Zusammenbruchs ist nach der Analyse weit geringer. Aber wenn er zusammenbricht, dann verfällt er wieder in das alte Muster.
VH: Glauben Sie, daß eine Fragmentierung das Neuarrangement erleichtert?
EW: Ja – wenn sie kontrolliert verläuft, wie es in der analytischen Situation der Fall ist.
VH: Gibt es einen Unterschied zur Regression?
EW: Ja. Sehen Sie, ich habe eine Theorie darüber entwickelt, was im therapeutischen Prozeß geschieht – ich denke, daß in einer Psychotherapie, in der psychologischen Behandlung, zwei therapeutische Prozesse ablaufen. Einen dieser beiden Prozesse habe ich als »atmosphärischen Prozeß« bezeichnet. Er findet statt, weil diese Person in eine urteilsfreie, warme, akzeptierende, responsive Atmosphäre versetzt wird. Wenn ein solcher Mensch aus einer Umgebung kommt, die kalt und zurückweisend war, dann liegen bestimmte Möglichkeiten, die er ursprünglich hatte, sozusagen auf Eis. Sie konnten sich nicht entwickeln, so wie ein Planet, der nie mit Wasser oder Sonnenlicht oder befruchtendem Samen in Berührung kommt. Sie hören auf zu wachsen. Aber ein solches Potential ist nicht tot. Wenn man ihm eine positive At-

mosphäre zur Verfügung stellt, erwachen die alten Potentiale wieder zum Leben, sie nehmen ihr Wachstum wieder auf. Das ist einer der beiden Prozesse. Wir tun nichts anderes, als eine gute, »unterstützende« Atmosphäre für diese Potentiale zu schaffen, und ab geht's! Man muß gar keine Deutungen geben usw.
Aber in diese Kategorie fällt natürlich nur ein kleiner Teil der Patienten. Bei den meisten Patienten geht es nicht nur um Deprivation, sondern um Traumatisierung. Sie wurden verletzt. Und sie sind – all dies ist metaphorisch –, sie sind verletzt worden und haben Narbenbildungen. Ihr Wachstum ist gestört. Diese Patienten brauchen mehr als nur eine therapeutische Atmosphäre. Sie brauchen – sobald ihnen die therapeutische Atmosphäre zur Verfügung steht, werden ihre Verletzungen und frustrierten Bedürfnisse wiederbelebt. Sie treten an die Oberfläche. Sie werden durch diese positive Atmosphäre wiederbelebt und aktiviert und beginnen sich auf den Therapeuten, den Analytiker, zu konzentrieren. Das ist Übertragung. Sie beginnen, das Bedürfnis auf den Analytiker zu übertragen. Und wenn er sich analytisch verhält, wird der Analytiker diese Bedürfnisse nicht befriedigen, sondern freundlich auf sie reagieren und sie anerkennen, ohne sie zu befriedigen. Selbst wenn er keine analytische Ausbildung gemacht hätte und versuchen würde, Befriedigungen zu vermitteln, selbst wenn er den Patienten in seinen Armen wiegen und ihn durch körperliche Berührung trösten würde – früher oder später wäre der Patient frustriert und enttäuscht, gleichgültig, was der Therapeut auch täte. Nicht wahr? Es kommt zu einer Art Bruch des zuvor noch guten therapeutischen Bündnisses, zu einer Unterbrechung der guten therapeutischen, harmonischen Beziehung. Diese Unterbrechung ist die Gelegenheit zur therapeutischen Veränderung. Diese Unterbrechung hängt mit »Regression« zusammen, wie Sie es nennen, ich spreche lieber von »Fragmentierung«. In diesem fragmentierten Zustand kann man es dem Patienten ermöglichen, sein inneres Erleben neu zu arrangieren, indem man ihm bestimmte korrigierende emotionale Erfahrungen vermittelt, wenn Sie so wollen. Obwohl ...
VH: Sie sprechen von Franz Alexanders »korrigierender emotionaler Erfahrung«. Sie wird sogar heute mit großem Mißtrauen betrachtet.
EW: Ja, ja. Ich bin ein Ketzer, wenn ich so spreche.
VH: Das dachte ich auch.

EW: Ich will damit provozieren. Wenn ich so etwas sage, hören Sie mir auf jeden Fall zu. Ich nehme hier eine Unterscheidung vor, indem ich nämlich sage, daß man den Patienten bestimmten Erfahrungen aussetzen muß, und das sind nicht unbedingt verbale Deutungen.
VH: Und keine Erfahrungen, die auf Ihrer Manipulation beruhen.
EW: Sie beruhen nicht auf Manipulation, nein. Die verbale Deutung, die man dem Patienten gibt, der aufgrund einer Frustration in diesen regressiven, fragmentierten Zustand geraten ist – die verbale Deutung also, die man ihm gibt, ist nicht wegen der darin enthaltenen Information wichtig, nicht wegen ihres Inhalts, sondern weil sie den Patienten in ein neuartiges Erleben hineinversetzt. Der Patient erlebt dich auf eine Weise, die für ihn eine ganz neue Erfahrung konstituiert. Das führt zu dem Neuarrangement. Dann taucht der Patient aus der Regression auf, er konsolidiert sich wieder, aber dieses Neuarrangement sieht nun aufgrund der Erfahrung mit dem Analytiker ein wenig anders aus. Die Empathie ist wiederhergestellt. Die wechselseitige Empathie ist auf einem etwas höheren Niveau wiederhergestellt.
VH: Können Sie etwas über das normale Leben sagen, über durchschnittliche Erfahrungen, die zu einer Fragmentierung und einer positiven Reorganisation führen, oder über Erfahrungen, die eine Fragmentierung und eine negative Reorganisation bewirken? Vergewaltigung wäre vermutlich eine Fragmentierung, die eine negative Reorganisation bewirkt, zum Beispiel verstärkte Angst und Furcht auslöst. Fallen Ihnen Erfahrungen ein, die für jeden Menschen gut sind, normale Fragmentierungen mit positiven Konsequenzen?
EW: Na ja, die minimalen Fragmentierungen. Ich nenne Ihnen ein Beispiel: Sie wissen, daß junge Leute häufig nach Erfahrungen suchen, in denen sie ihr Lebens aufs Spiel setzen. Sie begeben sich in Situationen hinein, die bekanntermaßen gefährlich sind. Meiner Ansicht nach tun sie dies, weil auf dem Höhepunkt der Gefahr eine Art Fragmentierung stattfindet, die ein gewisses Neuarrangement ermöglicht. Das ist ein wenig pathologisch, nicht wahr?
VH: Es erinnert an Unfallanfälligkeit oder Tollkühnheit.
EW: Es ist tollkühn, und es ist pathologisch, weil …
VH: Kontraphobisch …

EW: Nein, ich halte es nicht für kontraphobisch. Kontraphobisch nur insoweit, als sie den Tod des Selbst vermeiden, indem ihnen die Erfahrung ein Gefühl des Lebendigseins vermittelt. Aber auch die partielle Fragmentierung, die mit der Intensität der Erfahrung verbunden ist, ermöglicht ein gewisses Neuarrangement. Sie gehen aus jedem dieser Hasardspiele ein wenig gestärkt hervor. Aber das Verhalten ist pathologisch, weil es mit dem Tod spielt und reale Verletzungen in Kauf nimmt. Ein rundherum gesunder, normaler Erwachsener springt vom höchsten Sprungturm oder geht Skilaufen oder macht sonst etwas in dieser Art. Auf einer harmlosen Ebene ist es genau dasselbe. Man erschafft sich Momente, in denen man auseinanderfällt, und Momente, in denen man Todesangst aussteht und sich etwas neu arrangiert. Dennoch ist man auch in einem solchen Moment absolut gesund.
VH: Ihre eigenen Verlusterfahrungen oder Situationen, in denen Sie mit Herausforderungen kämpfen mußten, waren Ihnen – auch wenn Sie sie nicht gesucht haben – eine Hilfe. Ich möchte Ihnen gerne sagen, daß Sie in Ihrer Persönlichkeit ein wunderbares Neuarrangement verkörpern.
Herzlichen Dank für das Interview!

Übersetzt von Elisabeth Vorspohl

Peter Kutter
Zwischen Selbstpsychologie und Psychoanalyse

Nachwort

1. Lebensphasen

Das Prinzip der Entwicklung über bestimmte Phasen, die sich über das ganze Leben erstrecken, von der Geburt bis zum Grabe, ist uns aus den Entwicklungsromanen bekannt. Auch in Biographien begegnet uns dieses Schema. In der Psychoanalyse ist es natürlich Freuds Phasenlehre (orale, anale, genitale oder Latenzphase und Adoleszenz), an der wie uns orientieren, für uns selbst wie für unsere Patienten. Erik Erikson hat das Freudsche Phasenmodell mit den sozialen Wechselwirkungen verbunden und bis zum Alter erweitert (1. Vertrauen/Mißtrauen, 2. Autonomie/Scham, 3. Initiative/Schuld 4. Werksinn/Minderwertigkeit, 5. Identität/Verwirrung, 6. Intimität/Isolierung, 7. Generativität/Stagnation und 8. Integrität/Verzweiflung).

Levinson (1970) hat die Entwicklungsphasen im frühen und mittleren Erwachsenenalter weiter differenziert und wichtige Entwicklungschritte, bezogen auf Jahrzehnte, einzeln benannt wie Seßhaft-Werden, Übergang zur Lebensmitte, Höhepunkte des mittleren Lebensalters und Übergang ins spätere Erwachsenenalter.

2. Resümee der einzelnen Kapitel des Buches

Lotte Köhler zeigte uns, wie das Selbst während der Kindheit, von Geburt an, Motor der Entwicklung ist, wie es über »Zerbrechen und Wiederherstellen der Einheit des Mutter-Kind-Systems« langsam Kontur gewinnt, sich aus ihr, über mehr oder weniger gelingende affektiv geladene Selbstobjekterfahrungen nach und nach löst und schon in der Kindheit (ab dem 18. Monat, mit Beginn der Symbolisierung und der Sprache), »sich seiner selbst bewußt wird« und eine relative Autonomie erlangt; allerdings mit bleibender relativer Abhängigkeit von wichtigen Selbstobjekten und bei anhaltender »Fragilität des reflektierenden Bewußtseins« als Conditio humana und nicht als Pathologie.

Anna Ornstein stellte die Bedeutung der kognitiven Entwicklung für »Selbstkohärenz und Konsolidierung des Selbstwertgefühls in der Latenzperiode« heraus sowie die Rolle der »peer group« für die Moral und für die weitere Konsolidierung des Selbstkonzeptes.

Joseph D. Lichtenberg hatte Gelegenheit, sein Konzept der fünf Motivationssysteme (1. physiologische Notwendigkeiten, 2. Bindung und Affiliation, 3. Neugier und Selbstbehauptung, 4. Sexualität und Zärtlichkeit und 5. Aversion und Aggressivität) für die großen Wandlungen während der gesamten Adoleszenz zu erproben; mit bemerkenswerten neuen Einsichten in diese wichtige Phase des »Sturm und Drang«.

Paul Ornstein machte deutlich, wie wichtig Berufs- und Partnerwahl für das »Schicksal des Kernselbst in den mittleren Lebensjahren« sind und wie die Aufgaben der Elternschaft die Potentiale des Selbst herausfordern, und zwar sowohl im Hinblick auf die Ideale wie auf die wichtigen Beziehungen zu anderen Menschen.

Ernest S. Wolf schließlich ermöglichte uns Einblicke in die schmerzlichen Prozesse des »alternden Selbst«, mit den damit unvermeidlich verbundenen Kränkungen; angesichts des Nachlassens der körperlichen Kräfte und angesichts der ebenso unvermeidlichen Verluste an Einfluß und Kontakten. Während die Objektbilder korrigiert werden, gerät das Selbstbild immer wieder ins Wanken, bedarf es in der Rekapitulation wichtiger Lebensabschnitte ausgewogener Selbstkritik und neuer Bewertungen.

Waren die einzelnen Beiträge immer wieder durch anschauliche Kasuistiken illustriert, so vermittelte uns die Wiedergabe des Interviews mit Ernest S. Wolf in eindrucksvoller Weise, exemplarisch und doch unverwechselbar, welche Höhen und Tiefen ein Leben durchschreiten muß, um zu der bemerkenswerten Gelassenheit und Abgeklärtheit zu kommen, wie sie in den Worten Ernest S. Wolfs zum Ausdruck kommen.

3. Bedeutung der Selbstpsychologie für die Psychoanalyse

Liest man die Beiträge der *Psychoanalytic Dialogues* (1995), dann imponierte mir persönlich der durchgehend große Respekt vor der Person des Anderen in allen selbstpsychologischen Arbeiten. Mit dem Selbst im Zentrum dringen alle Arbeiten der Selbstpsychologie in das ureigenste Wesen des Menschen vor und zeigen auf, wie Kohuts »Selbstobjekt-Theorie« der Motivation (Basch 1995) eine ungeahnte Humanität in der Psychoanalyse ermöglicht; mit einem neuen Verständnis von Übertragung und Gegenübertragung: Beide im psychoanalytischen Prozeß beteiligten Personen sind darin »intersubjektiv« (Atwood und Stolorow 1984) involviert und entwickeln auf dem Hintergrund ihrer Repräsentanzenwelt im ständigen »intersubjektiven« Kontakt im Sinne der »Selbstobjekt-Funktion« eine neue »subjektive Welt« (Stolorow 1995).

4. Parallelen der Selbstpsychologie zu benachbarten Konzepten

Wer wie ich während seiner Weiterbildung zum Psychoanalytiker auch Kontakte zu C. G. Jung und seiner Schule hatte, der wird, unabhängig von Jungs politischen Fehleinschätzungen, auffallende Parallelen zwischen der Selbstpsychologie Kohuts und der analytischen Psychologie C. G. Jungs entdecken, besonders im Hinblick auf den Individuationsprozeß (Jacoby 1985).

Auch zu Piagets Vorstellungen zur Entwicklung der Intelligenz und Affektivität des Kindes gibt es auffallende Parallelitäten, die Alois Leber (1995) nicht auf die Selbstpsychologie bezogen ausdrücklich nennt, deren Bezüge zur Psychoanalyse aber ins Auge springen, wenn er zum Beispiel die Bedeutung einer schützenden Umwelt für die »fortschreitende Äquilibration« der sich entfaltenden inneren psychischen Strukturen hervorhebt.

Die Parallelen der Selbstpsychologie zu René A. Spitz, zu Michael Balint und zu Donald Winnicott bedürfen kaum noch der Erwähnung, so naheliegend sind sie für jeden, der gewohnt ist, das, war er liest und hört, mit den Systemen relevanter anderer Autoren zu vergleichen.

All diese Parallelen schmälern nicht die Verdienste Kohuts, sie bestätigen seine Positionen vielmehr. Wir können heute aus dem Abstand die verschiedenen Systeme einzeln kennenlernen, sie aber auch wissenschaftstheoretisch, systemtheoretisch oder methodologisch miteinander vergleichen und ihre Vorzüge und Nachteile gegeneinander abwägen.

Mit einem derart erweiterten geistigen Horizont sehen wir, daß nicht jede Theorie zu jedem Patienten paßt, daß manche Theorie aber auf bestimmte Fälle besser paßt als auf andere und umgekehrt. Meines Erachtens hat die Freudsche Triebtheorie mit ihrer Dominanz von Sexualität und Aggressivität nach wie vor ihre Relevanz für jüngere Patienten in Jugend und früherem Erwachsenenalter. Hier beherrschen starke innere Triebe Phantasie und Handeln, wollen gesteuert und ins Selbst integriert werden.

Für schwer traumatisierte Menschen mit massiven Schädigungen durch sexuellen oder aggressiven Mißbrauch brauchen wir aber ebenso ein vertieftes, durch eine neue Qualität der Einfühlung bestimmtes Verstehen wie für Menschen mit empfindlichen Einbußen, Mängeln und Defiziten an notwendiger emotionaler Zuwendung; besonders in kritischen Lebensphasen. Hier liefert die Selbstpsychologie hilfreiche Konzepte für vertieftes und differenzierteres Verstehen.

5. Abschließende gruppendynamische Aspekte zu Selbstpsychologie und Psychoanalyse

Die Psychoanalyse ist ein in sich selbst weitgehend geschlossenes System. Das hat sie vorangebracht. Dadurch kam sie aber auch in der konstruktiven Konkurrenz mit den angrenzenden offenen Wissenschaften ins Hintertreffen. Den interdisziplinären Dialog hat die Psychoanalyse kaum geführt. Diejenigen, die sich an der Universität mit Kollegen und Kolleginnen benachbarter Fachbereiche herumschlagen müssen, wissen ein Lied davon zu singen, wie wenig Vertreter benachbarter Fachbereiche die Psychoanalyse kennen, wie oft ihr jede Wissenschaftlichkeit abgesprochen wird, wie sie allenfalls zur Hyothesengenerierung genutzt und als handwerkliche Praxis toleriert wird.

Auch innerhalb des Corpus der Psychoanalyse gibt es Schulen und Richtungen. Im deutschen Sprachraum wurde besonders die

Schule Melanie Kleins und Bions wichtig; für die theoretisierenden ebenso wie für die praktizierenden Psychoanalytiker, wie die Tagungen der Deutsche Psychoanalytischen Vereinigung eindrucksvoll belegen.

Die Selbstpsychologie spielt dagegen eine vergleichsweise geringe Rolle. Es kam zwar schon vor, daß ein selbstpsychologisch ausgerichteter Fall im Abschluß-Kolloquium präsentiert und akzeptiert wurde, das ist aber die Ausnahme von der Regel. Immer noch wird die Betonung der »Empathie« als »Händchenhalten« grob simplifizierend mißverstanden. Die über Kohut hinausgehende umfangreiche, vorwiegend nordamerikanische Literatur wird allgemein kaum rezipiert, was Christel Schöttler vielfach beklagte. Es gibt zwar ein Weiterbildungsinstitut in Deutschland, nämlich Gießen, das in der Nachfolge Christel Schöttlers die selbstpsychologischen Konzepte gebührend berücksichtigt, es gibt Lotte Köhler in München und die René-Spitz-Gesellschaft, es gibt Workshops mit prominenten Vertretern der Selbstpsychologie, und es gibt seit 1988 die Tagungen in Dreieich.

Kaum eine Richtung kennt die andere. Vorurteile statt Urteile herrschen vor. Um so wichtiger ist der Dialog zwischen ihnen, um, wie in der täglichen psychoanalytischen Praxis, wechselseitige Phantasien zugunsten einer realistischen Einschätzung abzubauen.

Was die Selbstpsychologie betrifft, so wird im »mainstream« der Psychoanalyse am ehesten deren Differenzierung und Vertiefung der Narzißmus-Theorie anerkannt. Man sieht ihre Betonung elementarer Bedürfnisse, und die Tatsache, daß deren effektive Befriedigung notwendig ist.

Die Polarisierung von Psychoanalyse und Selbstpsychologie scheint mit unterschiedlichen persönlichen Erfahrungen im Laufe der Professionalisierung ebenso zusammenzuhängen wie mit unterschiedlichen Menschenbildern und Weltanschauungen (Kutter 1992). Persönliche Kontakte mit eindrucksvollen Persönlichkeiten der betreffenden Richtung und daraus gemachten eigenen – positiven oder negativen – Erfahrungen für sich selbst, sind dabei wahrscheinlich ausschlagebend.

6. Ausblick

Die Konfrontation der »These« Psychoanalyse gegenüber der »Gegenthese« Selbstpsychologie scheint in den letzten Jahren zugunsten einer konstruktiven Synthese überwunden zu sein. Voraussetzung dazu ist, daß wir auch im wissenschaftlichen Dialog – wie in der psychoanalytischen Praxis mit unseren Patienten – nicht nur unsere eigene Position vertreten, sondern auch offen sind für die Positionen anderer. Dies setzt wiederum voraus, zuerst die eigene Position zumindest vorübergehend zu verlassen, um dann zuhören zu können, was der andere sagt, und dessen Sprache zu lernen, um sie schließlich zu verstehen.

Wir werden dann überrascht feststellen, daß wir, wie es mir bei der Lektüre von an Melanie Klein ausgerichteten Arbeiten ergangen ist, bei noch so verschiedener Sprache gar nicht so weit auseinanderliegen. Es geht allen Schulen und Richtungen um ein vertieftes Verstehen dessen, was sich zwischen und in den am psychoanalytischen Prozeß beteiligten Personen wirklich tut.

Daß dabei Übertragungen stattfinden, war leicht zu lernen. Daß dabei auch Gegenübertragungen, als Reaktionen auf die Übertragungen, eine wichtige Rolle spielen, war schon schwerer zu verstehen. Am schwersten scheint die Einsicht zu sein, in welchem Maße die eigene Person des Analytikers in den Prozeß involviert ist, wieviel innere Anteilnahme notwendig ist, um effektive Veränderungen bewirken zu können, und in welchem großen Umfang, freilich je nach Fall verschieden, im Analytiker psychisch gearbeitet werden muß, um erst einmal in sich selbst, im wahrsten Sinne des Wortes, das durchzuarbeiten, was im Patienten unverarbeitet geblieben ist.

Ob wir dies nun das »Containing-Modell« im Sinne von Bion nennen oder »vicarious introspection« im Sinne von Kohut, bleibt sekundär. Entscheidend ist, *daß* wir das Phänomen sehen und damit, zum Wohle unserer Patienten und im eigenen Interesse, kreativ umgehen.

Literatur

Atwood, G. E., und R. D. Stolorow (1984), *Structures of Subjectivity. Explorations in Psychoanalytic Phenomenology*, Hillsdale: The Analytic Press.

Basch, M. F. (1995), »Kohut's Contribution«, in: *Psychoanalytic Dialogues* 5, 3, S. 367-377.

Erikson, E. H. (1961), *Kindheit und Gesellschaft*, Stuttgart: Klett.

Jacoby, M. (1985), *Individuation und Narzißmus. Psychologie des Selbst bei C. G. Jung und H. Kohut*, München: Pfeiffer.

Kutter, P. (1992), »Zur Theorie und Klinik der Selbstpsychologie. Historisch-kritische Betrachtungen«, in: *Chancen und Aufgaben der Psychoanalyse im historischen Kontext. Arbeitstagung der Deutschen Psychoanalytischen Vereinigung*, hg. von R. Plassmann, Kassel, Alexander-Mitscherlich-Institut.

Leber, A. (1995), »Ein Schlüssel zum Verständnis menschlichen Verhaltens«, in: Jean Piaget, *Intelligenz und Affektivität in der Entwicklung des Kindes*, hg. von A. Leber, Frankfurt am Main: Suhrkamp.

Levinson, D. J. (1979), *Das Leben des Mannes*, Köln: Kiepenheuer & Witsch.

Stolorow, R. D. (1995), »Intersubjective View of Self Psychology«, in: *Psychoanalytic Dialogues* 5, 3, S. 393-400.